Leo N. Tolstoi

Texte gegen die Todesstrafe

Über die Unmöglichkeit des Gerichtes und
der Bestrafung der Menschen untereinander

Band-Signatur
TFb_B001

Tolstoi-Friedensbibliothek
Reihe B I Band 1

Textauswahl und Bearbeitung
durch den Herausgeber
Peter Bürger

Leo N. Tolstoi

Texte gegen die Todesstrafe

Über die Unmöglichkeit des Gerichtes und
der Bestrafung der Menschen untereinander

Mit einem Geleitwort von
Eugen Drewermann

Tolstoi Friedensbibliothek
TFb_B001

Die TFb-Buchausgaben
folgen dem Editionsprojekt
www.tolstoi-friedensbibliothek.de

© 2023

Leo N. Tolstoi

TEXTE GEGEN DIE TODESSTRAFE

Über die Unmöglichkeit des Gerichtes
und der Bestrafung der Menschen untereinander

Mit einem Geleitwort von Eugen Drewermann

Tolstoi-Friedensbibliothek: Band-Signatur FTb_B001

Herausgeber, Redaktion & Gestaltung: Peter Bürger
www.tolstoi-friedensbibliothek.de
Umschlagbild: commons.wikimedia.org

Herstellung & Verlag: BoD – Books on Demand, Norderstedt
ISBN: 978-3-7412-8939-2

Inhalt

Zum Geleit

Von Eugen Drewermann   9

I.
LEO TOLSTOI ALS ZEUGE
EINER PARISER HINRICHTUNG IM FRÜHJAHR 1857
Tagebucheintrag – Auszüge aus den Schriften
‚Meine Beichte' und ‚Was sollen wir tun'   17

II.
DIE HINRICHTUNG DES SOLDATEN SCHIBUNIN 1866
Charakteristik des Verurteilten – Tolstois Rede vor Gericht –
Das Urteil – Urteil des Volkes – Nachtrag: Tolstois
Rückblick im Jahr 1908
Dokumentation von Pavel Birjukov   25

III.
GOTT SIEHT DIE WAHRHEIT, ABER OFFENBART SIE NICHT GLEICH
Eine Erzählung, zuerst 1872 in der in der Moskauer Zeitschrift
‚Besseda' erschienen – übersetzt von Hanny Brentano
Leo N. Tolstoi   49

IV.
DAS EREIGNIS VOM 1. MÄRZ 1881
Aufruf des Exekutivkomitees – Tolstois Verhältnis zur
Todesstrafe überhaupt – Sein Verhältnis zu dem Ereignis des
1. März und zu dessen Folgen – Brief an Zar Alexander III. –
Der Versuch, den Brief mit Hilfe Pobedonoszefs zu überreichen
– Die Absage – Überreichung des Briefes durch den Großfürsten
Sergej Alexandrowitsch – Erfolglosigkeit des Briefes
Dokumentation von Pavel Birjukov   59

V.
NIKOLAI PALKIN
Der Zar als Peitschenmann – Nachbetrachtungen zum
Gespräch mit einem betagten Soldaten im Jahr 1886
Leo N. Tolstoi 77

VI.
EINE SCHANDE
Über das Verbrechen der Leibesstrafe
Leo N. Tolstoi (1895) 89

VII.
PRIESTERLITURGIE IN DER GEFÄNGNISKIRCHE
Auszug aus einer ungekürzten Version von
Leo Tolstois Roman „Auferstehung" (1899)
Übersetzung von Wladimir Czumikow 97

VIII.
„BRÜDERCHEN, HABT ERBARMEN!"
Die Schilderung eines Spießrutenlaufs in L. Tolstois
Novelle „Nach dem Ball" (1903) 107

IX.
„DARF MAN DENN IN EINEM CHRISTLICHEN LANDE
MENSCHEN TÖTEN?"
Aus L. Tolstois unvollendeter Novelle
„Der gefälschte Coupon" (1903-1904) 113

X.
ICH KANN NICHT SCHWEIGEN!
Über die Hinrichtungen in Rußland –
Anhang: Die Verfolgung meiner Leser
(Übersetzung von Edmund Rot)
Leo N. Tolstoi (1908) 123

XI.
TOLSTOIS 80. GEBURTSTAG UND
EIN AUFRUF ZUR ABSCHAFFUNG DER TODESSTRAFE
Berichterstattung: *Neue Freie Presse* (Wien), 10.09.1908   151

XII.
DIE TODESSTRAFE UND DAS CHRISTENTUM
Über einen Artikel in der Zeitung ‚Nowoje Wremja'
vom 18./31. Dezember 1908
Leo N. Tolstoi (1909)   163

XIII.
„ÜBER DAS RECHT"
Brief an einen Jurastudenten, 27. April 1909
Leo N. Tolstoi   177

XIV.
„STRAFE ERREICHT NIEMALS DAS GEWÜNSCHTE ZIEL"
Texte aus Leo Tolstois Lesebuch „Der Weg des Lebens"
(abgeschlossen 1910)   187

XV.
DAS RECHT AUF LEBEN: VORTRAG GEGEN DIE TODESSTRAFE,
gehalten in dem von der „Gesellschaft der wahren Freiheit
zum Gedächtnis Leo N. Tolstojs" veranstalteten Abend am
5. Januar 1919 im Auditorium maximum des Politechnischen
Museums zu Moskau
Valentin Bulgakov   205

―――

ANHANG
Gesamtübersicht und Anmerkungen zu
einzelnen Übersetzungstexten   217

Leo N. Tolstoi (1828-1910)
Fotografie aus dem Jahr 1908: В.Г. Чертков
(commons.wikimedia.org | http://vm1.culture.ru)

Zum Geleit

Von Eugen Drewermann

Wie kann man als Mensch zu sich selber finden und wahrhaftig leben? Das kann man nur, wenn man ein Einzelner wird im Gegenüber Gottes, meinte der Däne SÖREN KIERKEGARD und kritisierte das bestehende Kirchenchristentum als einen Verrat an der Person und Botschaft Jesu. Das kann man nur, wenn man als Christ dem Staat an all den Stellen den Gehorsam aufkündigt, an denen er den Worten Jesu widerspricht, meinte der Russe LEO TOLSTOI und warf der Kirche vor, die christliche Lehre von der Erlösung nur auf den Einzelnen und nicht auch und gerade auf die Staatsangelegenheiten zu beziehen. Historisch sind der Däne und der Russe einander nie begegnet, doch geistig gehören sie zusammen, und beide braucht man, um den Krankheitszustand der Normalität des Bürgerdaseins zu erkennen und zu überwinden. Das Christentum ist keine Lehre, sondern eine Existenzmitteilung, sagte KIERKEGAARD.[1] Das Christentum ist das Ende der entsetzlichen Lüge, es könne kirchliche und staatliche Gesetze geben, die über dem „Gesetz" der Liebe für den Nächsten stünden, sagte TOLSTOI.[2]

Der Katholizismus, gleich ob römisch oder orthodox, erklärt die kirchliche Institution selbst für den fortlebenden Christus und entfremdet damit das Leben der Christen zu einem bloßen Nachsprechen kontrollierbarer Konzilsentscheidungen kirchlicher Glaubenssätze. Dagegen richteten sich die Reformbewegungen des Protestantismus und der Aufklärung. Beide beeinflußten das zaristische Rußland kaum und hätten seine Probleme

---

[1] Sören KIERKEGAARD: Tagebücher, 5 Bde., ausgew., neu geordnet u. übers. v. Hayo Gerdes, Düsseldorf-Köln, Bd. 3, 1968, S. 50.
[2] Leo N. TOLSTOI: Mein Glaube, aus dem Russischen v. Raphael Löwenfeld, in: Sämtliche Werke, I. Serie, Sozial-ethische Schriften, Leipzig 1901, Bd. 2; München 1990, S. 41-42.

auch nicht zu lösen vermocht: Der Protestantismus LUTHERS verblieb in der Schizophrenie der Zwei-Reiche-Lehre[3], mit welcher AUGUSTINUS in der Zeit nach Konstantin das Christentum in eine staatstragende Religion verwandelte[4]: die Menschen, weil sie böse sind, benötigen den Staat als Notverordnung Gottes; deshalb kann man nicht nur, man muß als Christ Soldat und Richter sein. So etwas sagen bis hinein in unsere Tage alle Kirchen. Die aufgeklärten Geister aber glauben, ganz ohne Gott und Christus auskommen zu können; sie glauben an die Wissenschaft und an den Fortschritt der geschichtlichen Vernunft und weigern sich, das Anwachsen der staatlich und gesellschaftlich verordneten militärischen, juridischen und sozialen Grausamkeiten anzuerkennen und anzugehen. Kirche und Staat bilden gemeinsam ein unmenschliches System der Lüge, der Gewalt und einer selbstgerechten Ungerechtigkeit. Diese Evidenz gewann TOLSTOI aus der Botschaft Jesu und richtete sie aufrüttelnd und befreiend in der Sprache eines Dichters und in dem Anspruch eines Propheten an jeden Einzelnen nicht anders als auch an die Allgemeinheit.

Drei Punkte der Erfahrung sind es, die auf Grund ihrer unerträglichen Alltäglichkeit förmlich dazu nötigen, die Welt zu sehen mit den Augen Jesu und zu begreifen, daß nicht nur der Einzelne, sondern die Staatenwelt der Völker insgesamt vom Wahnsinn der Gewalt erlöst werden will, – das ist die unheilvolle Dreieinigkeit aus Kriegsrecht, Strafrecht und Besitzrecht. Alle drei hängen zusammen und bedingen einander; alle drei widersprechen diametral der Botschaft Jesu, die eigentlich im Herzen eines jeden eingeschrieben ist. Jeder der einen Menschen zu Tode peitscht, erstickt oder erschießt, vernimmt in seinem Inneren die leise Stimme Gottes, die ihm gebietet: Liebet eure Feinde (Mt

---

[3] E. DREWERMANN: Richtet nicht! Strafrecht und Christentum, Bd. 2: Gerichtsvorstellungen vom Mittelalter bis zur Neuzeit, Ostfildern 2021, S. 342-363: Lehre und Ausbreitung des Protestantismus.
[4] E. DREWERMANN: Richtet nicht! Strafrecht und Christentum, Bd. 1: Vergangene Gegenwart, Ostfildern 2020, S. 418-434: Das Christentum und das Kreuz oder: Das Kreuz mit dem Christentum – Augustinus und die konstantinische Wende.

6,44) und: Du sollst nicht töten. Ein Staat, der junge Menschen, Zwanzigjährige, darin trainiert und unter Eidesleistung schwören läßt, sie würden auf Befehl hin jeden Mord begehen, und der behauptet, all das sei ein wohlgefällig Werk, gesegnet auch von Kirchentheologen in maßgebenden Positionen, verdient Verachtung, nicht Gehorsam; wer Menschen leiden macht und kein Mitleid empfindet, der kann sein Schuldgefühl in Ewigkeit nicht abgeben mit der Entschuldigung, sein Tun sei ihm befohlen worden. Er weiß und wußte nur zu gut: „Man muß Gott mehr gehorchen als den Menschen." (Apg 5, 20)

Desgleichen kann ein jeder lesen, wie die Bergpredigt hinleitet zu dem Schluß: „Verurteilt niemanden!" (Mt 7, 1-3) Selbst wenn er schon mit Steinen in den Händen auf dem Tempelplatz bereitsteht, eine Ehebrecherin nach dem Gesetz des Moses (Lev 20, 10) und nach dem Strafgesetz des Staates hinzurichten (Joh 8, 1-12), so könnte er doch aus dem Munde Jesu lernen, daß er nicht just der rechte Mann ist, zu Gericht zu sitzen über andere, vielmehr: er sollte ins Gericht gehen mit seiner eignen Schuld, die ihn mitschuldig macht auch an der Schuld des einer Straftat Überführten. Ist nicht, was wir Schuld und Verbrechen nennen, im letzten lediglich ein Suchen nach einer Liebe, die wir, als es darauf ankam, jemandem verweigert haben?

Und das Besitzrecht! Ja, gewiß, dafür, meinte schon CICERO[5], hat man die Staaten eingerichtet, daß sie das Eigentum hablicher Bürger schützen vor den Habenichtsen, und ihre Gesetze sind derart gerecht und allgemeingültig, daß sie den Reichen wie den Armen gleichermaßen verbieten, unter einer Seine-Brücke zu schlafen.[6] Ordnung muß sein! Nach staatlichem Recht begeht der reiche Prasser in Jesu Gleichnis kein Unrecht, wenn er sein Leben genießt und sich dabei nicht stören läßt von dem Anblick des

---

[5] MARCUS TULLIUS CICERO: Vom pflichtgemäßen Handeln (De officiis), II 73, übers., eingel. u. erläutert von Karl Atzert, München (GG Tb. 534) 1972, S. 109.
[6] E. DREWERMANN: Richtet nicht! Strafrecht und Christentum, Bd. 3: Von der Gegenwart zur Zukunft, Ostfildern 2023, S. 568-572: Die Strafgesellschaft von Vater Staat. Es war ANATOLE FRANCE, der sagte: „Das Gesetz in seiner majestätischen Gleichheit, verbietet den Reichen wie den Armen, unter Brücken zu schlafen, zu betteln und Brot zu stehlen." A.a.O., S. 570.

armen Lazarus, der vor seiner Türe liegt und dessen Geschwüre die Hunde lecken (Lk 16, 19-31). Doch spürt nicht jeder, daß die Härte herzloser Gier kein Glück bringt, sondern nur das Symptom des Unglücks eines Süchtigen darstellt?

Was also sollten wir tun? Den zentralen Konflikt in allem, in Kriegsrecht wie in Strafrecht, sieht TOLSTOI darin, daß wir vermeinen, mit den Mitteln staatlicher Gewalt gegen das Böse vorgehen zu müssen. Dagegen gilt, daß „Christus sagt einfach und klar: Jenes Gesetz des gewaltsamen Widerstrebens, das ihr zur Grundlage eures Lebens gemacht habt, ist falsch und widernatürlich ... er gibt eine andere Grundlage, die des Nichtwiderstrebens (sc. Mt 5, 39, d. V.), die, wie er lehrt, allein die Menschheit vom Übel befreien kann. Er sagt: Ihr glaubt, eure Gesetze der Gewalt vermindern das Übel; nein, sie vergrößern es nur. Ihr habt Tausende von Jahren euch bemüht, das Übel durch das Übel zu vernichten und habt es nicht vernichtet, sondern vergrößert. Tut das, was ich sage und tue, und ihr werdet erkennen, ob das die Wahrheit ist ... Die Gläubigen (indessen) hören das alles, lesen es in den Kirchen und nennen diese Worte göttlich; ihn nennen sie Gott, sagen aber: Das alles ist sehr schön, aber in unserer Lebensordnung unausführbar; es würde unser ganzes Leben zerstören, wir aber sind an dieses gewöhnt und hängen an ihm. Und deshalb glauben wir an alles das nur in dem Sinne, daß es ein Ideal ist, nach welchem die Menschheit leben soll," – nur eben gerade nicht wir selber auf der Höhe unserer Zivilisation! Dabei ist es gerade umgekehrt: „Der Grundsatz des Nichtwiderstrebens ist ein Grundsatz, der die gesamte Lehre (sc. Jesu, d. V.) zu einem Ganzen verbindet, aber nur dann, wenn er nicht ein Ausspruch, sondern eine zwingende Vorschrift, ein Gesetz ist."[7] Und dieses „Gesetz" ändert alles. Es ist wie das Erdbeben, welches den Tempelvorhang aufriß und die Gräber öffnete, als Jesus am Kreuz sein Leben für uns hingab (Mk 15, 33; Mt 27, 51-53): es erschütterte den Boden von Gesetz und ritualisierter Religiösität und schuf den Raum für eine neue Form der Güte.

---

[7] Leo N. TOLSTOI: Mein Glaube (s. o. Anm. 2), S. 36.

Und nun: wenn Jesus uns sagt, richtet nicht, bekämpft nicht mit Gewalt das Böse, ertragt das Übel, tuet Gutes allen, ist's dann nicht klar, „daß es, nach Christi Lehre, einen christlichen strafenden Richter nicht geben kann"[8]? Schon wenn wir beten: „und vergib uns unsere Schuld" (Mt 6, 12), ist die Erfüllung dieser Bitte daran gebunden, daß wir selbst vergeben (Mt 6, 14-15). Dazu ist unbedingt erforderlich, daß wir das Bild von Gott als einem in gerechter Strenge strafenden Richter im Sinne Jesu ändern in das Portrait, das Jesus in dem Gleichnis vom verlorenen Schaf seinen Anklägern entgegenhält, um zu begründen, warum er zu den „Zöllnern und Sündern" geht, wie ein Arzt zu den Kranken (Mk 2, 15-17): Gott verurteilt die „Verlorenen" nicht, er geht ihnen nach, er trägt sie zurück (Lk 15, 1-7). Er bekämpft nicht die Symptome menschlicher Verzweiflung, er sucht ihre Gründe zu verstehen und durchzuarbeiten. Die Art, wie Gott uns „straft", besteht darin, daß er uns lehrt, in seiner Güte nachzureifen. Er überliebt das Böse, er zwingt es nicht mit Strafurteilen nieder.

Was aber erlaubt sich dann die Strafjustiz des Staates, wenn sie Gerechtigkeit mit Grausamkeit verwechselt und sich dabei noch selber vormacht, mit all „den Qualen und dem Bösen, das die menschlichen Strafgesetze in das Leben des Menschen bringen," bessern zu wollen? „Keinem Menschen, der ein Herz hat," schreibt TOLSTOI, „kann jener Anblick des Grauens und des Zweifels am Guten fremd geblieben sein, beim Erzählen allein – ich spreche schon gar nicht vom Anblick der Strafen, die ein Mensch an einem anderen Menschen vollzieht: das Spießrutenlaufen bis zum Tode, die Guillotine, der Galgen."[9] Man muß die Geschichten, die TOLSTOI in diesem Buch gegen die Todesstrafe erzählt, nur aufmerksam lesen und weiß: so ist es nicht christlich, so ist es nicht menschlich, so darf es nicht sein!

Deswegen sagt Jesus im Evangelium „deutlich und klar: Ihr hattet ein Strafgesetz: Zahn um Zahn, ich aber gebe euch ein neues Gesetz: Widerstrebt nicht dem Übel; erfüllet alle dies

---

[8] A.a.O., S. 48.
[9] A.a.O., S. 60-61.

Gebot: Vergeltet nicht Böses mit Bösem, sondern tut stets und allen Gutes und vergebet alles ... Mein Herz sagt klar und vernehmlich: Straft nicht ... Und ich lese die ganze Lehre, lese die Worte: Richtet nicht und ihr werdet (sc. von Gott, d. V.) nicht gerichtet werden."[10]

Es geht dabei nicht um die Abschaffung allein der Todesstrafe, es geht um die Beseitigung des Aburteilens und des Richtens nach den Verordnungen staatlicher Strafgesetze überhaupt. Begütigen kann nur die Güte, – Druck erzeugt Gegendruck. Selbst bei dem Kampf gegen die antizaristischen Aufständischen sah man die Regel sich bestätigen: an die Stelle von einem getöteten Terroristen treten zehn weitere Terroristen. Gewalt erzeugt Gewalt, und böse Mittel schaffen Bosheit, aber keinen Frieden.

Mit dieser Auffassung der eigentlichen Botschaft Jesu freilich wird es unvermeidlich, das Schicksal Jesu selber zu erleiden. Das muß nicht schrecken, es bestätigt nur, daß es anders gar nicht sein kann: wer Staat und Kirche jedes Recht abspricht, gegen das sogenannte Böse mit Gewaltmaßnahmen vorzugehen, der nimmt ihnen die Macht, – im Kampf nach innen wie nach außen: in der Justiz beim Abstrafen der Delinquenten und der Devianten und militärisch in der zynischen Bereitschaft zum Töten unzähliger Menschenleben. Wer Jesus konsequent zu folgen sucht, der wird sich Staat und Kirche zu Todfeinden machen (Mt 10, 17-22).

In dieser Lage aber braucht es die Ergänzung KIERKEGAARDS. Was uns selbst hindert, das erkannte Richtige zu tun, ist allemale Angst. Sie ist es, die hinter dem steht, was in der Bibel als der „Sündenfall" beschrieben wird (Gen 3, 1-7)[11] und was bis in den Aufbau der Persönlichkeit hinein unseren Charakter verformen kann[12]. Die heilende Kraft, mit welcher Jesus das Böse über-

---

[10] A.a.O., S. 61.
[11] E. DREWERMANN: Strukturen des Bösen. Die jahwistische Urgeschichte in exegetischer, psychoanalytischer und philosophischer Sicht, 3 Bde., Paderborn 1976-1978, Bd. 1, S. 53-74: Im Getriebe der Angst; Bd. 3, S. 436-562: Angst, Verzweiflung und Glaube – die Kierkegaardsche Trias.
[12] A.a.O., Bd. 3, S. 460-479: Die Neurosenlehre der Psychoanalyse und „Die Krankheit zum Tode". Sören KIERKEGAARD: Die Krankheit zum Tode. Eine

windet, ist wesentlich sein unbedingtes Vertrauen in die Güte Gottes. Sie allein verleiht die Angstfreiheit und Ich-Identität, die es ermöglichen, auf fremde Gewalt nicht mehr mit eigener Gewalt zu antworten und Vergebung zu üben statt Vergeltung. Vor allem aber: es bedarf des Vertrauens, mit unserer Person inmitten der Endlichkeit unseres irdischen Daseins getragen zu sein von Gottes Ewigkeit. Der Glaube an die Unsterblichkeit unseres persönlichen Lebens in den Händen Gottes ist nicht, wie TOLSTOI meinte, ein Ausdruck bloßer Selbstverliebtheit, er ist, mit SÖREN KIERKEGAARD gesprochen[13], der Grund, die Unverbrüchlichkeit der Liebe trotz aller Dreinreden, Enttäuschungen und Ungerechtigkeiten von Gott her in die Welt zu tragen.

---

christliche psychologische Entwicklung zur Erbauung und Erweckung, von Anti-Climacus, Kopenhagen 1849, übertr. u. komm. v. Liselotte Richter, Hamburg (rk 113) 1962.

[13] Sören KIERKEGAARD: An einem Grabe, in: Drei Reden bei gedachten Gelegenheiten, Kopenhagen 1845; Gesammelte Werke und Tagebücher, Bd. 8: Vier erbauliche Reden 1844. Drei Reden bei gedachten Gelegenheiten 1845, 13. u. 14. Abteilung, übers. v. Emanuel Hirsch, Simmerath 2004, S. 121-205; S. 180: „Denn wer ohne Gott in der Welt ist, er wird wohl bald seiner selbst leid ...; wer aber in der Gesellschaft Gottes lebt, er lebt ja mit dem zusammen, dessen Gegenwart selbst dem Unbedeutendsten unendliche Bedeutung verleiht."

I.
Leo Tolstoi als Zeuge einer Pariser Hinrichtung im Frühjahr 1857

Tagebucheintrag – Auszüge aus den Schriften ‚Meine Beichte' und ‚Was sollen wir tun'

Gegen Ende seines Lebens war Leo N. Tolstoi (1828-1910) vermutlich in ganz Europa der prominenteste Gegner der Todesstrafe.[1] Im Jahr vor seinem Tod schrieb er in kompromissloser Diktion:

> „Todesstrafen sind in unserer Zeit insofern gut, als sie offenkundig machen, daß die Herrschenden schlechte, verirrte Menschen sind und daß ihnen zu gehorchen daher ebenso schädlich und schändlich ist, wie wenn man dem Häuptling einer Räuberbande gehorchte."[2]

Der jahrzehntelange Kampf des Dichters gegen die Ermordung von Menschen im Namen einer sogenannten ‚Gerechtigkeit' hat jedoch eine lange Vorgeschichte. „Schon 1847 kritisierte er die Zarin Katharina II dafür, dass sie zwar die Folter verurteilt, aber die Todesstrafe nicht angetastet hatte."[3] Zehn Jahre später führt auf einer Auslandsreise die – von ihm gesuchte – Augenzeugenschaft bei einer öffentlichen Hinrichtung durch Fallbeil zu einem „unauslöschlichen Eindruck" (Pawel Birjukov).

---

[1] Zu bekannten Literaten unter den Kritikern liegt ein kleines Lesebuch vor: *Der Weg zum Schafott*. Dichter gegen die Todesstrafe. Victor Hugo – Charles Dickens – William Thackeray – Cesare Beccaria – Fjdor Dostojewski – Leo Tolstoi. Berlin: Rippberger & Kremers Verlag 2016.
[2] Hier zitiert nach Geir KJETSAA: Lew Tolstoj. Dichter und Religionsphilosoph. Gernsbach: Casimir Katz Verlag 2001, S. 102.
[3] Dirk FALKNER: Straftheorie von Leo Tolstoi. (= Juristische Zeitgeschichte – Abteilung 6, Band 57). Berlin/Boston: Walter de Gruyter 2021, S. 85.

1.
„PARISER TAGEBUCH" 1857

Ende Januar 1857 tritt Tolstoi seine erste Auslandsreise an und wird in Paris am Bahnhof von Iwan Turgenjew (1818-1883) empfangen. Im März verbringen Tolstoi und Turgenjew einige Tage in Dijon, wo die von Mitgefühl zeugende Erzählung vom Musikanten Albert entstanden ist. Zurückgekehrt nach Paris macht Tolstoi eine folgenschwere Erfahrung. Auf der Place de la Roquette soll vor tausenden Schaulustigen ein arbeitsloser Koch getötet werden, den das Gericht für schuldig befunden hat, einen Raubmord begangen zu haben. In seinem Tagebuch hält der Dichter fest:

> „6. April 1857. – Ich stand vor sieben Uhr auf und wohnte einer Hinrichtung bei. Ein kräftiger, weißer, gesunder Hals und Nacken; er küßte die Bibel und dann – tot. Wie sinnlos! Es hinterließ mir einen tiefen Eindruck, der nicht verloren war. Ich bin kein Politiker. Moral und Kunst liebe ich und weiß, daß ich es darf. ... Die Guillotine raubte mir für geraume Zeit den Schlaf: ich hatte sie fortwährend vor Augen."[4]

In einem Brief vom gleichen Tag gesteht er dem befreundeten Kritiker W. P. Botkin, er habe am Morgen die Dummheit und Grausamkeit besessen, zum Schauspiel einer öffentlichen Hinrichtung zu fahren, von dem er sich so bald wohl nicht erholen werde:

> „Ich habe im [Krim-]Krieg und im Kaukasus[-krieg] viel Schreckliches gesehen, aber hätte man in meiner Gegenwart einen Menschen in Stücke gerissen, wäre das nicht so abstoßend gewesen wie diese kunstvolle und elegante Maschine,

---

[4] Hier zitiert nach: *Leo N. Tolstois Biographie und Memoiren*. Autobiographische Memoiren, Briefe und biographisches Material. Herausgegeben von Paul Birukof und durchgesehen von Leo Tolstoi. I. Band: Kindheit und frühes Mannesalter. Wien/Leipzig: Moritz Perthes (k. u. k. Buchhandlung) 1906, S. 323-324.

die einen kräftigen, blühenden und gesunden Menschen in einem winzigen Augenblick tötet. Dort [auf dem Schlachtfeld] herrscht nicht vernünftiger Wille, sondern menschliche Leidenschaft, hier aber handelt es sich um raffinierte Gelassenheit und Zweckmäßigkeit beim Töten ohne auch nur eine Spur von Erhabenheit."[5]

Die grundsätzliche Kritik am staatlichen Rechtssystem ist in den Ausführungen gegenüber Botkin bereits enthalten:

„Recht fürwahr, gesprochen von Juristen – von Menschen, die über Wahrheit, Ehre und Religion schwätzen, und gegen alles drei handeln! Auf diese Weise haben sie ihren König umgebracht, André Chénier, die Republikaner, die Aristokraten, zu schweigen von jenem Mann (ich habe seinen Namen vergessen), dessen Unschuld an dem Verbrechen, für das er hingerichtet worden war, erst vor zwei Jahren bekanntgemacht wurde … Menschliche Gesetze – welch ein Unsinn! Wahrhaftig, der Staat ist eine Verschwörung mit dem Ziel, nicht nur die Bürger auszubeuten, sondern ebenso sie zu demoralisieren."[6]

Die nachfolgenden Textauszüge aus zwei Schriften Tolstois zeigen, wie dieser nach Jahrzehnten auf die Hinrichtung des Jahres 1857 zurückblickt.

---

[5] Zitiert nach D. FALKNER: Straftheorie von Leo Tolstoi. Berlin/Boston 2021, S. 85.
[6] Zitiert nach Janko LAVRIN: Lev Tolstoj – mit Selbstzeugnissen und Bilddokumenten. Reinbeck bei Hamburg: Rowohlt [11]1991, S. 54-55.

2.
Auszug aus Leo N. Tolstois „Bekenntnissen"[7]
(1879-1882)

„So enthüllte mir, während meines Aufenthaltes in Paris,
der Anblick einer Hinrichtung die Hinfälligkeit
meines Fortschritt-Aberglaubens."

[...] Mit sechsundzwanzig Jahren kam ich nach dem Kriege nach Petersburg und wurde mit Schriftstellern bekannt. Man nahm mich als ebenbürtigen Genossen auf und schmeichelte mir. Und ich hatte noch nicht Zeit gehabt, mich umzusehen, als ich die zünftigen Lebensanschauungen dieser Menschen, mit denen ich verkehrte, mir zu eigen gemacht hatte, die alle meine früheren Versuche der Veredelung vollends vernichteten. Diese Anschauungen boten meinem ausschweifenden Leben die Stütze einer Theorie, die es rechtfertigte.

Die Lebensanschauung dieser Menschen, meiner Kameraden im Schriftstellerberuf, bestand darin, daß das Leben im allgemeinen sich fortschreitend entwickele, daß an dieser Entwickelung wir, die Männer der Gedankenarbeit, den größten Anteil hätten, und unter den Männern der Gedankenarbeit den größten Einfluß wir – die Künstler, die Poeten. Unser Beruf sei es, die Menschen zu belehren. Damit sich uns aber nicht die natürliche Frage aufdrängte: Was weiß ich, und was kann ich also lehren? legte diese Theorie dar, daß man dies nicht zu wissen brauche, und daß der Künstler und der Poet unbewußt lehre. Ich hielt mich für einen wunderbaren Künstler und Poeten, und darum war es für mich selbstverständlich, daß ich mir diese Theorie aneignete. Ich, der Künstler, der Poet, schrieb und lehrte, ohne zu wissen was. Ich erhielt dafür Geld, ich hatte vortreffliches Essen, eine schöne Wohnung, Weiber, Verkehr; ich war berühmt. So mußte also das, was ich lehrte, sehr gut sein. [...]

---

[7] Übersetzung | Leo N. Tolstoj: Meine Beichte. Von dem Verfasser genehmigte Ausgabe von Raphael Löwenfeld [1901]. 8.-10. Tausend. Jena: Eugen Diederichs 1922, S. 17-18 und 22-24.

Und so legten wir uns die Sache folgendermaßen zurecht: Alles, was ist, ist vernünftig. Und alles was ist, entwickelt sich beständig. Es entwickelt sich aber das alles vermittelst der Bildung. Die Bildung wiederum wird bestimmt durch das Maß der Verbreitung von Büchern, Zeitungen. Uns aber zahlt man mit Geld und Ehren dafür, daß wir Bücher und Zeitungen schreiben. Demnach sind wir die nützlichsten und besten Menschen. Diese Theorie wäre sehr schön gewesen, wenn wir alle einig gewesen wären; daß aber auf jeden Gedanken, den der eine aussprach, stets ein diametral entgegengesetzter kam, den der andere aussprach, hätte uns stutzig machen müssen. Das bemerkten wir aber nicht; man zahlte uns Geld, und Leute unserer Partei lobten uns, und so wähnten wir uns, und jeder einzelne sich, im Recht.

Jetzt ist es mir klar, es war ganz und gar wie in einem Irrenhause; damals aber ahnte ich das nur dunkel und hielt, wie alle Irrsinnigen, alle außer mir für irrsinnig.

―――

So lebte ich dahin, noch sechs Jahre dieser Unvernunft hingegeben, bis zu meiner Verheiratung. Um diese Zeit reiste ich in's Ausland. Der Aufenthalt in Europa und mein Verkehr mit hervorragenden und gelehrten Männern europäischer Bildung bestärkte mich noch mehr in meinem Glauben an die allgemeine Vervollkommnung, in dem ich gelebt hatte; denn ich fand denselben Glauben auch bei ihnen. Dieser Glaube nahm bei mir die gewohnte Form an, die er bei der Mehrzahl der Gebildeten unserer Zeit hat. Er wurde durchs das Wort „Fortschritt" bezeichnet. Damals meinte ich, es sei mit diesem Worte etwas gesagt. Ich hatte damals noch nicht begriffen, daß ich, der wie jeder lebendige Mensch, bedrängt von den Fragen, wie ich besser lebe, mit der Antwort: Lebe dem Fortschritt gemäß! – ganz so antworte, wie ein Mensch, der in einem Kahne sitzt und von Wellen und Wind getrieben wird, auf die wichtigste, für ihn einzige Frage: Wohin steuern? ohne auf die Frage zu antworten, sagen würde: Es führt uns irgendwohin.

Damals merkte ich das nicht. Von Zeit zu Zeit empörte sich – nicht die Vernunft, sondern die Empfindung gegen diesen in unserer Zeit allgemein verbreiteten Aberglauben, durch den die Menschen die mangelnde Kenntnis des Lebens sich selbst verschleiern. So enthüllte mir, während meines Aufenthaltes in Paris, der Anblick einer Hinrichtung die Hinfälligkeit meines Fortschritt-Aberglaubens. Als ich sah, wie das Haupt sich vom Rumpfe trennte, und wie eines nach dem anderen auf den Boden der Kiste aufschlug, begriff ich, nicht mit dem Verstand, sondern mit meinem ganzen Wesen, daß keinerlei Theorie von der Vernünftigkeit des Seienden und des Fortschritts dieses Verbrechen rechtfertigen könne, und daß ich, wenn auch alle Menschen in der Welt, gleichviel nach welchen Theorien, von Erschaffung der Welt an gerechnet, je gefunden hätten: Dies sei notwendig – daß ich weiß: Es ist nicht notwendig, es ist schlecht. Und der Richter über das, was gut und notwendig ist, sind nicht die Worte und die Thaten der Menschen, auch nicht der Fortschritt, sondern ich mit meinem Herzen.

Ein zweiter Fall, der mir die Unzulänglichkeit des Fortschritt-Aberglaubens für unser Leben zum Bewußtsein brachte, war der Tod meines Bruders. Er war ein guter, kluger, ernst strebender Mensch. Er erkrankte in jungen Jahren, litt über ein Jahr und starb in Qualen, ohne je begriffen zu haben, warum er gelebt, und noch weniger, warum er sterbe. Keine Theorie konnte ihm oder mir während seines langsamen und qualvollen Siechtums auf diese Frage eine Antwort geben. Aber das waren nur zerstreute Fälle von Zweifeln. Im Grunde setzte ich das alte Leben fort und bekannte mich stets zu dem Glauben an den Fortschritt „Alles entwickelt sich und auch ich entwickele mich, wozu ich mich mit allen zusammen entwickele, das wird sich schon zeigen." So hätte ich damals meinen Glauben formulieren müssen.

3.
Auszug aus Tolstois Schrift „Was sollen wir denn tun?"[8]
(1882-1886)

„Mord bleibt doch Mord."

Dreissig Jahre sind es her, da habe ich es gesehen, wie man vor tausend Zuschauern einem Menschen mit der Guillotine den Kopf abhieb. Ich wusste es, dass dieser Mensch ein entsetzlicher Missethäter war. Ich kannte alle die Raisonnements, welche seit so vielen Jahrhunderten geschrieben worden, um Maassregeln dieser Art zu rechtfertigen; ich wusste, dass man es absichtlich, bewusst gethan hatte; aber in dem Augenblicke, da der Kopf sich vom Körper trennte und beide in die Kiste fielen, da seufzte ich auf, und ich habe, nicht mit dem Verstande, sondern mit dem Herzen, mit meinem ganzen Wesen es begriffen, dass alle die Raisonnements, die ich zu Gunsten der Todesstrafe gehört hatte, nichts anderes sind, als bösartiger Unsinn; und wie viel Menschen man auch zusammenbringen mag, um einen Mord zu verüben, und wie sie auch heissen mögen, Mord bleibt doch Mord, die schlimmste Sünde in der Welt, und ich hatte mich daran betheiligt. So auch jetzt, beim Anblicke des Hungers, Frierens und der Erniedrigung tausender von Menschen[9], habe ich nicht mit dem Verstande, aber mit dem Herzen und mit meinem ganzen Wesen es begriffen, dass die Existenz von zehntausend solcher Menschen in Moskau, während ich und andere tausend Menschen Filet und Sterlet speisen, ihre Pferde und Fussböden mit Tuch bekleiden, – was auch die Gelehrten der Welt darüber sagen mögen, es sei unvermeidlich – dass es ein Verbrechen ist, welches nicht einmal, sondern beständig begangen wird, und dass ich, mit meinem Luxus, nicht nur das Verbrechen zulasse,

---

[8] Übersetzung | Leo TOLSTOI: Bekenntnisse – Was sollen wir denn thun? Aus dem russischen Manuskript übersetzt von H[ermann]. von Samson-Himmelsjerna. Leipzig: Verlag Duncker & Humblot 1886, S. 119-121.
[9] [Tolstoi spricht hier von seinen Einblicken in die Welt der Armen von Moskau.]

sondern mich geradezu daran betheilige. Für mich bestand der Unterschied zwischen diesen beiden Eindrücken[10] nur darin, dass dort alles was ich hätte thun können, nichts anderes gewesen wäre, als den Mördern, welche bei der Guillotine standen und mit dem Morden sich beschäftigten, zuzurufen, dass sie Böses thun, und mit allen Mitteln sie daran zu hindern. Aber wenn ich es that, so konnte ich im voraus wissen, dass mein Auftreten den Mord nicht hindern werde. Hier aber konnte ich nicht nur Sbítenj und das geringfügige Geld, das ich bei mir hatte, spenden, sondern ich konnte den Paletot vom Leibe hergeben und alles was ich zu Hause besitze. Aber das hatte ich nicht gethan, und darum empfand ich und empfinde es noch, und werde nie aufhören es zu empfinden, dass ich Theilhaber bin an dem beständig verübten Verbrechen, so lange als ich noch überflüssige Speise habe, ein anderer gar keine hat, so lange ich zwei Anzüge besitze, ein anderer aber gar keinen.

---

[10] [Bezüge: Hinrichtung Paris 1857 und zwei Jahrzehnte später ein Ausflug in die Welt der Elenden Moskaus mit anschließender Rückkehr in den Luxus des gräflichen Hauses.]

II.
Die Hinrichtung des Soldaten Schibunin 1866

Charakteristik des Verurteilten – Leo Tolstois Rede
vor Gericht – Das Urteil – Urteil des Volkes –
Tolstois Rückblick im Jahr 1908[1]

Dokumentation von Pavel Birjukov

Der Sommer 1866 brachte ein Ereignis, an dem Tolstoi beteiligt war und bei dem wir länger verweilen müssen. Es war die Verurteilung eines Infanteriesoldaten, dessen Regiment damals in der Nähe von Jasnaja Poljana lag. Natürlich trat Tolstoi in diesem Falle als Verteidiger des Verurteilten auf.

Wir fügen eine kurze Charakteristik des Unglücklichen nach der Beschreibung eines Augenzeugen dieses Verbrechens bei.

Kompagnieschreiber in der zweiten Kompagnie war damals der eben erst hinversetzte und in den Listen der Vorbestraften geführte Wasilij Schibunin, der als „Freiwilliger" in den Kriegsdienst getreten war, d. h. er hatte sich für einen andern Rekruten mieten lassen. Er war 24 Jahre alt. Er war nicht groß, stämmig, hatte einen dicken roten Hals und etwas rötliches Haar, überhaupt machte sein Äußeres keinen besonders angenehmen Eindruck. Man erzählte von ihm, er sei der uneheliche Sohn eines ziemlich bedeutenden Herrn, seine eigenen Erinnerungen führten ihn in ein Dorf in einem der Zentralgouvernements zurück, wohin er als 2jähriges Kind in Kost gegeben worden war. Im

---

[1] Textquelle | *Leo N. Tolstois Biographie und Memoiren.* Autobiographische Memoiren, Briefe und biographisches Material. Herausgegeben von Paul Birukof und durchgesehen von Leo Tolstoi. II. Band: Reifes Mannesalter. Wien/Leipzig: Moritz Perthes (k. u. k. Buchhandlung) 1909, S. 94-120. – Setzung der Anführungszeichen bei längeren Textdokumenten nachfolgend vereinfacht, pb.

November 1862 war er als Freiwilliger, d. h. als Mietling irgend eines Städters zum Regiment gekommen. Wenn er eine freie Minute hatte, bestand Schibunins Lieblingsbeschäftigung darin, daß er sich aufs Bett warf, ordinären Dorffusel aus einem Topf schlürfte und „vom Vater träumte". Abends las er ein Erbauungsbuch oder das Evangelium, das er auswendig kannte. Der Kompagniekommandant, ein Pole mit akademischer Bildung, sperrte Schibunin wegen einer Nachlässigkeit im Dienst und wegen Trunksucht in den Karzer. Als er ihn kaum verlassen hatte, bekam Schibunin vom Kommandanten den Befehl, ein wichtiges Papier für den Bataillonskommandanten anzufertigen. Um sich Mut zu machen, trank er wieder ein ordentliches Quantum Branntwein, und als der Kommandant um den Rapport kam und ihn fragte: „Hast Du den Rapport für den Bataillonskommandanten gemacht", reichte er ihm wortlos, blaß und mit zitternden Händen das verlangte, ins reine geschriebene Papier. Der Kompagniekommandant sah ihn an, bemerkte aber offenbar nichts besonderes an ihm und begann den Rapport zu lesen. Schibunin benützte diesen Moment, verließ das Zimmer und goß im Korridor direkt aus dem Faß diesmal ein neues Maß Branntwein hinunter. Dann ging er in die Kanzlei zurück. Der Rapport gefiel dem Kompagniekommandanten nicht, er ballte das Papier zusammen und warf es dem Schreiber ins Gesicht. Durch den Alkohol erregt und aufgebracht, sagte Schibunin seinem Vorgesetzten Grobheiten, worauf dieser sich zu dem Feldwebel wandte und sagte:

„Feldwebel, er ist wieder betrunken, sperr' ihn sofort in den Karzer und nach dem Unterricht bereit' die Ruten vor."

Der Kommandant zog ruhig seinen weißen Handschuhe aus sämischen Leder an, drehte sich um und verließ das Zimmer. Schibunin rannte ihm nach, holte ihn ein und sagte mit wutverzerrtem Gesicht: „Warum, warum quälen Sie mich?"

Der Kommandant würdigte ihn natürlich keiner Antwort.

„Sie schweigen", rief ihm Schibunin heiser zu. „Mich peitschen? Also da hast Du's, polnische Fratze ...," das Klatschen einer mächtigen Ohrfeige hallte über die Straße.

Der Kapitän N. reichte an diesem Tage zwei Rapports ein, einen über Schibunins Vergehen, den zweiten über seine Krankheit, und der Kommandant des Regiments gab die Sache weiter. Fünf Tage später kam ein Befehl des General-Adjutanten Gildenstub, Kommandierenden aller Regimenter des Moskowsker Militärkreises, dahingehend, Schibunin sei nach Art. 604 der Militärvorschriften dem Kriegsgericht zu übergeben. Einer der Offiziere, namens Stasuljewitsch, nahm sich die Angelegenheit des Angeklagten zu Herzen und begab sich eiligst mit dem Unterleutnant Kolokolzof nach Jasnaja Poljana zu dem Grafen Tolstoi.

Nachdem die beiden jungen Offiziere Tolstoi den ganzen Hergang erzählt hatten, baten sie ihn, die Verteidigung des unglücklichen Schibunin zu übernehmen.

Der Graf hörte sie aufmerksam an und erklärte sich sofort bereit, alle menschenmöglichen Maßnahmen zu ergreifen, um dem Angeklagten doch wenigstens sein Los zu erleichtern, wenn vielleicht eine Verteidigung nicht möglich war.

Das Kriegsgericht gibt bekanntlich keine Fristen. Jede Angelegenheit wird rasch erledigt. Als der Graf am nächsten Tage zum Kommandanten des Regiments fuhr, war der Anklageakt Schibunins schon fertig, doch noch nicht dem Angeklagten eingehändigt. Natürlich willigte der Oberst mit größtem Vergnügen in den Vorschlag des Grafen ein, die Verteidigung Schibunins zu übernehmen.

Tolstoi war selbst Artillerist gewesen, er hatte an der langen qualvollen Verteidigung von Sebastopol teilgenommen und erkannte klar, in welcher verzweifelten Lage Schibunin als Soldat war. Aber er hoffte, ihn als Menschen verteidigen zu können und wenigstens eine Erleichterung der Strafe für ihn zu erlangen. Die Sitzung des Gerichts war für 11 Uhr vormittags einberufen. Aber Tolstoi kam um eine Stunde früher. Er brauchte diese Stunde. Er wollte den Angeklagten trösten und aufrichten. Der vergleichsweise große Saal des riesigen Gutshofes, wo der Regimentskommandant in Quartier war, wurde rasch in den Sitzungssaal eines Gerichtshofes verwandelt und hier sollte Schibunins Prozeß erledigt werden. Zum Vorsitzenden des Kriegsgerichts wurde der

Kommandant des Regiments, Oberst Junoscha ernannt, die übrigen Richter waren Regimentsoffiziere. Der Prokurator war aus Moskau gekommen. Nur wenige der Gutsbesitzer aus der Umgegend wußten den Tag, an welchem das Kriegsgericht zusammentreten sollte, ebenso war es nicht sehr bekannt geworden, daß Tolstoi als Verteidiger des Angeklagten auftreten würde. Überdies war es eine heiße Zeit für den Landwirt, die wichtigste Arbeitszeit, doch wer es wußte, benützte die Gelegenheit und kam hin. Einige Leute waren aus Tula gekommen, aber im allgemeinen war das „Publikum" nicht zahlreich. Der Vorsitzende eröffnete die Sitzung und befahl, den Angeklagten hereinzuführen. Dann wurde der Bericht über die Übergabe Schibunins an ein Kriegsgericht verlesen und der Anklageakt, in dem ausgeführt wurde, daß der Angeklagte den Kompagniekommandanten haßte und den Entschluß zu seiner Tat schon längst gefaßt hatte. Er habe ihn an jenem verhängnisvollen 6. Juni nur ausgeführt, zu welchem Zwecke er absichtlich auf nüchternen Magen anderthalb Maß Branntwein getrunken hatte.

Die Untersuchung war bald beendigt. Das Wort erhielt der Vertreter des Angeklagten. Der Prokurator hielt eine trockene formale Rede, ganz gespickt mit Gesetzesparagraphen, Berufungen auf sie u.s.w.

Dann vergingen einige Minuten voll gespannter Aufmerksamkeit und Graf Tolstoi erhob sich.

Seine sichere, ruhige, klare Rede erregte das allgemeine Interesse sofort so stark, daß die hinteren Reihen aufstanden und sich nahe zu den ersten drängten.

Tolstoi sprach folgendermaßen:

„Der Soldat Wasilij Schibunin, der angeklagt ist, seinen Kompagniekommandanten vorsätzlich und bewußt ins Gesicht geschlagen zu haben, hat mich zu seinem Verteidiger erwählt und ich habe diese Aufgabe übernommen, obgleich das Vergehen, dessen Schibunin angeklagt wird, zu denen gehört, welche das Band der militärischen Disziplin lockern und daher nicht vom Standpunkt des Verhältnisses von Schuld und Strafe betrachtet werden kann, sondern stets bestraft werden muß. Ich habe diese Aufgabe übernommen, obgleich der Angeklagte selbst sein Geständnis niederschrieb und die Tatsache zugab, die seine Schuld festlegt, also nichts mehr geleugnet werden kann und obgleich er Art. 604 des militärischen Strafgesetzes unterliegt, das nur eine Strafe für das Verbrechen kennt, das Schibunin begangen hat.

Diese Strafe ist der Tod, und es scheint daher, daß das Schicksal des Angeklagten in nichts erleichtert werden kann. Aber ich habe diese Verteidigung übernommen, weil unser Gesetz von einem Geist getragen ist, der die Begnadigung von zehn Schuldigen lieber sieht, als die Verurteilung eines Unschuldigen. Dieser Geist verlangt alles, was die Gnade gewähren kann, und darum ist es keine leere Formel, wenn unser Gesetz bestimmt, daß kein Angeklagter ohne Verteidiger vor Gericht erscheinen soll, d. h. ohne die Möglichkeit, wenn nicht der Verteidigung, so doch der Erleichterung seines Schicksals. In der Überzeugung, daß diese Formalität etwas bedeutet, trete ich an die Verteidigung heran. Meiner Überzeugung nach ist auf den Angeklagten Art. 109 und 116 anzuwenden, wonach eine geringere Strafe einzutreten hat im Falle von Stumpfheit und Dummheit des Angeklagten und Unzurechnungsfähigkeit infolge nachgewiesener Sinnesverwirrung.

Schibunin unterliegt keinem beständigen Wahnsinn, wie er sich durch eine ärztliche Untersuchung nachweisen läßt, aber seine geistige Verfassung ist keine normale. Er ist geisteskrank, ihm fehlt eine der wichtigsten menschlichen Eigenschaften, die Fähigkeit, die Folgen seiner Geisteskrankheiten diese Geistesverfassung nicht als Handlungen zu begreifen. [sic] Wenn auch die Wissenschaft der [sic] Krankheit anerkannt hat, so müssen wir doch meiner Ansicht nach, ehe wir ein Todesurteil aussprechen, diese Erscheinung näher betrachten und uns überzeugen, ob das, was ich hier sage, eine bloße Ausrede oder eine wirkliche, zweifellose Tatsache ist. Der Zustand des Angeklagten ist einerseits die größte Dummheit, Einfalt und Stumpfsinn, die im Art. 109 vorgesehen sind und zur Verminderung der Strafe führen sollen.

Anderseits sieht Art 116 jenen Zustand der Geistesverwirrung vor, der unter dem anregenden Einfluß des Alkohols eintritt. Jetzt steht er vor Ihnen mit gesenkten Augen, mit gleichgültigem, ruhigem, stumpfem Gesicht und erwartet sein Todesurteil. Nicht ein Zug wird in seinem Gesicht zittern, ob nun das Verhör mit ihm vorgenommen wird oder ich ihn verteidige, und eben so wenig wird er erzittern, wenn man das Todesurteil über ihn ausspricht oder selbst dann, wenn man das Urteil an ihm vollstrecken wird. Sein Gesicht bleibt unbeweglich nicht infolge von Selbstbeherrschung, sondern infolge der völligen Abwesenheit eines geistigen Daseins bei diesem unglücklichen Menschen. Er schläft geistig, wie er sein ganzes Leben lang schlief, er versteht weder die volle Tragweite seines Vergehens, noch die Folgen, die seiner warten.

Schibunin ist ein Städter, der Sohn reicher Eltern, nach seinen Verhältnissen. Er wurde anfangs, wie er sagt, zu einem Deutschen ‚in's Lernen' gegeben, dann in eine Zeichenschule. Ob er etwas gelernt hat, ist uns unbekannt, aber wahrscheinlich lernte er schlecht, denn seine Kenntnisse gaben ihm nicht die Möglichkeit, sich vom Militärdienst zu befreien. 1855 trat er in Dienst und entfloh bald, wie man ersehen kann, ohne Ziel und Zweck. Er kehrt bald darauf ebenso planlos von seiner Flucht zurück. Einige Jahre später wird er Unteroffizier, wahrscheinlich einzig und allein, weil er schreiben kann, und verbringt von jetzt ab seinen Dienst in Kanzleien. Bald nach seiner Ernennung zum Unteroffizier verliert er grundlos alle Vorteile im Dienst infolge seiner unerklärlichen Handlungsweise: er schleppt im Geheimen seinem Gefährten nicht Geld oder einen kostbaren Gegenstand weg, nicht einmal einen Gegenstand, den man verbergen kann, sondern die ärarische Uniform und das Seitengewehr und vertrinkt beides. Ich glaube nicht, daß diese Tatsachen, die wir den Dienstpapieren Schibunins entnehmen, als Zeichen einer normalen geistigen Verfassung des Angeklagten gelten können. Der Angeklagte hat keinerlei Liebhabereien oder Leidenschaften, nichts interessiert ihn. Wenn er nur Zeit und Geld hat, trinkt er Alkohol, und zwar nicht in Gesellschaft seiner Kameraden, sondern allein, wie aus der Anklageschrift selbst hervorgeht. Er hat diese Gewohnheit zu trinken von seinem zweiten Dienstjahre ab und trinkt so, daß er nach zwei Maß Branntwein pro Tag nicht lebhafter und fröhlicher als sonst wird, sondern so bleibt, wie Sie ihn jetzt sehen, nur mit dem Bedürfnis nach mehr Energie und Unternehmungslust, aber mit noch geringerer Fähigkeit Schlüsse zu ziehen. Vor zwei Monaten wurde Schibunin in das Moskauer Regiment versetzt und als Schreiber bei der zweiten Kompagnie verwendet. Sein krankhafter Geisteszustand verschlimmerte sich mit jedem Tage, bis er in die Verfassung kam, in der Sie ihn jetzt sehen. Er kommt bis zur völligen Idiotie, er hat nur noch das Aussehen eines Menschen, ohne menschliche Eigenschaften und Interessen. Bei einer Hitze von 30° sitzt dieser physisch gesunde, sanguinische Mensch unablässig allein in einem dumpfen Zimmer und schreibt unablässig zwei Rapports, um sie wieder und wieder abzuschreiben. Alle Interessen Schibunins konzentrieren sich in den Worten des Rapports und in den Forderungen des Kompagniekommandanten. In diesen sinnlos dahingehenden Tagen hat er mitunter nicht einmal Zeit, Mittagbrot zu essen und zu schlafen, die Arbeit lastet nicht auf ihm, aber sie macht ihn immer stumpfer. Und doch ist er mit seiner Lage zufrieden und sagt seinen Kameraden, er fühle sich hier bedeutend wohler und diene lieber hier als im Jekaterinoslawsker Leib-Grenadier-Regiment, von wo er versetzt wurde. Er hat auch keinen Grund, sich über seinen Kompagniekommandanten zu beklagen, der ihm mehr als einmal, wie mir Schibunin selbst mitteilte, sagte: ‚Wenn Du nicht fertig werden kannst, nimm' Dir noch einen oder zwei Schreiber'. Seine Tage vergehen in der Kanzlei und im Flur des Kompagniekommandos, wo er oft lange warten muß, oder in einsamer Trunksucht. Er schreibt und trinkt und sein geistiger Zustand erreicht eine vollständige Störung. Um diese Zeit steigt in seinem umnebelten Kopf ein einzelner Gedanke auf, der sich auf jene enge Sphäre bezieht, in der er sich bewegt. Dieser Gedanke bekommt in ihm die Kraft und den Eigensinn der Verrücktheit. Ihm kommt plötzlich der Gedanke, daß der Kompagniekommandant nichts von Geschäften versteht, daß er nicht weiß, wie man einen Rapport schreibt, dieser Stolz jedes Schreibers, daß er, der Schreiber, einen Rapport viel besser machen kann, daß er gut schreibt, ausgezeichnet schreibt, während der Kompagniekommandant, der nichts von der Sache versteht, ihn zwingt, die Sachen umzuarbeiten und abzuschreiben, so daß er der Sache selbst schadet und ihm, dem Schreiber, immer neue Arbeit macht, so daß er mitunter nicht einmal Zeit hat zu essen und zu schlafen. Und dieser eine Gedanke, der sich in dem vom Alkohol zerstörten, stumpfen Gehirn festgesetzt hat, erhält unter dem Einfluß des beleidigten, erregten Selbstgefühls und der unaufhörlichen Wiederholungen der gleichen Forderungen von seiten des Kompagniekommandanten und der fortwährenden Reibungen mit ihm in der kranken Seele des Angeklagten die Kraft eines leidenschaftlichen Wahnsinns.

Fragen Sie ihn, wie und warum er seine Tat begangen hat? Er wird Ihnen sagen (und das ist der einzige Punkt, wo er, dieser zum Tode Verurteilte, mit Wärme und Lebhaftigkeit spricht), wie er es auch in seinem Geständnis geschrieben hat, daß die Ursache seiner Handlungsweise die häufigen Befehle des Kompagniekommandanten waren, Schriftstücke zu ändern, von denen er, der Kompagniekommandant, viel weniger verstand als der Angeklagte. Oder er wird Ihnen sagen, was er mir auf meine Frage geantwortet hat, warum er seine Handlung begangen habe, ‚Ich habe nach meinem gesunden Menschenverstand gehandelt, weil mein Vorgesetzter die Geschäfte nicht versteht und Forderungen stellt, und das schien mir beleidigend.'

Und so lag der einzige Grund des begangenen Verbrechens, das mit dem Tode zu strafen ist, darin, daß es dem Angeklagten beleidigend und erniedrigend erschien, Schriftstücke, die er schon geschrieben hatte, umzuarbeiten, weil sein Vorgesetzter, der seiner Meinung nach weniger davon verstand als er, es verlangte. Weder die Untersuchung, noch das Verhör, noch das naive Geständnis Schibunins haben es vermocht, andere Gründe aufzudecken. Und kann man annehmen, daß ein Mensch, der im Vollbesitze seiner geistigen Fähigkeiten ist, sich zu einer so entsetzlichen Tat, entsetzlich in ihrem Wesen und in ihren Folgen, entschließt, weil er es beleidigend findet, einen Rapport umzuschreiben? Eine solche Tat aus solchen Gründen kann nur ein Mensch begehen, der geisteskrank ist, und das ist der Angeklagte. Wenn das medizinische Zeugnis ihn nicht als solchen anerkennt, so ist das nur der Fall, weil die Medizin diesen Zustand der Stumpfheit im Verein mit einer durch Alkohol hervorgebrachten Erregung noch nicht definiert hat. Ist ein Mensch normal, der vor dem Gericht in Erwartung seines Todesurteils mit großem Eifer immer nur davon spricht, daß seine Schreiberehre durch den Kompagniekommandanten verletzt wurde, der nichts versteht und ihn immer wieder abschreiben heißt, ist ein Mensch normal, der, obgleich er lesen und schreiben kann und das Gesetz kennt, jenes Geständnis vom sechsten und siebenten schreibt, das Sie eben gehört haben und mit dem er sich absichtlich dem Tode auszuliefern scheint? Dieses Geständnis ist augenscheinlich von ihm sinnlos nach den Worten abgeschrieben, die die Untersuchungsrichter für ihn gesprochen haben und die er selbst bestätigt hat: ‚Stimmt, Euer Wohlgeboren', er wird ebenso sinnlos und bewußtlos alles bestätigen, was man ihm sonst noch vorlegen wird. In ganz Rußland findet sich sicherlich nicht ein einziger Schreiber, nicht einmal ein Bauer, der weder lesen noch schreiben kann, der einen Tag nach der Tat eine solche Erklärung abgibt.

Und was konnte einen Menschen, der lesen und schreiben kann, veranlassen, eine derartige Erklärung abzugeben? Wenn er kein Idiot wäre, müßte er begreifen, daß dieses Geständnis seine Strafe nicht vermindern kann. Auch Reue konnte dieses Geständnis nicht hervorrufen, denn sein Verbrechen ist nicht der Art, daß es schwere Gewissensbisse in ihm hervorrufen konnte, die er durch ein reumütiges Geständnis beruhigen wollte, eine solche Erklärung konnte nur ein Mensch abgeben, dem die Fähigkeit, die Folgen seiner Handlungen abzumessen, fehlt, also ein Geisteskranker. Und ist endlich ein Mensch normal, der sein Vergehen unter Umständen begeht, wie Schibunin es getan hat? Er ist Schreiber, er weiß, daß das Gesetz mit dem Tode straft, wer Hand an einen Vorgesetzten legt, er muß dies Gesetz umso eher kennen, als er einige Tage vorher eigenhändig einen Befehl an das Regiment abschrieb, worin ein Soldat zum Erschießen verurteilt wurde, weil er seine Hand gegen einen Offizier erhoben hatte, und nichtsdestoweniger begeht er sein Verbrechen in Gegenwart des Feldwebels, der Soldaten und noch anderer fremder Menschen. In der Tat des Angeklagten fehlt nicht nur Absicht, es fehlt auch Bewußtsein, im Gegenteil, es ist klar, daß die Tat in völliger Abwesenheit geistiger Fähigkeiten, in einem Anfall von Verrücktheit oder Sinnlosigkeit geschah. Beständig mit seinen Schreibereien und dem eng damit verknüpften Gedanken beschäftigt, daß der Kompagniekommandant ihn beleidigt und nichts von den Sachen versteht, sitzt er nach einer schlaflosen Nacht und unter der Einwirkung des getrunkenen Fusels allein in der Kanzlei über seinen Papieren in einem halbwachen Zustand, wie immer von jenem beständigen Gedanken, der sich bereits dem Wahnsinn nähert, verfolgt: der Kompagniekommandant verstehe nichts von den Geschäften und stelle beleidigende Forderungen an ihn. Plötzlich tritt der Kompagniekommandant selbst ein, also der Mensch, mit dem sein dem Ausbruch naher Wahnsinn am meisten verknüpft ist, der Mensch, gegen den sich all' seine Erbitterung wendet, die sich durch den einsam getrunkenen Alkohol noch verstärkt hat. Und dieser Mensch macht ihm Vorwürfe und läßt ihn strafen. Schibunin erhebt sich, ohne die Schläfrigkeit schon überwunden zu haben, ohne zu wissen, wo und was er ist, und begeht seine Tat, von der er sich erst lange Zeit nachher Rechenschaft zu geben vermag.

Schibunins Vergangenheit, sein Aussehen und seine Art zu sprechen, zeigen den höchsten Grad des Stumpfsinns, der durch den beständigen Alkoholgebrauch noch gesteigert wird; seine abgegebene Erklärung, die seine Schuld fast absichtlich zu vergrößern scheint, und namentlich die Tat selbst, begangen vor Zeugen und in Sinnesverwirrung, beweisen, daß sich in der letzten Zeit zu dem allgemeinen Zustand der Idiotie noch ein Zustand von Sinnesverwirrung hinzugesellt hat, welcher, wenn er auch dem ärztlichen Gutachten nach nicht Wahnsinn ist, nichtsdestoweniger als mildernder Umstand angesehen werden kann.

Nach Art. 109 ist offenbar Idiotie ein Milderungsgrund für die Strafe.

Außerdem berücksichtigt zwar Art. 126 streng genommen nicht den Ausnahmezustand der Geistesverwirrung, aber nach dem allgemeinen Sinn dieses Artikels gebührt Schibunin Straferleichterung. Aber der Art. 604 kennt für die Tat, die Schibunin begangen hat, nur eine Strafe, den Tod. So ist das Gesetz vor die Notwendigkeit gestellt, entweder Art. 604 im gegenwärtigen Falle ganz anzuwenden und damit Art. 109 und 116 zuwider zu handeln, die Straferleichterung verlangen, im Falle sich der Verbrecher in anormaler geistiger Verfassung, wie Schibunin, befindet, oder Art. 109 und 116 anzuwenden, also die Strafe zu mildern und damit den Sinn von Art. 604 abzuändern. Ich halte den letzteren Ausweg für gerechter und gesetzlicher, und zwar mit folgender Begründung. Die Straferleichterung für die Fälle, die mit Art. 109 aufgezählt werden, bezieht sich auf alle folgenden Artikel, also auch auf Art. 604, da von einer diesbezüglichen Ausnahme nichts verlautet.

Im vorliegenden Falle eines Widerspruchs zwischen Art. 109, der die Strafe mildert, und Art. 604, der nur eine Art von Strafe kennt, hat das Gericht nur die Wahl vom Buchstaben des Art. 109 oder des Art. 604 abzuweichen.

Hierbei kann sich das Gericht nur von dem allgemeinen Geist unserer Gesetzgebung lenken lassen, nach welchem die Wagschale des Richterspruchs immer nach der Seite der Gnade gesenkt wird, im Sinne des Art. 81, wonach das Gericht sich mehr gnädig als grausam erweisen soll, von dem Bedenken getragen, daß auch die Richter Menschen sind.

Mit dieser hohen ernsten Mahnung an den Geist unseres Gesetzes überantwortet der Angeklagte sein Schicksal dem Beschluß des Gerichtshofs.'"[2]*

Trotz der Kraft dieser Argumente wurde der Soldat Schibunin zum Tode verurteilt.

---

[2] *Zeitschrift „Das Recht", S. 2016.

Unter der bäuerlichen Bevölkerung der Umgegend hatte sich das Gerücht von dem zu vollziehenden Todesurteil mit Windeseile verbreitet.

Ganze Haufen strömten zu dem Hause, wo der Gefangene in Gewahrsam war, und flehten den wachthabenden Unteroffizier an, „sie wenigstens einen kurzen Blick auf den Unglücklichen werfen zu lassen".

Aber ihre Bitten waren umsonst und der „Unglückliche" blieb ihren Blicken verborgen. Doch sie ließen sich von diesem Mißerfolg nicht abschrecken und ließen bei der Schildwache Gaben für Schibunin zurück, je nach ihren Mitteln und Vermögenslagen. Ein Töpfchen Milch, Eier, Roggenkuchen. Manche brachten große Stücke selbstgewebter Leinwand. Das Todesurteil wurde am 9. August vollzogen. Schibunin stand die ganze Zeit mit gesenkten Augen da, nicht eine [sic] Muskel seines Gesichtes zitterte, er ging mit festen Schritten, ohne ein Wort zu sprechen. Um den Pfahl, an den Schibunin gebunden wurde, scharte sich eine Masse von Menschen. Frauen schluchzten und fielen in Ohnmacht.

Nach vollstrecktem Urteil stürzte das Volk in einer unaufhaltsamen Welle zu dem frischen Hügel. Nach einer Stunde erschien der Dorfgeistliche, der gerufen worden war, und eine fast ununterbrochene Reihe von Seelenmessen begann. Gegen Abend wurden Wachskerzen, Leinwandstücke und Kupfermünzen auf den Hügel geworfen. Am nächsten Tage wurden die Seelenmessen wiederholt. Selbst aus entfernten Dörfern kamen die Bauern und brachten ihr Scherflein. Gerüchte darüber drangen bis zum städtischen Polizeiinspektor. Er kam selbst und befahl, den Grabhügel des Verurteilten dem Erdboden gleich zu machen. An den Rand des Waldes wurde ein dörflicher Wachtposten kommandiert, mit dem strengen Befehl, „Neugierige auf keinen Fall hinzulassen", und die Seelenmessen wurden „auf das allerstrengste'" verboten.

Man kann sich vorstellen, was in Tolstois Seele vorging, als sich diese tierische Grausamkeit unter seinen Augen vollzog.

Er benützte seinen Einfluß in höheren Kreisen, um die Vollstreckung des Urteils hintanzuziehen, telegraphierte an seine Tante Tolstoi, eine Hofdame, und bat, die Angelegenheit dem Kriegsminister zu unterbreiten. Sie sprach mit dem Minister, doch dieser antwortete mit irgend einem formalen Einwand und schien nicht geneigt, das Urteil aufzuheben.

Nach Tolstois Überzeugung, wie er sie mir auch im Gespräch auseinandersetzte, hatte er den Eindruck, daß man höherenorts das Urteil unter allen Umständen als Abschreckungsmittel vollziehen wollte, da Disziplinarvergehen im Militär sich damals zu häufen begannen.

NACHTRAG
(Rückblickender Brief Leo Tolstois im Jahr 1908)

Auf die Leser, die dieses Kapitel gelesen haben und Tolstoi kennen und verstehen, muß die Rolle, die er in dieser Angelegenheit zu spielen gezwungen war, einen sonderbaren Eindruck machen. Ein solches Gefühl der Unbefriedigtheit hatte auch ich, als ich dieses Ereignis nach den in meinen Händen befindlichen Dokumenten beschrieb ... Da ich weiß, wie Tolstoi sich zu einer so entsetzlichen Untat, wie die Todesstrafe, stellt, bat ich ihn, mir sein gegenwärtiges Verhältnis zu seinem Anteil an der Verteidigung des verurteilten Soldaten zu schildern. Mit der ganzen ihm innewohnenden Aufrichtigkeit ließ Tolstoi diese Angelegenheit in seinem Gedächtnis von neuem erstehen, ging noch einmal alle Gefühle durch, die ihn bei dem Gedanken an dieses Verbrechen stets erregten und erregen, und legte sie in Form eines Briefes an mich nieder. Mit Freuden füge ich ihn den von mir erzählten Tatsachen bei:

„Lieber Freund Paul Iwanowitsch!
Mit großem Vergnügen erfülle ich Ihre Bitte, Ihnen mitzuteilen, was ich im Zusammenhange mit jener Verteidigung des

Soldaten Schibunin dachte und fühlte, von der Sie in Ihrem Buche erzählen. Dieses Ereignis war auf mein Leben von größerem Einfluß als alle sonstigen wichtiger erscheinenden Lebensvorkommnisse: Verlust oder Vermehrung des Vermögens, literarische Erfolge oder Mißerfolge, selbst der Tod nahestehender Personen.

Ich will erst erzählen, wie alles war, und werde dann versuchen, die Gedanken und Gefühle auszudrücken, die damals dieses Ereignis und jetzt die Erinnerung daran in mir erwecken.

Womit ich mich damals gerade beschäftigte und wofür ich mich interessierte, kann ich nicht mehr sagen, Sie wissen das besser als ich; ich weiß nur, daß ich damals ein ruhiges, selbstzufriedenes und durchaus egoistisches Leben führte. Im Sommer 1866 besuchte uns ganz unerwartet Grischa Kolokolzof, der noch als Kadett ins Be[h]rs'sche Haus gekommen war und meine Frau kannte. Er diente im Regiment, das damals in unserer Nähe stationiert war. Er war ein fröhlicher, gutmütiger junger Bursche, am meisten interessierte ihn damals sein Kosaken-Reitpferd, auf dem er sich gern produzierte und auf dem er oft zu uns kam.

Durch ihn lernten wir auch seinen Regimentskommandanten, den Hauptmann Ju, kennen und den wegen einer politischen Angelegenheit zum Soldatendienst begnadigten oder verurteilten (ich weiß es nicht mehr) A. M. Stasjulewitsch, den leiblichen Bruder des bekannten Redakteurs, der ebenfalls in diesem Regiment diente. Stasjulewitsch war kein junger Mensch mehr. Er war vor kurzer Zeit vom Soldaten zum Fähnrich avanciert und in das Regiment seines früheren Kollegen Ju versetzt worden, der jetzt sein höchster Vorgesetzter war. Sowohl Ju als Stasjulewitsch kamen nur selten zu uns. Ju war ein dicker, rotbäckiger, gutmütiger, noch unverheirateter Mann. Er gehörte zu jenen so häufigen Menschen, bei denen das Menschliche überhaupt nicht zum Vorschein kommt, weil sie nur an die Verhältnisse denken, in denen sie sich befinden und die aufrecht zu halten sie für ihren höchsten Lebenszweck halten. Für den Hauptmann Ju bestanden diese Verhältnisse darin, daß er kommandierender Hauptmann war. Will man über einen solchen Menschen menschlich urteilen, so kann man nicht sagen, ob er gut oder gescheit ist, denn man weiß nicht, wie er wäre, wenn er plötzlich aufhören würde, Hauptmann, Professor, Minister, Richter oder Journalist zu sein und einfach ein Mensch wäre. So war wohl auch der Hauptmann Ju. Er war kommandierender Hauptmann des Regiments, ein höflicher Gast, aber was er für ein Mensch war, konnte man nicht merken. Ich glaube, er wußte es selbst nicht und es interessierte ihn auch nicht. Stasjulewitsch dagegen war ein lebendiger Mensch, wenn er auch schon stark mitgenommen war, am meisten hatten ihn die Erniedrigungen und Unglücksfälle heruntergebracht, die er, ein ehrgeiziger und selbstsüchtiger Mensch, schwer ertrug. Wenigstens schien es mir so, ich kannte ihn jedoch nicht genau genug, um tiefer in seinen Seelenzustand einzudringen. Ich weiß nur, daß seine Gesellschaft angenehm war und ein gemischtes Gefühl von Mitleid und Achtung hervorrief. Ich verlor ihn später aus den Augen, erfuhr aber, daß er sich bald danach, als das Regiment bereits einen anderen Standort hatte, ohne persönlichen Grund, wie es damals hieß, das Leben nahm, und zwar auf die sonderbarste Weise. Er zog eines Morgens einen wattierten warmen Mantel an und ging darin in den Fluß hinein und ertrank, als er an eine tiefe Stelle kam, da er nicht schwimmen konnte.

Ich weiß nicht mehr, wer von beiden, Kolokolzof oder Stasjulewitsch eines Tages zu uns kam und das völlig unerwartete und für sie als Soldaten entsetzlichste Ereignis erzählte: ein Soldat hatte den Kompagniekommandanten, einen Offizier und Akademiker, ins Gesicht geschlagen. Namentlich Stasjulewitsch bedauerte tief das Schicksal des Soldaten, dem nach seinen Worten das Todesurteil sicher war und schlug mir vor, der Verteidiger des Soldaten vor dem Kriegsgerichte zu sein.

Ich muß noch sagen, daß es mir seit jeher unmöglich und ausgeklügelt erschien, daß Menschen Menschen zum Tode verurteilen können und daß wieder Menschen dieses Urteil vollstrecken können, die Todesstrafe empörte mich nicht nur, sie war für mich eine jener Handlungen, an die man nicht glauben kann, obschon man weiß, daß Menschen diese Handlungen begangen haben und begehen. Die Todesstrafe war und ist für mich eine jener menschlichen Handlungen, an deren Ausführung mein Bewußtsein sich weigert zu glauben, obgleich ich weiß, daß sie wirklich vollzogen werden.

Ich verstehe, daß ein Mensch töten kann unter dem Einfluß einer momentanen Gereiztheit, des Zornes, der Rache, ich verstehe, daß er töten kann, wenn er das Bewußtsein seiner Menschlichkeit verliert, wenn er einen nahestehenden Menschen oder sich selbst verteidigt. Ich verstehe, daß er unter dem Einfluß eines patriotischen, eines Herdengefühls sich selbst dem Tode aussetzt und an einem allgemeinen Morden im Kriege teilnimmt. Daß aber Menschen, ruhig, in vollem Besitze ihrer menschlichen Eigenschaften, bewußt die Notwendigkeit anerkennen können, einen Menschen, also ihresgleichen zu töten, und daß sie andere Menschen zwingen können, eine der menschlichen Natur so entgegengesetzte Handlung zu vollziehen, das habe ich nie verstanden. Ich verstand es auch damals, 1866, nicht, als ich noch mein beschränktes, egoistisches Dasein lebte, und deswegen hoffte ich, als ich in diese Angelegenheit eingriff, auf Erfolg, wie seltsam das auch klingen mag.

Ich weiß noch, wie ich nach Ozerki kam, wo der Angeklagte gefangen gehalten wurde (ich kann mich nicht besinnen, ob er in ein anderes Gebäude überführt worden war oder ob er sich noch in dem gleichen Raume befand, in dem er die Tat begangen hatte). Als ich in die niedrige Ziegelhütte eintrat, sah ich einen kleinen, backenknochigen, eher dicken als mageren Menschen, was bei Soldaten selten der Fall ist. Er hatte einen ungeheuer einfältige[n], unveränderlichen Gesichtsausdruck. Ich weiß nicht mehr, mit wem ich gekommen war, ich glaube mit Kolokolzof. Als wir eintraten, salutierte der Mann. Ich erklärte ihm, daß ich ihn verteidigen wolle, und bat ihn zu erzählen, wie alles gekommen sei. Er sprach wenig und antwortete mir auf meine Fragen mit einem unwilligen ‚stimmt'. Der Sinn seiner Antworten ergab, daß er sich sehr gelangweilt hatte und daß der Kompagniekommandant viel verlangt hatte. ‚Er hat mich sehr bedrückt', sagte er.

Die Angelegenheit verhielt sich so, wie Sie sie beschrieben haben, aber daß er direkt vor der Katastrophe noch trank, um sich Mut zu machen, wird kaum stimmen.

Ich sah den Grund seiner Handlungsweise darin, daß der Kompagniekommandant, ein anscheinend ruhiger Mensch, ihn bis aufs äußerste dadurch gereizt hatte, daß er einige Monate hindurch immerfort mit seiner stets gleichmäßigen ruhigen Stimme unbedingte Unterwerfung und nochmalige Anfertigung von Arbeiten verlangte, die der Schreiber gut ausgeführt fand. Der eigentliche wesentlichste Grund, wie ich ihn damals verstand, lag darin, daß sich zwischen diesen beiden Menschen neben dem dienstlichen Verhältnis sehr schwierige, von gegenseitigem Haß erfüllte Beziehungen von Mensch zu Mensch herausgebildet hatten. Der Kompagniekommandant hatte eine Antipathie gegen den Angeklagten, wie das ja häufig vorkommt, und sie wurde zum Haß, als er erriet, daß sein Untergebener ihn haßte, weil er Pole war. Er fand Vergnügen daran, mit allem unzufrieden zu sein, was der Schreiber tat, und zwang ihn, alles, was der Schreiber für tadellos ausgeführt ansah, einigemale zu wiederholen. Der Schreiber seinerseits haßte den Kompagniekommandanten, einmal weil er Pole war, dann weil er ihn beleidigte, indem er seine Fachkenntnisse nicht anerkannte, namentlich aber haßte er ihn wegen seiner Ruhe und der Unnahbarkeit seiner Stellung. Und dieser Haß erhitzte sich bei jedem neuen Vorwurf mehr und mehr, da er keinen Ausweg fand. Als der Haß seinen letzten Grad erreichte, kam er, ihm selbst unerwartet, zum Ausbruche. Bei Ihnen heißt es, der Ausbruch sei dadurch verursacht worden, daß der Kommandant ihn peitschen lassen wollte. Das ist nicht richtig. Der Kommandant gab ihm einfach das Papier zurück und befahl ihm, es zu ändern und wieder abzuschreiben.

Das Gericht trat bald zusammen. Vorsitzender war Ju, die beiden Beisitzer Kolokolzof und Stasjulewitsch. Man führte den Angeklagten herein. Dann kamen ein paar Formalitäten, deren ich mich nicht mehr klar erinnere, und dann verlas ich meine Rede, die mir heute nicht nur sonderbar vorkommt, sondern deren ich mich schäme. Die Richter hörten offenbar gelangweilt zu, was sie aber aus Höflichkeit verbargen, während ich all' dies leere Zeug schwatzte und Artikel so und so aus Band so und so herbeizerrte. Als alles fertig war, zog sich der Gerichtshof zur Beratung zurück. Bei dieser Verhandlung war, wie ich später erfuhr, einzig Stasjulewitsch für die Anwendung jenes dummen Artikels, den ich angeführt hatte, d. h. für Freisprechung des Angeklagten infolge Unzurechnungsfähigkeit. Kolokolzof war zwar ein guter Junge und wollte mir sicherlich gern einen Gefallen tun, unterwarf sich aber nichtsdestoweniger Ju und seine Stimme gab den Ausschlag. Und das Todesurteil wurde verlesen, es lautete auf Erschießen. Gleich nach der Gerichtssitzung schrieb ich, wie Sie berichten, an die mir und dem Hofe nahestehende Hofdame Alexandra Andrejewna Tolstoi und bat sie, sich beim Kaiser – Alexander II. regierte damals – für die Begnadigung Schibunins zu verwenden. Ich schrieb an die Tolstoi, schrieb aber aus Zerstreutheit nicht den Namen des Regiments, in dem die Angelegenheit vorgekommen war. Die Tolstoi wandte sich an den Kriegsminister Miljutin, aber er sagte, man dürfe den Kaiser nicht bitten, ohne zu sagen, in welchem Regimente der Angeklagte stünde. Sie schrieb mir darüber, ich beeilte mich mit der Antwort, jedoch das Kommando beeilte sich ebenfalls, und als keine Hindernisse mehr bestanden, um dem Kaiser die Bittschrift zu überreichen, war das Urteil schon vollzogen.

Alle anderen Einzelheiten in Ihrem Buche und das christliche Verhalten des Volkes gegen den Verurteilten sind richtig.

Ja, es war mir furchtbar widerlich, jetzt meine elende, ekelhafte Verteidigungsrede zu lesen, die Sie wieder abdrucken. Als ich von dem Verbrechen sprach, das am klarsten allen göttlichen und menschlichen Gesetzen widerspricht und das Menschen sich anschickten an ihrem Bruder zu tun, wußte ich nichts Besseres zu tun, als mich auf dumme Worte zu stützen, die irgend jemand geschrieben hat und die man das Gesetz heißt.

Ja, ich schäme mich jetzt, wenn ich diese elende, dumme Verteidigungsrede lese. Wenn ein Mensch nur begreift, was Menschen sich anschicken zu tun, die in ihren Uniformen an den drei

Seiten eines Tisches sitzen und die sich einbilden, daß sie deswegen, weil sie Uniformen tragen und weil in verschiedenen Büchern Worte gedruckt sind und auf verschiedenen Bogen mit vorgedrucktem Kopf Worte geschrieben sind, das ewige allgemeine Gesetz umstoßen können, das nicht in Büchern, sondern in die Herzen der Menschen eingetragen ist, so ist das einzige, was man diesen Menschen sagen kann und muß, das, daß man sie anfleht zu bedenken, wer sie sind und was sie tun wollen.

Aber man soll durchaus nicht, durch allerlei listige Ausreden, die sich auf diese lügnerischen und dummen Worte stützen, die man das Gesetz nennt, beweisen wollen, daß man diesen Menschen gar nicht zu töten braucht. Denn man kann nicht beweisen, daß das Leben jedes Menschen heilig ist, daß es nicht das Recht eines Menschen sein kann, dem anderen sein Leben zu nehmen, alle Menschen wissen es und man kann es nicht beweisen, weil es nicht nötig ist. Man kann und darf und soll nur eines: sich bemühen, die menschlichen Richter aus dieser Betäubung zu befreien, die sie zu einer so unmenschlichen, unmöglichen Absicht brachte. Das beweisen, heißt ja soviel, als dem Menschen beweisen, daß er nicht tun soll, was seiner Natur zuwider und entgegengesetzt ist: man soll im Winter nicht nackt umhergehen, man soll sich nicht vom Inhalt einer Kehrichtgrube nähren, soll nicht auf allen Vieren kriechen. Was der menschlichen Natur nicht entspricht, was ihr entgegengesetzt ist, das ist den Menschen schon längst in der Erzählung von dem Weibe gezeigt, das gesteinigt werden soll.

Sind seit damals so viele Menschen ohne Fehl entstanden: der Hauptmann Ju und Grischa Kolokolzof mit seinem Pferdchen, daß sie sich nicht fürchten, den ersten Stein zu werfen?

Ich begriff das damals nicht. Ich begriff es auch nicht, als ich mich durch die Tolstoi bemühte, die Begnadigung Schibunins beim Kaiser zu erlangen. Ich muß mich jetzt über die Verirrung wundern, in der ich mich damals befand und in der ich nicht begriff, daß alles, was Schibunin widerfuhr, ganz normal war und daß auch der Anteil, wenn auch nicht der direkte Anteil, jenes Menschen, den man Kaiser nannte, in dieser Sache normal war.

Und ich bat diesen Menschen, einen andern Menschen zu begnadigen, als wenn eine solche Begnadigung vom Tode in der Macht irgend eines Menschen sein könne. Wäre ich damals von der allgemeinen Betäubung frei gewesen, so wäre das einzige, was ich in Bezug auf Alexander II. und Schibunin hätte tun können, das gewesen, daß ich Alexander II. gebeten hätte, nicht Schibunin zu begnadigen, sondern sich selbst zu begnadigen, sich aus dieser furchtbaren Lage zu befreien, in der er sich befand, indem er unwillkürlich an allen Verbrechen teil hatte, die ‚nach dem Gesetze' vollzogen wurden, dadurch, daß er, der imstande war, sie zu unterbrechen, sie nicht unterbrach.

Damals verstand ich das alles noch nicht. Ich fühlte nur unklar, daß etwas vorging, was nicht vorgehen soll, was gar nicht geschehen kann, und daß diese Angelegenheit keine zufällige Erscheinung war, sondern tief verknüpft war mit allen menschlichen Verirrungen und allem menschlichen Elend und daß eben sie, diese Erscheinung, allen menschlichen Verirrungen und allem menschlichen Elend zugrunde liegt.

Ich fühlte schon damals dunkel, daß die Todesstrafe, der bewußt berechnete, beabsichtigte Mord, jenem christlichen Gesetz, das wir angeblich befolgen, direkt entgegengesetzt ist und daß sie jede Möglichkeit eines vernünftigen Lebens und einer wie immer gearteten Moral untergräbt, denn es ist klar, daß, wenn ein Mensch oder eine Versammlung von Menschen bestimmen kann, daß es nötig sei, einen oder viele Menschen zu töten, es auch keinen Grund gibt, nach dem nicht ein anderer oder andere Menschen die Notwendigkeit herausfinden werden, andere Menschen zu töten. Und was kann es für ein vernünftiges Leben und für eine Moral unter Menschen geben, die einander nach ihrem Beschluß töten können. Ich fühlte schon damals dunkel, daß die Verteidigung des Mordes durch die Kirche und die Wissenschaft, statt ihr Ziel zu erreichen, d. h. die Gewalt zu verteidigen, im Gegenteil die Lügenhaftigkeit der Kirche und die Lügenhaftigkeit der Wissenschaft beweisen. Ich hatte das schon dunkel gefühlt, als ich vor Jahren aus der Ferne einer Hinrichtung beigewohnt hatte, und ich fühlte es klarer, bei weitem klarer, als ich jetzt in dieser Sache Anteil nahm, aber es war mir noch furchtbar, mir allein zu glauben und mich zur ganzen Welt in Widerspruch zu stellen.

Erst viel später wurde ich vor die Notwendigkeit gestellt, mir selbst zu glauben, jenen doppelten Betrug zu negieren, der die Menschen unserer Zeit in seiner Macht hat, und der all' das Elend herbeiführt, unter dem die Menschheit leidet: der Betrug der Kirche und der Betrug der Wissenschaft.

Erst viel später, als ich aufmerksam die Beweise zu verfolgen begann, mit denen die Kirche und die Wissenschaft sich bemühen, das Dasein des Staates zu stützen und zu verteidigen, sah ich auch all' jenen klaren und groben Betrug, mit dem Kirche und Wissenschaft vor den Menschen die Verbrechen verstecken, die der Staat begeht. Ich sah jene Reflexionen in geistlichen und wissenschaftlichen Büchern, die in Millionen verteilt werden, worin die Notwendigkeit, Gesetzlichkeit des Mordes von Menschen nach dem Willen anderer Menschen nachgewiesen wird.

So wird im Katechismus mit Bezug auf das sechste Gebot: Du sollst nicht töten, gleich mit den ersten Zeilen der Mord gelehrt:

Frage: Was verbietet das sechste Gebot?

Antwort: Den Mord oder die Tötung des Nächsten auf welche Weise immer.

Frage: Ist jede Tötung des Nächsten ein Mord, der das Gebot überschreitet?

Antwort: Es ist nicht wider das Gebot, wenn man das Leben von Rechts wegen nimmt; z. B.: 1. Wenn man einen Verbrecher nach dem Gesetze verurteilt. 2. Wenn man einen Feind im Kriege tötet, für Kaiser und Vaterland.

Frage: Was für Fälle kann man unter die wider das Gebot zählen?

Antwort: Wenn jemand einen Verbrecher verbirgt oder befreit.

In den wissenschaftlichen Werken zweier Arten: in den Werken, die man die Jurisprudenz nennt, mit ihrem Strafrecht, und in den Werken, die man rein wissenschaftlich nennt, wird das gleiche mit großer Beschränktheit und Kühnheit nachgewiesen. Über das Strafrecht braucht man nicht erst zu reden: es ist nichts als eine Reihe der sichtlichsten Sophismen, die keinen anderen Zweck haben, als jede Gewalttat und selbst den Mord, den ein Mensch am andern vollbringt, zu verteidigen. In den wissenschaftlichen Werken nun, von Darwin angefangen, der den Kampf ums Dasein jedem Fortschritt des Lebens zugrunde legt, versteht sich das alles von selbst. Einige *enfants terribles* dieser Lehre, wie der bekannte Professor der Universität Jena, Ernst Haeckel in seinem bekannten Werk ‚Natürliche Schöpfungsgeschichte', diesem Evangelium der Nichtgläubigen, sagt [sic] das gerade heraus[:]

»Die künstliche Züchtung übt im Kulturleben der Menschheit auch einen sehr günstigen Einfluß aus. Wie sehr das bei vielen Verhältnissen unserer vorgeschrittenen Zivilisation und namentlich der verbesserten Schulbildung und Erziehung der Fall ist, liegt auf der Hand. Direkt wohltätig wirkt als künstlicher Selektions-Prozeß auch die Todesstrafe. Zwar wird von vielen gegenwärtig noch die Abschaffung der Todesstrafe als eine ‚liberale Maßregel' gepriesen und im Namen einer falschen ‚Humanität' eine Reihe der albernsten Gründe dafür geltend gemacht. Allein in Wahrheit ist die Todesstrafe für die große Menge der unverbesserlichen Verbrecher und Taugenichtse nicht nur die gerechte Vergeltung, sondern eine große Wohltat für den besseren Teil der Menschheit; dieselbe Wohltat, welche für das Gedeihen eines wohl kultivierten Gartens die Ausrottung des wuchernden Unkrauts ist. Wie durch sorgfältiges Ausjäten des Unkrauts nur Licht, Luft und Bodenraum für die edlen Nutz-Pflanzen gewonnen werden, so würde durch unnachsichtliche Ausrottung aller unverbesserlichen Verbrecher nicht allein dem besseren Teile der Menschheit der ‚Kampf um's Dasein' sehr erleichtert, sondern auch ein vorteilhafter künstlicher Züchtungsprozeß ausgeübt werden; denn es würde dadurch jenem entarteten Auswurfe der Menschheit die Möglichkeit benommen, seine schlimmen Eigenschaften durch Vererbung zu übertragen.«

Und die Leute lesen und lernen das und nennen es Wissenschaft und niemand kommt in den Sinn, die Frage aufzuwerfen, die sich von selbst darbieten sollte: wer denn eigentlich entscheiden soll, wer schädlich ist, wenn es nützlich ist, die anderen zu töten. Ich z. B. kenne niemand, der schlechter und schädlicher ist als Herr Haeckel selbst. Sollen nun ich und Leute, die meiner Überzeugung sind, Herrn Haeckel zum Strang verurteilen? Im Gegenteil, je größer die Irrtümer des Herrn Haeckel sind, je mehr wünsche ich ihm wieder zu Verstand zu kommen und möchte ihm auf keinen Fall diese Möglichkeit nehmen.

Alle diese lügnerischen Lehren von Kirche und Wissenschaft haben uns dorthin gebracht, wo wir uns jetzt befinden. Nicht Monate, Jahre vergehen, in denen es keinen Tag gibt, wo nicht Verbrechen und Morde begangen werden. Die einen freuen sich, wenn mehr rechtliche Morde vollzogen werden als revolutionäre Morde, während die anderen sich wieder freuen, daß mehr Generäle, Gutsbesitzer, Kaufleute und Polizisten getötet werden. Auf der einen Seite werden Belohnungen von 10 bis 15 Rubel für jeden Mord gezahlt, auf der anderen Seite feiern die Revolutionäre Mörder und Expropriateure und preisen sie als große Märtyrer. Freiwilligen Henkern zahlt man bis zu 50 Rubel für jede Hinrichtung. Ich kenne einen Fall, wo zu dem Vorsitzenden eines Gerichtshofs, von dem eben fünf Menschen zum Tode verurteilt worden waren, ein Mensch kam und bat, ihm die Exekution zu überlassen. Er machte ein billigeres Angebot von 15 Rubel pro Kopf. Ich weiß nicht, ob der Gerichtshof seinen Vorschlag annahm oder nicht annahm.

‚Ja, fürchtet nicht die, die den Leib vernichten, sondern fürchtet die, die Leib und Seele vernichten …'

Das alles begriff ich erst viel später, aber ich fühlte es auch schon damals dunkel, als ich den armen Soldaten so dumm und schmachvoll verteidigte. Eben deswegen sagte ich auch, daß dieser Vorfall einen so starken und wichtigen Einfluß auf mich gehabt hat.

Ja, dieser Vorfall hatte einen riesigen, wohltätigen Einfluß auf mich. Bei diesem Vorfalle fühlte ich zum erstenmal, daß jede Gewalttat zu ihrer Durchführung den Mord oder die Drohung mit dem Mord verlangt und daß deswegen jede Gewalttat mit einem Mord verknüpft ist. Weiter kam mir zum Bewußtsein, daß die staatliche Ordnung, die ohne Mord undenkbar ist, mit dem Christentum unvereinbar ist, und daß endlich das, was bei uns Wissenschaft geheißen wird, nur eine lügnerische Verteidigung des bestehenden Übels ist, wie es schon früher die kirchliche Lehre gewesen ist.

Jetzt ist das für mich klar, damals war es erst ein dunkles Bewußtsein jener Unwahrheit, in der ich mein damaliges Leben verbrachte.

Jasnaja Poljana, 24. Mai 1908. Leo Tolstoi."

III.
„Gott sieht die Wahrheit, aber offenbart sie nicht gleich"

Eine Erzählung, die zuerst 1872 in der
Moskauer Zeitschrift ‚Besseda' erschienen ist –
übersetzt von Hanny Brentano[1]

Leo N. Tolstoi

„Gott sieht die Wahrheit,
sagt sie aber nicht sogleich."
(Russisches Sprichwort)

In der Stadt Wladimir lebte der junge Kaufmann Aksjonow. Er besaß zwei Kaufläden und ein Haus. Dem Äußern nach war Aksjonow blondlockig, hübsch, einer der lustigsten Burschen und ein guter Liedersänger. In seiner Jugend hatte er viel getrunken, und wenn er betrunken gewesen war, hatte er gerauft. Seitdem er aber geheiratet hatte, hatte er das Trinken aufgegeben, und es kam nur noch selten bei ihm vor.

Einst im Sommer fuhr Aksjonow nach Nischnij auf den Jahrmarkt. Als er sich von den Seinen verabschiedete, sagte seine Frau zu ihm:

„Iwan Dmitrijewitsch, fahr' heute nicht, ich hab' einen bösen Traum von dir gehabt."

Aksjonow lachte und antwortete: „Du hast wohl Angst, ich könnte auf dem Jahrmarkt wieder zu trinken anfangen?"

Die Frau sagte: „Ich weiß selbst nicht, was ich fürchte; aber ich habe so böse geträumt. Mir war, als kommst du aus der Stadt

---

[1] Textquelle dieser gemeinfreien Übersetzung I Leo TOLSTOI: Volkserzählungen, Märchen und Skizzen. Deutsch von Hanny Brentano. Mit Bildschmuck von Professor A. Brentano. Regensburg: Verlag von Josef Habbel [1911].

zurück, und als du die Mütze abnimmst, sehe ich, daß dein Haar ganz grau ist."

Aksjonow lachte: „Nun, das bedeutet Gewinn. Paß nur auf, wenn ich gute Geschäfte mache, so bringe ich teure Geschenke mit."

Er nahm Abschied von den Seinen und fuhr fort.

Auf halbem Wege traf er einen bekannten Kaufmann und kehrte mit ihm zusammen zur Nacht in einem Wirtshause ein. Sie tranken zusammen Tee und legten sich dann in zwei nebeneinander liegenden Zimmern schlafen. Aksjonow liebte es nicht, lange zu schlafen. Er erwachte mitten in der Nacht, und um in der kühlen Morgenluft zu fahren, weckte er den Kutscher und befahl anzuspannen. Dann trat er in die Wirtsstube, rechnete mit dem Wirt ab und fuhr weiter.

Als er zirka vierzig Werst gefahren war, machte er wieder halt, um die Pferde zu füttern, ruhte im Flur des Wirtshauses ein wenig aus, ging um die Mittagszeit auf die Vortreppe hinaus und ließ sich den Ssamowar bringen, holte seine Gitarre hervor und begann zu spielen. Plötzlich kommt ein Dreigespann mit Schellengeklingel auf den Hof gefahren. Aus dem Wagen steigt ein Beamter mit zwei Soldaten, tritt an Aksjonow heran und fragt, wer er sei und woher er komme. Aksjonow beantwortet die Fragen der Wahrheit gemäß und bittet den Herrn, mit ihm ein Gläschen Tee zu trinken. Der Beamte aber dringt weiter mit Fragen in ihn: wo er die letzte Nacht geschlafen habe, ob allein oder mit einem Kaufmann, ob er den Kaufmann heute morgen gesehen habe, warum er so früh vom Hofe fortgefahren sei. – Aksjonow wunderte sich, warum er nach allem dem gefragt wurde, erzählte alles, wie es gewesen war, und sagte:

„Warum fragen Sie mich denn so aus? Ich bin weder ein Dieb noch ein Räuber. Ich reise in meinen eigenen Angelegenheiten, da gibt es nichts zu fragen."

Da rief der Beamte die Soldaten herbei und sagte:

„Ich bin der Kreisrichter, und ich frage dich deshalb aus, weil der Kaufmann, mit dem du die letzte Nacht beisammen gewesen bist, ermordet wurde. Zeig' deine Sachen her! Und ihr, durchsucht ihn!"

Sie gingen ins Haus, nahmen den Koffer und den Reisesack und begannen sie aufzuschnüren und zu durchsuchen. Plötzlich zog der Kreisrichter ein Messer aus dem Sack und rief:

„Wessen Messer ist das?"

Aksjonow blickt hin und sieht, daß man ein blutbeflecktes Messer aus seinem Reisesack hervorgezogen hat, und er erschrickt.

„Wie kommt es, daß das Messer blutig ist?"

Aksjonow wollte antworten, konnte aber kein Wort hervorbringen.

„Ich ... ich weiß nicht ... ich ... das Messer ... das ist nicht mein."

Da sagte der Kreisrichter:

„Heute morgen fand man den Kaufmann mit durchschnittener Kehle im Bett. Niemand außer dir kann den Mord begangen haben. Das Haus war von innen verschlossen und außer euch war niemand drinnen. Und nun ist das blutige Messer in deinem Reisesack, und auch deinem Gesichte merkt man deine Schuld an. Sprich, wie hast du ihn getötet und wieviel Geld hast du ihm geraubt?"

Aksjonow schwur zu Gott, daß er es nicht getan habe, daß er den Kaufmann nicht mehr gesehen, seitdem er mit ihm Tee getrunken, daß er nur achttausend Rubel eigenes Geld bei sich habe, und daß das Messer nicht ihm gehöre. Aber seine Stimme zitterte, sein Gesicht war bleich, und er bebte vor Schreck am ganzen Leibe wie ein Schuldiger.

Der Richter rief die Soldaten und ließ ihn binden und auf den Wagen bringen. Als man ihn mit gefesselten Füßen auf den Wagen legte, bekreuzigte Aksjonow sich und begann zu weinen. Man nahm ihm seine Sachen und sein Geld ab und führte ihn in die nächste Stadt ins Gefängnis. In Wladimir ließ man nachfragen, was Aksjonow für ein Mensch sei, und alle Kaufleute und Einwohner der Stadt sagten aus, daß er in seiner Jugend getrunken und ein lustiges Leben geführt habe, daß er aber ein guter

Mensch sei. Dann hielt man Gericht über ihn. Er war angeklagt, den Kaufmann aus Rjasan ermordet und zwanzigtausend Rubel gestohlen zu haben. Die Frau grämte sich um den Mann und wußte nicht, was sie denken sollte. Ihre Kinder waren noch klein, eines hatte sie noch an der Brust. Sie nahm alle Kinder mit und fuhr in die Stadt, wo ihr Mann gefangen saß. Anfangs wollte man sie nicht zu ihm lassen, aber endlich erwirkte sie sich bei den Aufsehern die Erlaubnis, und man führte sie zu ihrem Mann. Als sie ihn in Sträflingskleidern und in Fesseln mitten unter Verbrechern erblickte, fiel sie zu Boden und konnte lange nicht zur Besinnung kommen. Dann stellte sie die Kinder vor sich auf, setzte sich neben ihren Mann und erzählte ihm von den häuslichen Angelegenheiten und fragte nach allem, was mit ihm geschehen war. Als er alles erzählt hatte, fragte sie:

„Was soll nun werden?"

Er antwortete: „Man muß eine Bittschrift an den Kaiser richten; es ist doch unmöglich, daß ein Unschuldiger zugrunde gehe."

Die Frau sagte, sie habe schon eine Bittschrift an den Kaiser eingereicht, die Bittschrift sei aber gar nicht bis zum Kaiser gelangt. Aksjonow erwiderte nichts und ließ den Kopf sinken. Da sagte die Frau:

„Es war also doch nicht ohne Grund, daß ich damals, weißt du noch, im Traum gesehen habe, du seist grau geworden. Jetzt bist du vor Kummer wirklich grau. Du hättest damals nicht fahren sollen."

Und sie begann sein Haar zu streicheln und sprach: „Wanja, Herzensfreund, sag' deiner Frau die Wahrheit; hast du es getan?"

Aksjonow antwortete nur: „Auch du glaubst das von mir?" verbarg das Gesicht in den Händen und weinte. Dann kam ein Soldat und sagte, die Frau mit den Kindern müsse jetzt fortgehen. Und Aksjonow nahm zum letztenmal Abschied von den Seinen.

Als die Frau fort war, überdachte Aksjonow, was sie gesprochen hatten. Bei der Erinnerung daran, daß auch die Frau ihn verdächtigt und gefragt hatte, ob er den Kaufmann ermordet habe, sagte er sich:

„Ich sehe, außer Gott kann niemand die Wahrheit wissen. Nur ihn muß ich um Hilfe bitten und nur von ihm Gnade erwarten."

Und von da an hörte Aksjonow auf, Bittgesuche einzureichen, hörte auf zu hoffen und betete nur noch zu Gott.

Man verurteilte Aksjonow zu Knutenhieben und zur Zwangsarbeit. So geschah's auch. Er wurde gepeitscht und als die Wunden von den Hieben zugeheilt waren, wurde er mit andern Sträflingen nach Sibirien transportiert.

In Sibirien lebte Aksjonow sechsundzwanzig Jahre bei der Zwangsarbeit. Die Haare seines Hauptes waren weiß wie Schnee, und es wuchs ihm ein langer, dünner, grauer Bart. Alle seine Lustigkeit war verschwunden; er ging gebückt und langsam, sprach wenig, lachte niemals, betete aber oft zu Gott.

Im Zuchthause hatte Aksjonow gelernt, Stiefel zu machen. Für das verdiente Geld kaufte er sich die Legende der heiligen Märtyrer und las darin, wenn es im Zuchthause hell war. An den Feiertagen ging er in die Gefängniskirche, las im neuen Testament und sang auf dem Chor, – seine Stimme war noch immer schön. Die Vorgesetzten liebten Aksjonow wegen seines bescheidenen Wesens, und die Mitgefangenen achteten ihn und nannten ihn Großväterchen oder Gottesmann. Sollte um irgend etwas im Gefängnis gebeten werden, so schickten die Kameraden immer Aksjonow zu den Vorgesetzten. Und wenn es unter den Sträflingen Streit gab, so machten sie Aksjonow immer zum Richter.

Von daheim bekam Aksjonow keine Briefe, und er wußte nicht, ob seine Frau und seine Kinder noch am Leben waren.

Einst wurden neue Sträflinge ins Gefängnis gebracht. Am Abend versammelten sich alle die alten Sträflinge um die neuen und fragten sie aus, aus welcher Stadt oder aus welchem Dorf ein jeder von ihnen sei und für welche Tat sie verurteilt worden waren. Aksjonow saß ebenfalls auf der Pritsche neben den Neuen und hörte mit gesenktem Kopf auf ihre Erzählungen. Einer der neuen Sträflinge war ein großer, kräftiger Mann von etwa sechzig Jahren, mit grauem, geschorenem Bart. Er erzählte, weshalb er verbannt worden war. Er sagte:

„Wirklich, Brüder, ohne jeden Grund bin ich hierher gekommen. Ich habe einem Fuhrmann das Pferd vom Schlitten losgebunden, da faßte man mich und behauptete, ich hätt's gestohlen. Ich sage, ich wollte doch nur schneller vorwärts kommen, – und ließ das Pferd laufen. Und der Fuhrmann war sogar mein Freund. Ist alles in Ordnung, sage ich, – nein, antwortet man mir, du hast es gestohlen. Aber wo ich es gestohlen haben sollte, wußten sie selber nicht. Ich habe manches getan, wofür ich schon längst hätte hierher kommen müssen. Damals konnten sie mich nicht erwischen. Jetzt aber haben sie mich ungesetzlich hergeschleppt. Um die Wahrheit zu sagen, ich war schon einmal in Sibirien, habe aber den Besuch nicht lange ausgedehnt."

„Woher bist du denn?" fragte einer der Sträflinge.

„Bin aus der Stadt Wladimir, dortiger Kleinbürger. Man nennt mich Makar, mit Vatersnamen Ssemjonowitsch."

Aksjonow hob den Kopf und fragte: „Sag' mal, Ssemjonowitsch, hast du in der Stadt Wladimir nichts von den Kaufleuten Aksjonow gehört? Leben die noch?"

„Wie sollte ich nicht von denen gehört haben! Sind reiche Kaufleute, obgleich der Vater in Sibiren ist: scheint doch ebenso ein Sünder zu sein wie wir. Und du selbst, Großväterchen, was hast du angestellt?"

Aksjonow pflegte nicht gern von seinem Unglück zu sprechen. Er seufzte auf und erwiderte:

„Meiner Sünde wegen bin ich schon das sechsundzwanzigste Jahr bei der Zwangsarbeit."

Makar sagte: „Ja, aber für welche Sünde?"

Aksjonow erwiderte: „Muß es wohl so verdient haben", und wollte nichts erzählen. Die andern Sträflinge aber berichteten dem Neuling, wie Aksjonow nach Sibirien geraten war. Sie erzählten, wie jemand auf der Reise einen Kaufmann ermordet und das Messer in Aksjonows Sack geschoben habe und wie man ihn dafür unschuldig verurteilt hatte.

Als Makar das hörte, blickte er Aksjonow an, schlug sich mit den Händen auf die Knie und rief:

„Ist das ein Wunder! was für ein Wunder! Alt bist du geworden, Großväterchen!"

Man fragte ihn, worüber er sich wunderte und wo er Aksjonow gesehen habe. Makar aber antwortete nicht und sagte nur:

„Merkwürdig ist es, Freund, wo wir uns wiedersehen müssen."

Und bei diesen Worten kam Aksjonow der Gedanke, ob dieser Mensch nicht wisse, wer den Kaufmann getötet hatte. Er sagte:

„Hast du vielleicht früher, Ssemjonowitsch, von dieser Sache gehört? Oder hast du mich einmal gesehen?"

„Wie sollte ich's nicht gehört haben, die Welt ist voll von Gerüchten! Aber es ist schon so lange her; was ich gehört hab', habe ich vergessen," erwiderte Makar Ssemjonowitsch.

„Vielleicht hast du gehört, wer den Kaufmann ermordet hat?" fragte Aksjonow.

Makar lachte und sagte: „Ja wahrscheinlich hat ihn doch der ermordet, in dessen Sack man das Messer gefunden hat. Selbst wenn dir jemand das Messer untergeschoben hätte, – nicht gefangen, nicht gehangen: Und wie hätte man dir auch das Messer in den Sack schieben sollen? Er stand ja an deinem Kopfende. Da hättest du's doch gehört."

Als Aksjonow diese Worte vernahm, kam ihm der Gedanke, daß dieser Mensch selbst der Mörder des Kaufmanns sei. Er stand auf und ging fort. Die ganze Nacht konnte Aksjonow nicht schlafen. Schwermut überkam ihn und allerlei Erinnerungen quälten ihn: bald sah er seine Frau, so wie sie damals gewesen war, als er sich vor der Reise zum Jahrmarkt von ihr verabschiedet hatte. Wie lebendig sah er sie vor sich, sah ihr Gesicht und ihre Augen, hörte ihre Stimme und ihr Lachen. Dann erschienen ihm seine Kinder, so klein wie sie damals gewesen waren; der eine im Pelzchen, der andere an der Mutterbrust. Und er erinnerte sich, wie er selbst damals gewesen war, lustig und jung; er gedachte dessen, wie er auf der Vortreppe des Gasthauses gesessen hatte, dort wo man ihn verhaftet hatte, wie er auf der Gitarre gespielt und wie froh es ihm ums Herz gewesen war. Und er erinnerte sich der Richtstätte, wo man ihn geknutet hatte, und des Henkers und des Volkes ringsumher und der Ketten und der Sträflinge, seines ganzen sechsundzwanzigjährigen Gefängnislebens und seines Alters. Da überfiel ihn eine solche Schwermut, daß er sich am liebsten etwas angetan hätte.

„Und alles wegen dieses Bösewichtes!" dachte Aksjonow; ihn überkam eine solche Wut auf Makar Ssemjonowitsch, daß er an ihm Rache nehmen wollte und wenn er auch selbst dabei zugrunde ginge. Die ganze Nacht sprach er Gebete, konnte sich aber nicht beruhigen; am Tage ging er nicht in Makars Nähe und blickte ihn nicht an.

So vergingen zwei Wochen. Nachts konnte Aksjonow nicht schlafen und die Schwermut quälte ihn so, daß er nicht wußte, was beginnen.

Einst in der Nacht ging er im Gefängnis umher und bemerkte, daß unter einer Pritsche Erde aufgeworfen wurde. Er blieb stehen, um genau hinzuschauen. Plötzlich sprang Makar Ssemjonowitsch unter der Pritsche hervor und sah Aksjonow erschreckt an. Aksjonow wollte vorübergehen, ohne ihn anzublicken, aber Makar ergriff ihn bei der Hand und erzählte ihm, daß er einen Gang unter den Mauern gegraben und daß er jeden Tag, wenn man sie zur Arbeit führte, die Erde in den Schäften seiner Stiefel hinaustrage und auf die Straße schütte. Er fügte hinzu:

„Aber schweig, Alter, dann bringe ich auch dich hinaus. Wenn du mich verrätst, bekomm' ich die Knute, und dann lasse ich dich nicht los, ich schlag' dich tot."

Als Aksjonow seinen Feind sah, zitterte er vor Wut, machte seine Hände frei und sagte:

„Ich habe keinen Grund, von hier fortzugehen, und du kannst mich nicht mehr töten, denn du hast mich schon längst getötet. Und ob ich dich verrate oder nicht, hängt davon ab, wie Gott es mir eingibt."

Am andern Tage, als man die Sträflinge zur Arbeit führte, bemerkten die Soldaten, daß Makar Ssemjonowitsch Erde ausschüttete. Sie suchten im Gefängnis nach und fanden das Loch.

Der Gefängnisdirektor kam und befragte alle, wer das Loch gegraben habe. Alle leugneten. Diejenigen, die von der Sache wußten, verrieten Makar nicht, denn sie wußten, daß man ihn dafür halb tot peitschen würde. Da wandte sich der Direktor zu Aksjonow, den er als aufrichtigen Menschen kannte, und sagte:

„Alter, du liebst die Wahrheit, sag' mir vor Gott, wer's getan hat."

Makar Ssemjonowitsch stand da, als wenn nichts geschehen wäre, blickte den Direktor an und sah sich nicht nach Aksjonow um. Aksjonows Hände und Lippen zitterten und er konnte lange kein Wort hervorbringen. Er dachte: „Wenn ich ihn nicht verrate, – warum soll ich ihm verzeihen, wenn er mich ins Verderben gestürzt hat? Möge er doch meine Qualen entgelten! Verrate ich ihn aber, wahrhaftig, er wird dann zu Tode gepeitscht; und wie, wenn ich ihn vielleicht in falschem Verdacht habe? Und überhaupt, werde ich dadurch Erleichterung finden?"

Der Direktor fragte noch einmal: „Na was ist denn, Alter, sag' die Wahrheit, wer hat den Gang gegraben?"

Aksjonow warf einen Blick auf Makar und sagte: „Ich kann es nicht sagen, Euer Hochwohlgeboren. Gott befiehlt mir nicht zu sprechen, und ich werde nicht sprechen. Machen Sie mit mir, was Sie wollen, Sie haben die Gewalt."

So sehr der Direktor in ihn drang, Aksjonow sagte nichts mehr. So erfuhr man denn auch nicht, wer den Gang gegraben hatte.

Als Aksjonow in der nächsten Nacht auf seiner Pritsche lag und eben einschlafen wollte, hörte er, daß jemand zu ihm kam und sich an das Fußende des Lagers setzte. Er blickte in der Dunkelheit hin und erkannte Makar. Aksjonow sagte:

„Was willst du noch von mir? was machst du da?"

Makar schwieg. Aksjonow erhob sich ein wenig und sagte:

„Was willst du? Geh fort oder ich rufe den Soldaten."

Makar neigte sich zu Aksjonow hinab und flüsterte:

„Iwan Dmitrijewitsch, verzeihe mir."

Aksjonow fragte: „Was soll ich dir verzeihen?"

„Ich habe den Kaufmann getötet. Ich habe dir das Messer in

den Sack gesteckt. Ich wollte auch dich töten, aber auf dem Hof entstand Lärm. Da schob ich das Messer in deinen Sack und kletterte zum Fenster hinaus."

Aksjonow schwieg und wußte nicht, was er sagen sollte. Makar Ssemjonowitsch glitt von der Pritsche herunter, verbeugte sich tief und bat:

„Iwan Dmitrijewitsch, verzeihe mir, verzeihe mir um Gottes willen! Ich werde mich melden, daß ich den Kaufmann getötet habe, dann wirst du frei gegeben und kannst nach Haus zurückkehren."

Aksjonow antwortete: „Du hast gut reden, aber was soll ich jetzt anfangen, wohin soll ich gehen? Meine Frau ist tot, die Kinder haben mich vergessen. Ich kann nirgends hin."

Makar stand nicht auf, schlug mit dem Kopf gegen den Boden und flehte:

„Iwan Dmitrijewitsch, verzeihe! Als man mich peitschte, war mir leichter zumute als jetzt, wenn ich dich ansehe. Und du hast dich meiner noch erbarmt, hast mich nicht verraten. Verzeihe mir um Christi willen. Verzeihe mir!" Und er begann zu schluchzen.

Als Aksjonow hörte, daß Makar weinte, fing er selbst zu weinen an und sprach:

„Gott wird dir verzeihen! Vielleicht bin ich hundertmal schlechter als du."

Und plötzlich wurde ihm so leicht ums Herz. – Von da an hörte er auf, sich nach Hause zu sehnen, und wollte nicht mehr fort aus dem Gefängnis und dachte nur an seine letzte Stunde.

Makar Ssemjonowitsch hörte nicht auf Aksjonow und gestand sein Verbrechen. Doch als die Entscheidung eintraf, daß er heimkehren dürfe, war Aksjonow schon gestorben.

IV.
Das Ereignis vom 1. März 1881

Aufruf des Exekutivkomitees. – Tolstois Verhältnis zur Todesstrafe überhaupt. – Sein Verhältnis zu dem Ereignis des 1. März und zu dessen Folgen. – Brief an Zar Alexander III. – Der Versuch, den Brief mit Hilfe Pobedonoszefs zu überreichen. – Die Absage. – Die Antwort Pobedonoszefs an Tolstoi. – Überreichung des Briefes durch den Großfürsten Sergej Alexandrowitsch. – Erfolglosigkeit des Briefes. – Analoge Situation in Rußland nach 25 Jahren

Dokumentation
von Pavel Birjukov[1]

„Heute, am 1. März 1881, ist, gemäß dem Beschlusse des Exekutivkomités vom 26. August 1879, die Hinrichtung Alexanders II. durch zwei Agenten des Exekutivkomités vollzogen worden."[2]*

Mit diesen Worten begann der Aufruf des Exekutivkomités vom 1. März 1881.

Die Todesstrafe, die größte, grausamste Äußerung der Gewalt des Menschen über den Menschen, war Tolstoi immer verhaßt gewesen. Schon der Gedanke daran erregte Abscheu und Entsetzen in ihm. Wir wollen daran erinnern, wie er sein Gefühl beim Anblick einer Hinrichtung in Paris schildert, welche er in seinen Schriften mehrmals erwähnt.

---

[1] Textquelle | *Leo N. Tolstois Biographie und Memoiren.* Autobiographische Memoiren, Briefe und biographisches Material. Herausgegeben von Paul Birukof und durchgesehen von Leo Tolstoi. II. Band: Reifes Mannesalter. Wien/Leipzig: Moritz Perthes (k. u. k. Buchhandlung) 1909, S. 405-422. – Setzung der Anführungszeichen bei der Dokumentation des Briefes an den Zar (in der Vorlage zu Beginn jedes neuen Absatzes) nachfolgend vereinfacht.

[2] *„Byloje" (Vergangenheit) Nr. 2, historisch – revolutionäres Sammelwerk. London.

„Ich bin kein Politiker", schreibt er in denkwürdiger Weise in sein Tagebuch vom Jahre 1857 nach einer unruhig verbrachten Nacht, während welcher die Erinnerung an die am frühen Morgen gesehene Guillotine ihn nicht schlafen ließ.

Er war wirklich nie „Politiker" und ist es bis heute nicht geworden. Eben deshalb kann er mit gleicher Unparteilichkeit und gleicher Offenheit ebensowohl von den revolutionären Hinrichtungen sprechen wie von denen der Regierung.

Aber im Jahre 1881 befand sich Tolstoi noch in außerordentlichen Verhältnissen. Wie aus den vorhergehenden Kapiteln ersichtlich, war die seelische Krise in ihm gerade vollendet und die große, für ihn freudebringende Arbeit der Durchforschung des Neuen Testamentes eben zu Ende, eine Forschung, in der es ihm gelungen war, das Wesen der Lehre Christi selbst zu erfassen, die Lehre von der Liebe, der Demut und Vergebung, und das Bewußtsein, daß sich ihm hier ein neues Licht eröffnete, machte ihn besonders empfindlich für die Leiden der Menschen und für alle Abweichungen der Menschen von den göttlichen Geboten. Er sah auf die ganze ihn umgebende Welt von der Höhe der Bergpredigt herab.

In solcher Stimmung konnte er natürlich auch der Hinrichtung Alexanders II. keine Sympathie entgegenbringen. Aber die darauf folgende Hinrichtung der Mörder Alexanders II. brachte einen unvergleichlich mächtigeren Eindruck auf ihn hervor.

Auf unsere diesbezügliche Anfrage schrieb Tolstoi folgendes:

„Darüber, wie der 1. März auf mich gewirkt hat, kann ich nichts Besonderes, nichts Bestimmtes sagen. Aber das Gericht über die Mörder und die Vorbereitungen zur Hinrichtung haben auf mich fast den größten Eindruck meines Lebens gemacht. Ich konnte nicht aufhören, an sie zu denken und mehr noch an diejenigen, welche an ihrer Ermordung teilzunehmen sich bereit machten, und besonders an Alexander III. Es war mir so klar, ein wie freudiges Gefühl er haben konnte, wenn er ihnen verzieh. Ich konnte nicht glauben, daß man sie hinrichten würde, und litt doch zugleich Angst und Qualen für ihre Mörder. Ich entsinne mich, wie ich mich mit diesem Gedanken nachmittags aufs Sofa legte und plötzlich einschlief, und im Schlafe oder im Halbschlaf dachte ich an sie und an den Mord, der vorbereitet wurde, und fühlte so klar, als ob das alles in der Wirklichkeit wäre, daß man nicht sie hinrichtete, sondern mich, und daß es nicht Alexander III. war mit den Henkern und Richtern, sondern daß ich es wiederum war, der sie hinrichtete, und ich erwachte in einer Angst wie von einem Alpdrucke. Und sogleich schrieb ich den Brief."[3]*

Der Brief war an Alexander III. adressiert. Er ist erhalten, und zwar in seiner *ursprünglichen* Gestalt, von welcher Tolstoi selbst sagt, daß der Brief in dieser Form besser war, „dann fing ich an, ihn umzuarbeiten und er wurde kälter."

Wir führen ihn ganz an:

„Eure Kaiserliche Majestät!

Ich, ein unwürdiger, unberufener, schwacher und schlechter Mensch, schreibe einen Brief an den Kaiser von Rußland und rate ihm, was er tun soll unter den kompliziertesten, schwersten Verhältnissen, die jemals existierten. Ich fühle, wie seltsam, unangemessen, dreist das ist, und doch schreibe ich. Ich denke bei mir: du schreibst da, man wird deinen Brief nicht brauchen, man wird ihn nicht lesen, oder, man wird ihn durchlesen und finden, daß das schädlich ist, und wird dich dafür bestrafen. Das ist alles, was sein kann. Und es wird darin nichts Schlechtes für dich sein – nichts Derartiges, was du bereuen müßtest. Wenn du aber nicht schreibst und dann erfährst, daß niemand dem Zaren das gesagt hat, was du sagen wolltest, und daß der Zar später, wenn nichts mehr zu ändern sein wird, nachdenken wird und sagen: ‚Wenn mir das damals jemand gesagt hätte'? Wenn es so sein wird, so wirst du es ewig bereuen, daß du nicht geschrieben hast, was du dachtest. Und darum schreibe ich Eurer Majestät das, was ich denke.

---

[3] P. J. Birukof'sches Archiv.

Ich schreibe aus einem abgelegenen Dorfe, ich weiß nichts Sicheres. Das, was ich weiß, weiß ich aus Zeitungen und vom Hörensagen, und darum schreibe ich vielleicht unnötiges Zeug von etwas, was gar nicht da ist; dann verzeiht mir um Gottes willen meine Selbstsicherheit und glaubt, daß ich nicht darum schreibe, weil ich groß von mir denke, sondern darum, weil ich, in so vielem schon vor den Menschen schuldig, noch mehr schuldig zu werden fürchte, wenn ich das nicht tue, was ich tun kann und soll.

Ich werde nicht in dem Tone schreiben, in welchem man gewöhnlich an den Kaiser schreibt, mit Blumen der Unterwürfigkeit und der falschen Beredsamkeit, welche die Gefühle und Gedanken nur verdunkeln. Ich werde einfach schreiben, wie ein Mensch an den anderen schreibt.

Das wirkliche Gefühl der Achtung vor Euch als vor dem Menschen und dem Zaren wird ohne diese Ausschmückung sichtbar sein.

Euren Vater, den Zaren von Rußland, der viel Gutes getan hat und immer den Menschen wohl wollte[4], einen alten, guten Menschen, haben nicht seine persönlichen Feinde, sondern Feinde der bestehenden Ordnung der Dinge in unmenschlicher Weise verstümmelt und getötet: sie haben ihn im Namen eines zweifelhaften Wohles der ganzen Menschheit getötet.

Ihr seid nun an seine Stelle getreten und vor Euch stehen jene Feinde, welche das Leben Eures Vaters vergiftet und ihn ermordet haben. Sie sind Eure Feinde, denn Ihr habt den Platz Eures Vaters eingenommen, und für jenes vermeintliche allgemeine Wohl, nach welchem sie streben, müssen sie auch Euch zu töten wünschen.

---

[4] [Vgl. Ursula KELLER / Natalja SHARANDAK: Lew Tolstoj. Reinbeck bei Hamburg: Rowohlt 2010, S. 70-71: Rußland verlor mit Alexander II. „einen seiner wenigen liberalen Regenten. Unter seiner Herrschaft war die Leibeigenschaft aufgehoben worden, er hatte die in sibirischer Verbannung lebenden Dekrabisten begnadigt und sah für das Land eine Verfassung vor, die ein erster Schritt auf dem Weg der Umwandlung der absoluten in eine konstitutionelle Monarchie sein sollte."]

Gegenüber diesen Menschen muß in Eurer Seele ein Gefühl der Rache sein, als gegenüber den Mördern des Vaters, auch ein Gefühl der Angst vor der Verpflichtung, welche Ihr auf Euch nehmen mußtet. Eine furchtbarere Lage kann man sich nicht vorstellen. Eine furchtbarere – weil man sich eine stärkere Versuchung des Bösen nicht vorstellen kann.

‚Feinde des Vaterlandes, des Volkes, verachtungswürdige, freche Buben, gottlose Geschöpfe, die die Ruhe und das Leben der mir anvertrauten Millionen Menschen stören und die Mörder meines Vaters sind. Was kann man mit ihnen anderes machen, als das russische Land von dieser Seuche befreien? Wie sollte man sie nicht zertreten wie ekelhaftes Gewürm? Dies fordert nicht mein persönliches Gefühl, nicht einmal die Sühne für den Tod des Vaters, das fordert meine Pflicht von mir, das erwartet von mir ganz Rußland'.

In dieser Versuchung liegt ja eben das ganze Furchtbare Eurer Lage. Wer wir auch sein mögen, ob Zaren, ob Hirten, wir sind Menschen, erleuchtet durch die Lehre Christi.

Ich spreche nicht von Euren Pflichten als Zar. Vor den Pflichten des Zaren kommen die Pflichten des Menschen und diese müssen die Grundlage sein für die Pflicht des Zaren und müssen mit ihnen Hand in Hand gehen. Gott wird Euch nicht nach der Erfüllung der Pflicht des Zaren fragen, nicht nach der Erfüllung der Zarenpflichten, sondern er wird Euch nach der Erfüllung der Menschenpflichten fragen. Eure Lage ist schrecklich, aber dazu ist ja auch die Lehre Christi da, um uns in jenen furchtbaren Augenblicken der Versuchung zu leiten, welche das Los des Menschen sind. Auf Euer Los ist die furchtbarste aller Versuchungen verfallen. Aber so schrecklich sie auch ist, die Lehre Christi zerstört sie: alle Netze der Versuchung, die Euch umstricken, werden in Staub zerfallen vor dem Menschen, der den Willen Gottes erfüllt.

– ‚Math. 5, 43: Ihr habt gehöret, daß gesagt ist: liebe deinen Nächsten und hasse deinen Feind; ich aber sage euch: liebet eure Feinde … . tut Gutes denen, die euch hassen … . und ihr werdet sein die Söhne eures Vaters im Himmel.' –

– ‚Math. 5, 38: Euch ist gesagt worden: Auge um Auge, Zahn um Zahn; ich aber sage: widersetze dich nicht dem Bösewicht.' –

– ‚Math. 18, 22: Ich sage dir, nicht bis zu siebenmal, sondern bis siebenmal siebenzigmal.' –

– ‚Hasse nicht den Feind, sondern tue ihm wohl, widersetze dich nicht dem Bösen, werde nicht müde zu vergeben.' –

Dies ist für den Menschen gesagt und jeder Mensch kann das erfüllen. Und keine Erwägungen eines Zaren, noch die eines Staates können diese Gebote stören.

– ‚Math. 5, 19: Und wer eines von diesen geringsten Geboten verletzt, der wird als Geringster genannt im Himmelreich, wer sie aber erfüllt und lehrt, der wird ein Großer genannt im Himmelreich.' –

– ‚Math. 7, 24: Und so werde ich Jeden, der auf diese meine Worte hört, einem wohlverständigen Manne gleichstellen, der sein Haus auf Stein aufgebaut. (25) Und es regnete und die Flüsse traten aus und die Winde wehten und stürmten gegen jenes Haus; und es stürzte nicht ein, weil es auf Stein gebaut war. (26) Jeglicher aber, der diese meine Worte hört und sie nicht erfüllt, wird einem unverständigen Menschen ähnlich sein, welcher sein Haus auf Sand gebaut. (27) Und es regnete und die Flüsse traten aus und die Winde wehten und stürmten gegen jenes Haus; und es stürzte ein und sein Sturz war groß.' –

Ich weiß, wie weit diejenige Welt, in welcher wir leben, von den göttlichen Wahrheiten entfernt ist, welche in der Lehre Christi ausgesprochen sind und in unserem Herzen leben – aber Wahrheit bleibt Wahrheit und sie lebt in unserem Herzen und ertönet in der Freude und in dem Wunsche, sich ihr zu nähern. Ich weiß, daß ich ein geringer und schlechter Mensch bin, welcher bei Versuchungen, die tausendmal schwächer waren als diejenigen, welche über Euch hereingebrochen sind, sich nicht der Wahrheit und dem Guten, sondern der Versuchung anheim gab, und daß es dreist und sinnlos ist, daß ich, ein vom Bösen erfüllter Mensch, von Euch eine Kraft des Geistes verlange, welche beispiellos ist, daß ich verlange, daß Ihr, der Zar von Rußland[,] unter dem Drucke der Umgebung, als liebender Sohn, nach der Ermordung des Vaters den Mördern vergebet und daß Ihr ihnen Böses mit Gutem vergeltet: aber ich kann nicht umhin das zu wünschen; ich muß ja sehen, daß jeder Eurer Schritte zur Gnade ein Schritt zum Guten ist, jeder Schritt zur Strafe ein Schritt zum Bösen; das muß ich sehen. Aber wie ich für mich selbst in den ruhigen Augenblicken, wo es keine Versuchung gibt, hoffe, mit ganzer Seele wünsche, den Weg der Liebe und des Guten zu wählen, so wünsche ich auch für Euch und kann nicht umhin zu hoffen, daß Ihr darnach streben möget, vollkommen zu sein, wie Euer Vater im Himmel, und Ihr werdet die größte Tat der Welt vollbringen. Ihr werdet die Versuchung überwinden: und Ihr, o Zar, werdet der Welt das größte Beispiel der Erfüllung der Lehre Christi geben, Ihr werdet Böses mit Gutem vergelten.

Vergeltet das Böse mit Gutem, widersetzt Euch nicht dem Bösen, vergebet allen. Das und nur das muß man tun, das ist Gottes Wille. Ob einer Kraft genug hat, das zu tun, oder zu wenig Kraft, das ist eine andere Frage. Aber nur das allein muß man wünschen, darnach allein muß man streben, das allein muß man für gut halten und wissen, daß alle Erwägungen dagegen Versuchungen und Verlockungen sind und daß alle Erwägungen dagegen auf nichts gegründet, schwankend und dunkel sind.

Aber abgesehen davon, daß jeder Mensch verpflichtet ist, sich durch nichts anderes leiten zu lassen (und auch nicht anders kann), als durch diesen Ausdruck des Willens Gottes, so ist die Erfüllung von Gottes Geboten zugleich auch für Euer Leben (und für das Leben Eures Volkes) die vernünftigste Handlung.

Wahrheit und Gutes sind immer Wahrheit und Gutes, wie auf Erden, so auch im Himmel.

Den schrecklichsten Verbrechern gegen menschliches und göttliches Recht vergeben und ihnen Böses mit Gutem vergelten! Vielen wird dies im besten Falle als Idealismus, als Wahnsinn erscheinen, vielen aber auch als Böswilligkeit. Sie werden sagen: nicht verzeihen, ausrotten muß man das Faulende, die Flamme ausblasen. Aber man fordere nur diejenigen, welche dieses sagen, auf, ihre Meinung zu beweisen, und Wahnsinn und Böswilligkeit werden sich auf ihrer Seite zeigen.

Vor etwa 20 Jahren hat sich irgend ein Herd von Menschen gebildet, von zumeist jungen Menschen, die die bestehende Ordnung der Dinge sowie die Regierung hassen. Diese Menschen stellen sich irgend eine andere Ordnung vor oder auch gar keine und zerstören mit allen gottlosen, unmenschlichen Mitteln – durch Feuer, Raub, Mord die bestehende Gesellschaftsordnung. 20 Jahre lang kämpft man gegen diesen Herd, und, wie ein Essigherd immer neue wirksame Substanzen schafft, so ist auch dieser Herd nicht nur nicht vernichtet, sondern er wächst weiter, und diese Menschen sind, was Grausamkeit und Frechheit betrifft, zu den furchtbarsten Missetaten gelangt, zu Missetaten, welche den Gang des staatlichen Lebens stören.

Diejenigen, die gegen diese Pestbeule durch äußere Mittel ankämpfen wollten, gebrauchten zweierlei Mittel: direkte Amputation des Kranken, Faulen – strenge Strafe. Zweitens: sie ließen der Krankheit ihren Lauf, sie regulierten ihren Verlauf. Das sind liberale Maßnahmen, welche die unruhigen Kräfte befriedigen und den Anprall der feindlichen Kräfte abwenden sollten.

Für Menschen, welche die Sache vom materiellen Standpunkte betrachten, gibt es keine anderen Wege: entweder entschiedene Abwehrmaßregeln, oder liberale Maßregeln des Nachgebens. Welche Leute immer und wo sie sich auch versammeln, um darüber zu beraten, was unter den gegenwärtigen Umständen zu tun sei; wer immer sie auch seien: Bekannte im Salon, Mitglieder des Rates oder Versammlungen von Abgeordneten – wenn sie darüber sprechen, was man tun müsse, um dem Übel Einhalt zu tun, so werden sie über diese zwei Anschauungsweisen nicht hinauskommen: entweder ein Ende machen – Strenge walten lassen, Todesstrafen, Verbannungen, Polizei, Pression von seiten der Zensur u.s.w. Oder: liberales Zuckerbrot – Freiheit, gemäßigte, milde Maßregeln, Verantwortlichkeit, ja sogar Vertretung, Konstitution, Volksversammlung.

Die Menschen können über die Einzelheiten der einen oder der anderen Handlungsweise noch viel Neues sagen, über Vieles werden die Leute aus einem und demselben Lager uneinig sein, sie werden diskutieren, aber weder die einen noch die anderen werden allein darüber hinauskommen, Mittel suchen zu müssen, die einen um dem Übel gewaltsam Einhalt zu tun, die anderen werden darüber nicht hinauskommen, Mittel zu suchen, nicht der Unterdrückung, sondern des Sichselbstüberlassens der Gährung. Die einen werden die Krankheit durch entschiedene Maßnahmen gegen die Krankheit selbst kurieren, die anderen werden die Krankheit nicht kurieren, werden sich aber bemühen, den Organismus in denkbar günstige hygienische Verhältnisse zu bringen, in der Hoffnung, daß die Krankheit von selbst vorübergehen werde. Man wird von vielen neuen Details sprechen, aber man wird nichts Neues sagen, denn sowohl das eine als das andere Mittel ist schon angewendet worden, und sowohl das eine wie das andere hat nicht nur den Kranken nicht geheilt, sondern hat gar keine Wirkung gezeigt.

Die Krankheit ist fortgeschritten bis auf den heutigen Tag, sich fort und fort verschlimmernd. Und darum glaube ich, daß man die Erfüllung des Willens Gottes in Bezug auf politische Dinge nicht so ohneweiters Schwärmerei und Wahnsinn nennen kann. Wenn man sogar die Erfüllung des Willens Gottes, das Allerheiligste, als ein Mittel gegen das weltliche Übel des gewöhnlichen Lebens ansieht, so kann man doch auch dann nicht mit Verachtung auf diese Erfüllung herabsehen, nachdem die ganze Lebensweisheit augenscheinlich nicht geholfen hat und nicht helfen kann.

Man kurierte den Kranken mit starken Mitteln, dann hörte man auf, ihm diese starken Mittel zu geben, man ließ seinen Funktionen freien Lauf, aber weder das eine noch das andere System half, der Kranke ist immer kränker geworden. Es wird noch ein Mittel vorgeschlagen, ein Mittel von dem die Ärzte nichts wissen, ein seltsames Mittel. Warum sollte man es nicht versuchen? Ein Hauptvorzug, ein unbestreitbarer Vorzug ist es, den dieses Mittel vor den anderen Mitteln voraus hat – nämlich die Tatsache, daß die anderen schon ohne Erfolg angewendet wurden, dieses aber noch nie angewendet wurde. Man hat im

Namen der Staatsnotwendigkeit des Volkswohles versucht, zu unterdrücken, zu verbannen, hinzurichten, man hat im Namen dieser selben Notwendigkeit des Volkswohles versucht, Freiheit zu geben. Es war immer das Gleiche. Warum sollte man nicht im Namen Gottes versuchen, nur sein Gebot zu erfüllen, ohne an den Staat oder an das Wohl des Volkes zu denken? Im Namen Gottes und der Erfüllung seines Gebotes kann kein Böses geschehen.

Ein zweiter Vorzug des neuen Mittels, ein ebenso unzweifelhafter, ist die Tatsache, daß jene beiden Mittel an sich schlecht waren: das erste bestand in Gewalt, in Todesstrafen (so gerecht diese auch erscheinen, so weiß doch jeder Mensch, daß sie böse sind); das zweite bestand in der nicht ganz aufrichtigen Zulassung der Freiheit. Die Regierung gab diese Freiheit mit der einen Hand und mit der andern hielt sie sie wieder zurück. Die Anwendung beider Mittel war, so nützlich diese Mittel für den Staat auch schienen, doch eine schlechte Handlung für diejenigen, welche die Mittel anwendeten. Das neue Mittel ist so beschaffen, daß es nicht nur der Seele des Menschen eigentümlich ist, sondern ihm die höchste Freude und das höchste Glück für seine Seele verleiht.

Vergebung und Vergeltung des Bösen mit Gutem ist das Gute an sich. Und darum muß die Anwendung der beiden alten Mittel der Christenseele abscheulich sein, muß Reue zurücklassen, während diese Gnade demjenigen höchste Freude gibt, der sie übt.

Der dritte Vorzug der christlichen Vergebung vor der Unterdrückung oder der geschickten Lenkung der schädlichen Elemente hat auf den gegenwärtigen Augenblick Bezug und ist von besonderer Wichtigkeit. Eure jetzige Lage und die Rußlands ist wie die Lage eines Kranken zur Zeit der Krise. Ein falscher Schritt, das Einnehmen eines unnötigen, schädlichen Medikamentes kann den Kranken für immer zugrunde richten. Ebenso kann auch jetzt eine einzige Handlung in dem einen oder in dem anderen Sinne – Vergeltung des Bösen mit grausamen Hinrichtungen oder das Heranziehen von Volksvertretern – die ganze Zukunft unterbinden. Jetzt, in diesen zwei Wochen, während des

Prozesses gegen die Verbrecher und während ihrer Verurteilung, wird ein Schritt gemacht werden, welcher einen von den zwei Wegen von der bevorstehenden Kreuzung aus wählen muß: den Weg der Unterdrückung des Bösen durch das Böse, oder den Weg der liberalen Nachgiebigkeit. Beide Wege sind gegangen, keiner hat zum Ziele geführt. Und es gibt noch einen neuen Weg, den Weg der christlichen Erfüllung des Willens Gottes durch den Zaren als Menschen.

Herr! Wegen irgend welcher verhängnisvoller, furchtbarer Mißverständnisse ist in der Seele der Revolutionäre ein furchtbarer Haß gegen Euren Vater entstanden – ein Haß, der sie zu dem entsetzlichen Mord geführt hat. Der Haß kann mit ihm begraben werden. Die Revolutionäre konnten ihn, wenn auch ungerechterweise, wegen des Unterganges vieler ihrer Anhänger anklagen. An Euren Händen ist kein Blut. Ihr seid ein unschuldiges Opfer Eurer Lage. Ihr seid rein und schuldlos vor Euch selbst und vor Gott. Aber Ihr steht auf dem Kreuzwege. Noch einige Tage, und es werden diejenigen triumphieren, welche sagen und meinen, daß die christlichen Wahrheiten nur für Gespräche da sind, daß aber im Staatsleben Blut fließen und der Tod herrschen muß. Ihr werdet für alle Ewigkeit aus jenem glückseligen Zustande der Reinheit und des Lebens mit Gott hinauskommen und werdet den Weg der Finsternis, der Staatsnotwendigkeiten betreten, die alles rechtfertigen, sogar die Übertretung von Gottes Gebot zugunsten des Menschen.

Vergebet nicht, laßt die Frevler hinrichten, Ihr werdet bewirken, daß Ihr aus der Zahl der Hunderte 3 oder 4 herausreißt, und das Böse wird Böses gebären und statt der 3 oder 4 werden 30, 40 erstehen und Ihr selbst werdet für immer jenen Augenblick verlieren, welcher allein mehr wert ist, als das ganze Menschenleben, jenen Augenblick, in welchem Ihr den Willen Gottes erfüllen konntet und es nicht tatet, und Ihr werdet für immer von jenem Kreuzwege abkommen, auf welchem Ihr das Gute statt des Bösen hättet wählen können, und Ihr werdet für alle Ewigkeit verstrickt werden in die Taten des Bösen, die man Staatswohl nennt. (Math. 5, 25.)

Vergebet, vergeltet Böses mit Gutem – und von den Hunderten von Bösewichtern werden Dutzende vom Teufel zu Gott übergehen und Tausende, ja Millionen von Herzen werden erbeben vor Freude und Rührung, wenn sie das Beispiel des Guten vom Throne kommen sehen in einem für den Sohn des Ermordeten so furchtbaren Augenblick.

Herr! Wenn Ihr das tätet, wenn Ihr diese Menschen rufen ließet, ihnen Geld gäbet und sie irgendwohin nach Amerika fortschicktet und ein Manifest erließet mit der Überschrift: ‚Ich aber sage euch, liebet eure Feinde' – ich weiß nicht, wie es mit den anderen wäre, aber ich, ein schlechter Untertan, ich würde Euer Hund, Euer Sklave werden. Weinen würde ich vor Rührung, wie ich jetzt weine, jedesmal, wenn ich Euren Namen hören würde. Aber warum sage ich denn: ich weiß nicht, wie es mit den anderen wäre? Ich weiß, in einem wie großen Strome Güte und Liebe sich über das russische Land ergießen würden nach solchen Worten.

Die Wahrheiten Christi sind lebendig in den Herzen der Menschen und nur sie sind lebendig und nur wegen dieser Wahrheiten lieben wir die Menschen.

Und Ihr, o Zar, hättet diese Wahrheit nicht durch das Wort verkündet, sondern durch die Tat. Aber vielleicht sind das alles nur Träume und man kann das gar nicht machen. Vielleicht ist das alles zwar wahr, daß 1. mehr Wahrscheinlichkeit da ist für den Erfolg solcher Handlungen, die noch nie ausprobiert sind, als für den Erfolg solcher, die man schon versucht hat und die sich als untauglich erwiesen haben, und 2. daß eine solche Tat für den Menschen, der sie vollbringt, sicher gut ist, 3. daß Ihr jetzt auf dem Kreuzwege stehet und daß es einen einzigen Augenblick gibt, wo Ihr nach dem Gebote Gottes handeln könnt und daß Ihr diesen Augenblick, wenn Ihr ihn verstreichen lasset, nie mehr zurückbringen könnt – vielleicht ist das alles wahr, aber man wird sagen: es ist unmöglich, wenn Du dies tust, richtest Du den Staat zugrunde.

Aber gesetzt, die Menschen seien gewohnt zu glauben, daß die göttlichen Wahrheiten nur für die Welt des Geistes wahr sind, daß sie im Leben nicht anwendbar sind; gesetzt, die Feinde würden sagen: wir nehmen Euer Mittel nicht an, weil wir, wenn es auch nicht ausprobiert und an und für sich unschädlich ist, und wenn auch jetzt die Krise ist, doch wissen, daß es jetzt nicht paßt und nur Schaden stiften kann. Sie werden sagen: christliche Gnade und Vergeltung des Bösen mit Gutem ist gut für jeden einzelnen Menschen, aber nicht für den Staat. Die Anwendung dieser Wahrheiten in der Verwaltung des Staates wird den Staat zugrunde richten.

Herr! das ist ja Lüge, böseste, hinterlistigste Lüge. Die Erfüllung von Gottes Gebot wird die Menschen zugrunde richten! Wenn das ein Gebot Gottes für die Menschen ist, so ist es immer und überall ein Gebot Gottes, und es gibt kein anderes Gebot seines Willens. Und es gibt nichts, was gotteslästerlicher wäre als diese Rede, als zu sagen: Gottes Gebot taugt nicht. Dann ist das kein Gebot Gottes. Aber nehmen wir an, wir vergessen, daß Gottes Gebot höher steht als alle anderen Gebote und daß es immer anwendbar ist – wir vergessen das. Gut: Gottes Gebot ist nicht anwendbar, und wenn wir es erfüllen, wird ein noch größeres Übel entstehen. Wenn man die Verbrecher begnadigen, alle aus den Gefängnissen und Verbannungsorten freigeben sollte, so würde das schlimmste Übel entstehen. Aber warum soll es so sein? Wer hat das gesagt?! Wie wollt Ihr das beweisen? Durch Eure Feigheit. Einen anderen Beweis habt Ihr nicht. Und außerdem habt Ihr nicht das Recht, irgend ein Mittel eines anderen zu verleugnen, da es allen bekannt ist, daß Eure Mittel nicht taugen.

Sie werden sagen: man möge nur alle freilassen und es wird ein Gemetzel entstehen, denn, wenn man wenige freiläßt, so entstehen geringe Ordnungsstörungen, wollte man viele freilassen, so würde große Verwirrung entstehen. Sie sprechen so, indem sie von den Revolutionären wie von Banditen sprechen, wie von einer Bande, welche sich angesammelt hat und welche vernichtet ist, wenn man die einzelnen abfängt. Aber die Sache ist ganz anders: es ist nicht die Anzahl wichtig, es ist nicht wichtig, ihrer so viele als möglich zu vernichten oder zu verschicken, sondern es ist wichtig, ihren Gährstoff zu zerstören, einen anderen Stoff hineinzugeben. Was sind Revolutionäre? Das sind Menschen, welche die bestehende Ordnung der Dinge hassen, sie für schlecht halten und Grundlagen für eine zukünftige Ordnung der Dinge im Auge haben, welche besser sein wird.

Man kann nicht mit ihnen kämpfen, indem man sie tötet, vernichtet. Ihre Anzahl ist nicht wichtig, ihre Gedanken sind wichtige. Um gegen sie anzukämpfen, muß man geistig kämpfen. Ihr Ideal ist allgemeiner Wohlstand, Gleichheit, Freiheit: um gegen sie zu kämpfen, muß ein Ideal aufgestellt werden, welches höher ist als das ihrige, welches ihr Ideal in sich fassen kann. Die Franzosen, die Engländer kämpfen jetzt gegen sie, ebenfalls ohne Erfolg.

Es gibt nur ein Ideal, welches man ihnen entgegenhalten könnte, jenes, welches sie verletzen, indem sie es nicht begreifen und es verlästern, jenes Ideal, welches auch das ihrige in sich einschließt, das Ideal der Liebe, der Vergebung, der Vergeltung des Bösen mit Gutem. Nur ein Wort der Gnade und der christlichen Liebe, ausgesprochen und erfüllt von der Höhe des Thrones herab – und der Weg der christlichen Herrschaft, welchen Ihr jetzt betreten sollt, kann das Übel vernichten, welches an dem russischen Lande frißt. Wie Wachs vor dem Feuer wird jeder revolutionäre Kampf vor dem Zaren, dem Menschen, der das Gebot Christi erfüllt, zerschmelzen.

Leo Tolstoi."[5]*

Aber es war alles umsonst. Gerade den Menschen hat Tolstoi nicht in dem Zaren gefunden. Dieser Brief wanderte lange. Tolstoi hatte zuerst die Idee, diesen Brief durch Pobedonoszef übergeben zu lassen. Dazu veranlaßte Tolstoi die Erinnerung an das gute Verhalten Pobedonoszefs zu einem merkwürdigen Menschen, der eine Zeitlang dem Geiste Tolstois nahekam, nämlich zu A. K. Malikof.[6]*

Tolstoi ließ den Brief an den Zaren Pobedonoszef durch ihren gemeinsamen Bekannten N. N. Strachof übergeben, indem er

---

[5] *W. G. Tschortkof'sches [Tschertkof'sches] Archiv.
[6] *„Westnik Ewropy" (Der Europäische Bote) Sept. 1904.

seine persönliche Bitte ausrichten ließ, diesen wichtigen Auftrag zu erfüllen.

Da prallten die heißen Worte der Liebe, der Gnade an die kalte steinerne Wand des geistlichen Beamten, der die letzten Reste menschlichen Gefühls schon während seiner Beamtenkarrière ausgegeben [sic] hatte.

Pobedonoszef las den Brief Tolstois an Alexander III. und gab ihn Strachof zurück mit dem Bescheid, er könne ihn nicht weitergeben. Auf einen Brief Tolstois antwortete Pobedonoszef nach sehr langer Zeit, schon nach der Hinrichtung, mit folgendem bezeichnenden Briefe:

„Petersburg, 15. Juni 1881.
Verzeihen Sie, hochzuverehrender Graf Leo Nikolajewitsch, erstens, daß ich bis heute Ihren Brief, der mir durch N. N. Strachof übergeben wurde, unbeantwortet gelassen habe. Das geschah nicht aus Unhöflichkeit oder Gleichgültigkeit, sondern aus der Unmöglichkeit, mich rasch zurechtzufinden in diesem Treiben und in dieser Verwirrung von Gedanken und Sorgen, welche mich nach dem 1. März ergriffen hat und noch festhält. Verzeihen Sie zweitens, daß ich es ablehnte, Ihren Auftrag auszuführen.

In einer so wichtigen Sache muß alles nach dem Glauben getan werden. Aber als ich Ihren Brief durchgelesen hatte, sah ich, daß Ihr Glaube Eines ist, mein Glaube und der Kirchenglaube – ein Anderes und daß unser Christus nicht Ihr Christus ist.

Den meinen kenne ich als einen Mann voll Kraft und Wahrheit, der die Kranken heilt, in Ihrem aber glaubte ich die Züge eines Kranken zu sehen, der selbst der Heilung bedarf. Deswegen konnte ich meinem Glauben nach Ihren Auftrag nicht ausführen.

Ihr Sie von ganzer Seele achtender und Ihnen ergebener
K. Pobedonoszef.[7]*

---

[7] *L. N. Tolstoi'sches Archiv.

Nachdem N. N. Strachof den Brief Tolstois an den Zaren zurückbekommen hatte, machte er noch einen Versuch, denselben dem Kaiser zur Kenntnis zu bringen, und ließ ihn durch den Professor Bestushef-Rumin dem Großfürsten Sergej Alexandrowitsch übergeben, behufs Weitergabe an Alexander III.

Es ist Tolstoi bekannt, daß der Brief dem Zaren übergeben wurde, aber von seinem ferneren Schicksale weiß er nichts.[8]

Auch von dieser Seite prallte der Ruf nach Gnade von der undurchdringlichen Wand der Staatsraison ab.

Und die Hinrichtung wurde vollzogen. Alexander III. wählte, sei es durch seinen eigenen Willen, sei es durch den der ihn umgebenden Beamten, den schlechtesten von den drei Wegen, die er vor sich hatte, und führte Rußland seinem Verderben entgegen.

In Tolstoi selbst verstärkte diese Hinrichtung nur seinen Abscheu gegen die damalige Regierung, auf seine Anschauungen aber hatte sie wenig Einfluß, denn jene hatten sich schon viel früher herausgebildet.

Schon als er „Krieg und Frieden" schrieb, hatte ihn das Studium der Geschichte und die Analyse der großen Ereignisse zum völlig ablehnenden Verhalten gegenüber dem Staate und seiner Macht geführt, was er in einer künstlerisch glänzenden Form, in einer philosophischen Abhandlung über den Sinn der Geschichte zum Ausdruck brachte, welche einige Kapitel in dem großen Werke einnimmt. Und diese Verneinung war so stark, daß sie sich nicht mehr verstärken konnte, es blieb ihr nur übrig, sich zu klären. Eben dieser Klärung sind die letzten Schriften Tolstois gewidmet.

---

[8] [In ihren Memoiren schreibt indessen Tolstois Ehefrau Sofja Andrejewna Tolstaja: „Auf diesen Brief hin ließ Zar Alexander III. dem Grafen L. N. Tolstoi ausrichten, dass er als Zar, wenn auf ihn selbst ein Attentat verübt worden wäre, die Täter hätte begnadigen können, er aber kein Recht habe, den Mördern seines Vaters zu vergeben." (Zitiert nach: M. GEORGE / J. HERLTH / Chr. MÜNCH / U. SCHMID, Hg.: Tolstoj als theologischer Denker und Kirchenkritiker. Göttingen V&R 2015, S. 125. Vgl. mit Quellenverweis auch U. KELLER / N. SHARANDAK: Lew Tolstoj. Reinbeck 2010, S. 72.]

Es ist bemerkenswert, daß Rußland sich jetzt, nach 27 Jahren, in derselben Lage befindet wie am 1. März 1881. Wieder steht es am Kreuzwege und wiederum liegen vor seinen Herrschern zwei Irrwege, auf welche sie das Land auch führen, auf beiden Wegen stolpernd: einmal auf dem Wege der Repressalien, der Hinrichtungen und Verbannungen, ein anderesmal auf dem Wege der heuchlerisch-liberalen Reformen. Wir hegen den festen Glauben, daß Rußland in seinen besten Vertretern, in seinem reifen, religiösen Volke, diese beiden Wege überdauern wird und selbst, ohne jede Bevormundung, den dritten Weg finden wird, den Weg der Vernunft und der Liebe.

Bildnis von Zar Nikolaus I. Pawlowitsch (1796-1855) aus dem Haus Romanow-Holstein-Gottorp, Sohn von Sophie Dorothee Auguste Luise Prinzessin von Württemberg (1759-1828); verheiratet mit der Hohenzollern-Prinzessin Friederike Luise Charlotte Wilhelmine von Preußen (1798-1860) – folgte als Regent seinem ältesten Bruder Zar Alexander I. (1777-1825).

Öl auf Leinwand – gemalt von Franz Krüger (commons.wikimedia.org)

V.
Nikolai Palkin

Der Zar als Peitschenmann – Nachbetrachtungen zum Gespräch mit einem betagten Soldaten im Jahr 1886[1]

Leo Tolstoi

Wir haben die Nacht mit einem fünfundneunzigjährigen Soldaten verbracht. Er diente ehedem unter Alexander I. und Nikolai.
„Was, du willst sterben?"
„Sterben? Natürlich denke ich daran. Früher hatte ich Angst, aber jetzt bitte ich Gott nur um eine Sache: Ich wünsche, dass Gott mir die Reue und den Empfang der heiligen Kommunion gewährt. Es gibt viele Sünden."
„Welche Sünden denn?"
„Welche Sünden, fragst du? Wann habe ich denn gedient? Unter Nikolai[2]; gab es damals etwa einen Dienst, wie es ihn heute gibt? Was war es denn? Mein Gott! Es ist gruselig, nur daran zu denken. Ich war schon in der Zeit von Alexander dabei. Alexander wurde von den Soldaten gelobt, sie sagten, er sei gnädig."

Ich dachte an die letzten Tage von Alexanders Herrschaft, als von hundert Männern zwanzig zu Tode geprügelt wurden. Im Vergleich zu Nikolai sollte Alexander jetzt als barmherzig gelten?

---

[1] Textquelle (Untertitel hier redaktionell hinzugesetzt, pb) | Übertragung für die Tolstoi-Friedensbibliothek, Version 08.02.2023 (tolstoi-friedensbibliothek.de). – Zum Hintergrund der 1886/87 entstandenen Skizze und zu Editionen / Übersetzungen vgl. die Anmerkungen im Anhang dieses Bandes.
[2] [Zar Nikolaus I. Pawlowitsch (1796-1855) aus dem Haus Romanow-Holstein-Gottorp, Kaiser von Rußland 1825-1855, gekrönter König von Polen 1825-1830; sein autoritäres – grausames – Regime stützte sich auf Geheimpolizei, Militär, orthodoxes Staatskirchentum und einen durch gezielte öffentliche Maßnahmen produzierten russischen Nationalismus zugunsten der Herrschenden. pb]

„Ich musste unter Nikolai Soldat sein", sagte der alte Mann. Sofort wurde er lebendig und begann zu erzählen.

„Wie es damals zuging? Wegen fünfzig Stockschlägen wurden die Hosen erst gar nicht heruntergezogen; es gab hundertfünfzig, zweihundert, dreihundert Hiebe ... die Leute wurden zu Tode gepeitscht." Er sprach mit Abscheu und Entsetzen, doch nicht ohne Stolz über seine Jugendtage.

„Ja, es verging keine Woche, in der nicht ein oder zwei Männer des Regiments mit Stöcken zu Tode geprügelt wurden. Heutzutage wissen die Leute nicht mehr, was Stöcke sind; aber damals war es ein Wort, das sie nie aus dem Mund nahmen: Stöcke, Palki, wie es hieß! Unsere Soldaten gaben Nikolai den Beinamen Palkin. Nikolai Pawlowitsch, sie nannten ihn aber Nikolai Palkin[3]. So ist er zu seinem Spitznamen gekommen.

Wenn man sich an diese Zeiten erinnert", fuhr der alte Mann fort, „sie sind lange vorbei, unsereins muss sterben, und es ist ein Grausen, sich daran zu erinnern. Sünden gab es viele. Es war eine eigene Angelegenheit", sagte der alte Mann. „Man bekam hundertfünfzig Stockschläge wegen eines Soldaten" (der betagte Veteran war damals Unteroffizier und Feldwebel, nach heutigem Verständnis Anwärter), „und dem Soldaten ließ man dann zweihundert angedeihen. Die eigenen Wunden heilen nicht davon, aber man quält ihn – das ist die Sünde.

Unteroffiziere haben Soldaten oft zu Tode geprügelt. Wenn er einen Schlag oder eine Faust an der richtigen Stelle abbekam: an der Brust oder am Kopf, war der Soldat tot. Und es gab nie eine Strafe. Der Soldat starb durch Totschlagen, und der Vorgesetzte schrieb: ‚Nach Gottes Ratschluss verschieden.' Und das war's. Hat man das damals schon verstanden? Alle haben nur an sich selbst gedacht. Und jetzt wälzst du dich am Herd hin und her, kannst nachts nicht schlafen, denkst nach und stellst dir alles noch einmal vor. Gut, wenn man zeitig das christliche Abendmahl einnehmen kann und dir vergeben wird, aber es bleibt

---

[3] [Raphael Löwenfeld übersetzt: ‚Nikolaus Stockmann'.]

schrecklich. Wenn du dich an all das erinnerst, was du selbst erlitten hast und was Menschen angetan wurde, dann brauchst du die Hölle nicht, es ist schlimmer als die Hölle …"

Ich stellte mir lebhaft vor, woran sich dieser dem Sterben entgegensehende Mann in seiner Alterseinsamkeit erinnern musste, und wurde selbst in Schrecken versetzt. Ich dachte an die Grausamkeiten, die er, abgesehen von den Stockschlägen, mitmachen musste. Das Spießrutenlaufen durch die Reihen, die Erschießungen, das blutige Niedermachen und Ausplündern ganzer Städte und Dörfer im Krieg (er hatte im polnischen Krieg mitgekämpft), und ich begann, ihn darüber auszufragen. Ich fragte ihn, wie es war, wenn ein Soldat durch die Reihen gejagt wurde.

Er berichtete ausführlich über dieses schreckliche Verfahren. Wie ein verurteilter Mann, an Gewehren gefesselt, durch die Reihen der mit Spießen ausgestatteten Soldaten geführt wurde, wie jeder zuschlug, und die Offiziere hinter den Soldaten auf- und abliefen und riefen: „Härter zuschlagen!"

„Härter zuschlagen!", rief der alte Mann mit herrischer Stimme, offensichtlich nicht ohne Freude daran, sich an diesen Kommandoton der Jugendzeit zu erinnern und ihn vorzuführen.

Er erzählte alle Einzelheiten ohne jegliche Reue, so als ob er erzählen würde, wie Ochsen geschlachtet und Rindfleischstücke gebraten werden. Er erzählte, wie das Opfer zwischen den Reihen hin- und hergeführt wurde, wie der Gemetzelte geschleift wurde und auf die Bajonette fiel, wie die blutigen Narben zum ersten Mal zu sehen waren, wie sie sich kreuzten, wie die Narben allmählich zusammenwuchsen, Blut spritzte und spritzte, blutiges Fleisch in Fetzen flog, Knochen entblößt wurden, der unglückliche Mann zuerst schrie und dann dumpf bei jedem Schritt und jedem Schlag stöhnte – bis zum Verstummen; wie der Arzt, der eigens dafür abgestellt wurde, herantritt und den Puls fühlt, sich den Mann von oben anschaut und entscheidet, ob er noch geschlagen werden kann oder ob er bis zu einem anderen Zeitpunkt warten muss, wenn er wieder geheilt ist, sodass die Folter erneut beginnen und die Vollzahl der Schläge beendet werden kann, die ihm nach dem Diktat einiger der von Palkin angeführten Bestien zu verabreichen sind. Der Arzt setzt sein Wissen ein, um sicherzustellen, dass der Mann nicht stirbt, bevor er all die Qualen, die sein Körper ertragen kann, zur Gänze erlitten hat.

Der alte Soldat erzählte weiter, wie man den Unglücklichen, wenn er nicht mehr laufen kann, auf einen Militärmantel legt und er – mit einer blutgetränkten Kissenlage oben auf dem zerfetzten Rücken – ins Lazarett getragen wird, damit sie ihm – nach der Wiederherstellung – die restlichen tausend oder zweitausend Stockschläge geben können, die ihm noch fehlen und die er nicht sofort beim ersten Spießrutenlauf ertragen konnte.

Er erzählte, wie die Verurteilten um den Tod bitten und man es ihnen nicht sofort gewährt, sondern sie kuriert und dann ein zweites, manchmal ein drittes Mal schlägt. Der Überlebende wird im Krankenhaus behandelt und muss weiteren Qualen entgegensehen, die ihn zu Tode bringen werden.

Der Verurteilte wird zum zweiten oder dritten Mal zur Tortur geführt und dann totgeprügelt. Und das alles, weil er entweder vor Stockschlägen weglief oder genug Mut und Selbstaufopferung besessen hatte, um sich im Namen seiner Kameraden darüber zu beschweren, dass sie schlecht ernährt waren und die Vorgesetzten ihre Rationen stahlen.

Er erzählte mir das alles, und als ich versuchte, in ihm Reue angesichts dieser Erinnerungen zu erwecken, war er zunächst überrascht, dann aber schien er Angst zu haben.

„Nein", sagte er, „es kam doch vom Gericht. Bin ich dessen schuldig? Nein, gemäß Gerichtsurteil, gemäß dem Gesetz wurde das vollzogen."

Mit der gleichen Gelassenheit und auch ohne Reue erinnerte er sich an die Schrecken der Kriege, an denen er teilgenommen und die er in der Türkei und in Polen hautnah miterlebt hatte. Er sprach von den getöteten Kindern, vom Hungertod und Kältetod der Gefangenen, von der Ermordung eines kleinen polnischen Jungen, der sich an einen Baum geklammert hatte und durch sein Bajonett aufgespießt wurde.

Und als ich nachfragte, ob sein Gewissen durch diese Taten belastet sei, verstand er mich überhaupt nicht mehr. Es war doch

Krieg, alles geschah nach dem Gesetz, für den Zaren und das Vaterland. In seinen Augen waren diese Taten nicht nur nicht schlecht, sondern im Gegenteil ein Erweis von Tapferkeit und Tugend, gut zur Sühne für seine Sünden. Die Tatsache, dass er unschuldige Kinder und Frauen ruiniert und getötet, in der Reihe des Spießrutenlaufes Menschen zu Tode geschlagen, in ein Krankenhaus gebracht und zur erneuten Folter wieder zurückgeschleppt hat – all das quält ihn nicht, es ist, als ob es gar nicht sein Werk wäre. Es war, als ob jemand anderes es getan hätte, nicht er.

Er hat einige persönliche Sünden begangen, als er Menschen ohne das, was er Gesetz nannte, schlug und quälte; diese Sünden peinigen ihn, und er hat viele Male die heilige Kommunion genommen, um sie zu sühnen, und er hofft, auch vor seinem Tod das Abendmahl zu empfangen, in der Erwartung, dass es die Sünden sühnen wird, die sein Gewissen quälen. Aber dennoch leidet er Qualen, und die Bilder von den Schrecken der Vergangenheit lassen ihn nicht los.

Was würde mit diesem alten Mann geschehen, wenn er verstehen könnte, was ihm an der Schwelle des Todes so klar sein sollte: dass zwischen all den Taten seines Lebens – jenen, die er nach eigenem Verständnis „unter dem Gesetz" ausgeführt haben will, und allen anderen – ein Unterschied nicht besteht; dass alle seine Taten solche sind, die er begehen oder nicht begehen konnte (zu schlagen oder nicht zu schlagen, zu töten oder nicht zu töten – das lag immer in seiner Macht); dass alle seine Taten seine Sache sind, dass es jetzt, am Vorabend seines Todes, keinen Vermittler zwischen ihm und Gott gibt und geben kann, auch damals nicht geben konnte, als man ihn zwang, Menschen zu quälen und zu töten. Was wäre mit ihm geschehen, wenn er jetzt verstanden hätte, dass er keine Menschen schlagen und töten darf und dass es ein Gesetz, seine Brüder zu schlagen und zu töten, nie gegeben hat und auch niemals geben kann. Hätte er erkannt, dass es nur ein ewiges Gesetz gibt, das er immer gekannt hat und nicht verfehlen konnte – ein Gesetz, das Liebe und Mitleid für die Menschen verlangt, und dass das, was er nun

‚Gesetz' nannte, eine dreiste, gottlose Täuschung ist, der er nicht hätte erliegen dürfen. Es ist beängstigend, sich vorzustellen, was er sich in seinen schlaflosen Nächten am Herd ausgemalt hätte und wie verzweifelt er gewesen wäre, wenn er dies erkannt hätte. Seine Qualen wären schrecklich gewesen.

Warum also auch ihn quälen? Warum das Gewissen eines sterbenden alten Mannes bedrängen? Besser ist, es zu beruhigen. Warum sollte man die Leute aufregen, indem man etwas zur Sprache bringt, das bereits vergangen ist?

Vorbei? Was ist Vergangenes? Wie kann etwas, das wir nicht nur nicht ausrotten und heilen konnten, sondern das wir uns nicht einmal trauen beim Namen zu nennen, vorbei sein? Wie kann eine grausame Krankheit verschwinden, nur weil wir sagen, dass sie verschwunden ist? Sie verschwindet nicht und wird auch nie verschwinden, und sie kann nicht verschwinden, solange wir nicht zugeben, dass wir krank sind. Um die Krankheit zu heilen, muss man sie zunächst erkennen. Und das tun wir nicht. Nicht nur, dass wir das nicht tun, sondern all unsere Bemühungen werden darauf verwendet, sie nicht zu sehen, sie nicht zu benennen. Die Krankheit geht nicht weg, sondern verändert sich nur, geht tiefer ins Fleisch, ins Blut, in Knochen und Mark.

Die Krankheit besteht darin, dass Menschen, die von Geburt an gutherzig und sanftmütig sind – Menschen mit Liebe und Mitleid im Herzen – als Menschen anderen Menschen schreckliche Grausamkeiten zufügen, ohne zu wissen, warum und zu welchem Zweck. Unser russisches Volk, sanftmütig, gütig, ganz vom Geist der Lehre Christi durchdrungen, bestehend aus Leuten, die es in ihrer Seele bereuen, Menschen mit Worten beleidigt, das Letzte nicht mit den Armen geteilt und kein Mitleid mit Gefangenen gehabt zu haben, diese Leute verbringen die beste Zeit ihres Lebens damit, ihre Brüder zu töten und zu quälen, und bereuen diese Taten nicht nur nicht, sondern halten diese Taten entweder für tapfer oder zumindest für so notwendig wie Essen oder Atmen. Ist das nicht eine schreckliche Krankheit? Und ist es nicht die Pflicht eines jeden, alles Menschenmögliche zu tun, um sie zu heilen, und das Vordringlichste, die Krankheit aufzuzeigen, sie zu erkennen, sie beim Namen zu nennen.

Der alte Soldat hat sein ganzes Leben damit verbracht, andere Menschen zu foltern und zu töten. Wir sagen: Warum ein Gedenken dran? Der Soldat hält sich nicht für schuldig, und diese schrecklichen Taten – Stockschläge, Spießrutenläufe und andere – sind vergangen; warum sich an das Alte erinnern? Damit ist es jetzt vorbei. Da gab es Nikolai Palkin. Warum sich daran erinnern? Nur ein alter Soldat erinnerte sich daran, bevor er starb. Warum die Menschen verärgern? Das nämliche haben sie unter Nikolaus über Alexander gesagt. Das Gleiche wurde unter Alexander über Pauls Taten gesagt. So wurde es auch unter Paul über Katharina gesagt. So auch unter Katharina über Peter, und so weiter. Warum sich erinnern? Warum sich erinnern? Wenn ich Fallsucht oder eine sonstige gefährliche Krankheit hatte und geheilt oder von ihr befreit wurde, werde ich immer gerne daran zurückdenken. Ich werde mich nur dann nicht daran erinnern, wenn ich krank bin und es mir noch schlechter geht und ich mir etwas vormachen will. Und wir erinnern uns nicht daran, nur weil wir wissen, dass wir immer noch genauso krank sind, und uns selbst etwas vormachen wollen.

Warum den alten Mann aufregen und die Leute verärgern? Stockhiebe und Spießrutenlaufen – das ist jetzt alles vorbei.

Vorbei? Die Form hat sich verändert, aber vorbei ist es noch nicht. In allen vergangenen Zeiten hat es Dinge gegeben, an die sich die Menschen späterer Zeiten nicht nur mit Entsetzen, sondern auch mit Fassungslosigkeit erinnern: Gefängnisse, Ketzerverbrennungen, Folter, Militärische Lager, Auspeitschungen und Spießrutenlauf. Wir erinnern uns an all das und sind nicht nur entsetzt über die Grausamkeit der Menschen, sondern können uns auch nicht vorstellen, in welchem Geisteszustand sich die Täter befanden. Was ging vor in der Seele eines Mannes, der vom Bett aufstand, sich wusch, sich in Bojarengewänder kleidete, zu Gott betete und hernach ins Gefängnis ging, um die Gelenke von Menschen zu verdrehen oder alte Männer und Frauen mit der Peitsche zu schlagen, und der mit dieser Beschäftigung seine üblichen fünf Stunden verbrachte, wie die heutigen Beamten im Senat, und anschließend in die Familie zurückkehrte, sich geruhsam zum Abendessen hinsetzte und dann die Heilige Schrift las? Was ging vor in der Seele der Regiments- und Kompaniekommandeure jener Zeit? Ich kannte einen, der am Vortag mit seiner schönen Tochter auf einem Ball Mazurka getanzt hatte und früh aufbrach, um am nächsten Morgen zu befehlen, einen tatarischen Deserteur durch die Gasse des Spießrutenlaufens zu treiben, ihn förmlich zu Tode zu jagen, und dann zum Mittagessen zu seiner Familie zurückzukehrte. Schließlich war es unter Peter, Katharina, Alexander und Nikolai nicht anders. Es gab keine Zeit ohne diese schrecklichen Taten, die wir, wenn wir heute von ihnen lesen, nicht verstehen können. Wir können nicht verstehen, wie die Menschen damals die Gräueltaten, die sie begangen haben, nicht sehen konnten – wenn schon nicht die Unmenschlichkeit dieser Gräueltaten, so doch zumindest die Sinnlosigkeit derselben. Das war zu allen Zeiten so. Ist unsere Zeit so besonders, so glücklich, dass es in unserer Zeit keine solchen Gräuel, keine solchen Taten gibt, die unseren Nachkommen ebenso unbegreiflich erscheinen werden? Jetzt ist uns nicht nur klar, wie grausam, sondern auch wie sinnlos es ist, Ketzer zu verbrennen und im Gericht zu foltern, um die Wahrheit herauszufinden. Ein Kind durchschaut die Sinnlosigkeit dieser Dinge, aber die Menschen von damals sahen es nicht. Kluge, gelehrte Menschen argumentierten, dass die Folter eine notwendige Bedingung für das Leben der Menschen sei, dass sie zwar hart sei, man aber nicht ohne sie auskommen könne. Auch bei Stockschlägen und Sklaverei verhielt es sich so. Heute ist die Zeit gekommen, in der es uns schwer fällt, uns den Geisteszustand vorzustellen, in dem eine solch grausame Verblendung möglich war.

Wo sind unsere Folter, unsere Sklaverei, unsere Stockschläge? Wir haben den Eindruck, dass es sie nicht gibt, dass sie früher an der Tagesordnung waren, aber jetzt nicht mehr vorkommen. Dies scheint uns so, weil wir das Alte nicht verstehen wollen und die Augen davor verschließen.

Wenn wir ohne falsche Rücksichten auf die Vergangenheit

schauen, wird uns auch unsere Gegenwart offenbar. Wenn wir nur aufhörten, unsere Augen blenden zu lassen von fiktiven Leistungen und Wohltaten des Staates, und auf das schauen, was wichtig ist: das Glück und das Unglück im Leben der Menschen, dann würde uns alles klar werden. Wenn wir den Scheiterhaufen, den Folterungen, den Richtblöcken, den Brandmarkungen, den Rekrutierungen richtige Namen geben, werden wir auch den richtigen Namen finden für Gefängnisse, Zuchthäuser, Militärapparate, Staatsanwälte und die Gendarmen.

Wenn wir nicht mehr sagen: „Warum sich erinnern?" und die Taten der Vergangenheit nicht länger mit Verweis auf imaginäre Vorteile für verschiedene Fiktionen verdunkeln, werden wir verstehen, was früher geschah, und werden wir verstehen, was heute geschieht.

Wenn wir dann erkennen, dass es absurd und grausam ist, Köpfe auf einer Platte abzuschneiden und die Wahrheit von Menschen erfahren zu wollen, indem man ihre Knochen umdreht, dann sehen wir ebenso klar, wie absurd und grausam es ist, Menschen zu hängen oder sie in Einzelhaft zu stecken, was dem Tod gleichkommt oder schlimmer ist, oder die Wahrheit durch angeheuerte Anwälte und Staatsanwälte ermitteln zu lassen. Wenn es uns einleuchtet, dass es absurd und grausam ist, einen Menschen zu töten, der auf Abwege geraten ist, dann ist es ebenso klar, dass es absurd ist, einen solchen Menschen in ein Gefängnis zu stecken, um ihn völlig zu verderben; wenn es uns einleuchtet, dass es absurd und grausam ist, Männer als Soldaten einzufangen und sie als Vieh zu brandmarken, dann ist es ebenso absurd und grausam, einen beliebigen einundzwanzigjährigen Mann als Soldat einzuberufen. Wenn ansichtig wird, wie lächerlich und grausam die Opritschnina[4] war, wird die Lächerlichkeit und Grausamkeit von Wachmannschaften und Geheimpolizei noch deutlicher werden.

Wenn wir nur aufhörten, die Augen vor der Vergangenheit zu verschließen und zu lamentieren: „Warum sollen wir uns an

---

[4] [Militarisierte, durch ausgeprägte Gewaltherrschaft gekennzeichnete Gebietseinheit unter Zar Iwan IV., genannt ‚Iwan der Schreckliche'.]

das Alte erinnern?", so würde uns klar werden, was die Schrecken unserer Zeit sind, nur eben in neuen Formen. Wir sagen: Es ist alles vorbei. Es gibt keine Folter mehr, keine Buhlerinnen wie Katharina mit ihren mächtigen Liebhabern, keine Sklaverei, kein Totschlagen mit Stockhieben und so weiter. Aber das scheint nur so.

Dreihunderttausend Menschen sind in Gefängnissen und Arrestzellen – in engen, stinkenden Räumen – eingesperrt und sterben einen langsamen physischen und moralischen Tod. Ihre Frauen und Kinder werden ohne Nahrung zurückgelassen, während diese Menschen in einer Lasterhöhle gehalten werden – in Gefängnissen und Arrestzellen; einzig die Wärter, die absoluten Herren dieser Sklaven, sind es, die von dieser grausamen und sinnlosen Haft einen Nutzen ziehen. Zehntausende von Menschen in der Verbannung, die schädlichen Ideen anhängen, verbreiten diese Ideen bis in die letzten Winkel Russlands, werden verrückt und erhängen sich. Tausende darben in Festungen, werden von Gefängnisdirektoren heimlich ermordet oder durch Einzelhaft in den Wahnsinn getrieben. Millionen von Menschen sterben physisch und moralisch in der Sklaverei der Fabrikarbeit. Hunderttausende von Menschen werden jeden Herbst von ihren Familien und jungen Frauen weggerissen, planmäßig auf Mord gedrillt und systematisch korrumpiert. Der Zar von Russland kann nirgendwo hingehen, ohne dabei eine für alle sichtbare Kette von Hunderttausenden von Soldaten um sich herum zu haben, die im Abstand von 50 Schritten die Straße säumen; und obendrein gibt es eine geheime Kette, die ihm überallhin folgt. Ein König treibt Steuern ein und lässt Türme bauen; auf einem der Türme entsteht ein Teich mit blau angemaltem Becken, in dem er – beglückt von Maschinen, die künstliche Stürme erzeugen, – in einem Kahn umherfährt. Derweil sterben Menschen in Fabriken: in Irland, in Frankreich und in Belgien.

Es bedarf keiner besonderen Geisteskraft, um wahrzunehmen, dass unsere Zeit mitnichten ganz verschieden ist von der Vergangenheit und dass unsere Gegenwart ebenso erfüllt ist von Schrecken und Qualen, die für künftige Generationen in ihrer

Grausamkeit und Lächerlichkeit ebenso Erstaunen hervorrufen werden.

Die Krankheit ist immer noch dieselbe, und krank sind nicht so sehr diejenigen, die ihren Nutzen aus den Gräueln ziehen, sondern diejenigen, die sie verüben. Sollen doch die Peters, die Katharinas, die Palkins, die bayerischen Könige hundert-, tausendfach davon profitieren. Lasst sie Turm- oder Theaterbauten, Bälle und ausbeuterische Raubzüge zulasten des Volkes veranstalten. Lass Palkin die Leute massakrieren, lass die jetzigen Schurken Menschen zu Hunderten heimlich in den Gefängnissen hängen – wenn die Herrschenden es nur selbst tun würden – anstatt das Volk zu korrumpieren, zu betrügen und – wie jenen alten Soldaten – zu zwingen, mitzumachen bei alldem.

Es ist eine schreckliche Krankheit, eine Krankheit, die aus dem Wahn besteht, es könne für einen Menschen irgendein Gesetz gelten, das über dem Gesetz der Liebe und des Mitleids zum Nächsten steht – weshalb dann geleugnet wird, dass der Mensch niemals auf Verlangen von irgendjemandem das offensichtliche, unzweifelhafte Böse an seinen Brüdern verüben darf, indem er sie tötet, abschlachtet, aufhängt, einsperrt, sie zu den Soldaten zwingt, von ihnen Steuern eintreibt.

Als die Pharisäer vor 1880 Jahren fragten, ob es erlaubt sei, dem Kaiser Steuern zu geben oder nicht, hörten sie die Antwort: Gebt dem Kaiser, was des Kaisers ist, und Gott, was Gottes ist.

Wäre heute nur ein klein wenig Glauben an die Lehre Christi noch lebendig, so würden die Menschen bedenken, was sie Gott schuldig sind, der ihnen sagte: „Du sollst nicht töten"; „Was du nicht willst, dass man dir tu', das füg' auch keinem andern zu", „Liebe deinen Nächsten wie dich selbst"; Gott hat ihnen dies nicht nur in Worten gelehrt, sondern jedem Menschen unauslöschlich ins Herz geschrieben: die Liebe zum Nächsten, Erbarmen zwischen den Menschen und Entsetzen davor, den Bruder zu töten und zu quälen.

Wenn die Menschen Gott vertrauten, könnten sie nicht umhin, diese erste Pflicht ihm gegenüber zu erkennen, nämlich das zu erfüllen, was er ihnen ins Herz geschrieben hat: also zu erbarmen, zu lieben – nicht aber zu töten und die Brüder zu quälen. Und dann hätten die Worte: „dem Cäsar, was des Cäsars, und Gott, was Gottes ist" eine Bedeutung für sie.

Dem Zaren oder wem sonst kannst du hergeben, was immer du willst, nur nicht das, was Gottes ist. Cäsar will mein Geld, nimm es; mein Haus, meine Arbeit, nimm sie. Meine Frau, meine Kinder, mein Leben, nimm es; dies alles ist nicht Gottes. Doch wenn Cäsar mich braucht, um eine Rute auf dem Rücken meines Nachbarn zu heben und zu senken; wenn er mich braucht, um einen Mann zu halten, während dieser geschlagen wird; wenn er mich braucht, um einen Mann zu fesseln oder mit einer Pistole in der Hand unter Todesdrohung in Schach zu halten, während ihm Böses angetan wird; wenn er mich braucht, um die Gefängnistür hinter einem Menschen zu verschließen, ihm seine Kuh oder sein Brot wegzunehmen, oder einen Befehl niederzuschreiben, aufgrund dessen man ihn einsperrt oder ihm etwas wegnimmt, das ihm lieb ist – all das kann ich nicht, denn hier werden Handlungen von mir verlangt – und die sind Gottes. Meine Handlungen sind der Stoff, aus dem mein Leben besteht, das Leben, das ich von Gott empfangen habe und ihm allein geben werde. Und deshalb kann, wer glaubt, dem Kaiser nicht geben, was Gott gehört. Durch die Spießruten laufen, ins Gefängnis gehen, den Tod erleiden, Steuern an Cäsar zahlen – all das kann ich tun; aber einen anderen durch die Spießruten laufen lassen, ihn ins Gefängnis werfen, ihn dem Tod zuführen oder Steuern eintreiben, – all das kann ich nicht für Cäsar tun, denn hier verlangt Cäsar von mir das, was Gottes ist.

Wir sind indessen schon so weit gekommen, dass die Weisung: „Gott, was Gottes ist" für uns bedeutet, dass man Gott Kerzen für wenige Pfennige, Gebete, Worte und überhaupt alles zukommen lässt, was niemand braucht und Gott schon gar nicht – während wir alles übrige, unser ganzes Leben, die Heiligkeit unserer Seele, die Gott zugehört, dem Kaiser geben!

VI.
Eine Schande

Über das Verbrechen der Leibesstrafe
(1895)[1]

Leo N. Tolstoi

In den zwanziger Jahren waren die Offiziere des Semenowschen Garderegiments, die Blüte der damaligen Jugend, meist Freimaurer und späterhin Dekabristen.[2] Sie beschlossen, in ihrem Regiment keine Leibesstrafen mehr anzuwenden, und trotz der damaligen strengen Anforderungen des Dienstes war und blieb das Regiment auch ohne Anwendung von Leibesstrafen ein Musterregiment.

Einer der Kompagniekommandeure dieses Semenowschen Garderegiments begegnete einmal einem der besten Offiziere des Regiments und seiner Zeit überhaupt, Sergee Iwanowitsch Murawjew, und erzählte ihm von einem seiner Soldaten, einem Dieb und Trunkenbold, welcher nicht anders zu bändigen sei als durch Ruten. Darin stimmte ihm Murawjew nicht bei und schlug ihm vor, den Soldaten in seine Kompagnie zu nehmen.

Die Überführung erfolgte; schon in den ersten Tagen stahl der Soldat einem Kameraden ein Paar Stiefel, vertrank sie und lärmte in der Trunkenheit. Murawjew versammelte die Kompagnie, rief den Soldaten vor die Front und sagte ihm: „Du weißt, daß in meiner Kompagnie nicht geschlagen noch gepeitscht wird. Ich werde auch Dich nicht bestrafen. Die von Dir gestohlenen Stiefel

---

[1] Textquelle dieser Übersetzung (Stydno, 1895) | *Eine Schande*. In: Graf Leo N. TOLSTOI: Meine ersten Erinnerungen sowie verschiedene kleine Schriften. Aus dem Russischen übersetzt von L. A[lbert]. Hauff. Berlin: Verlag von Otto Jahnke o.J. [1910]. [Auch als Internetressource: projekt-gutenberg.org/tolstoi]. – Untertitel hier redaktionell hinzugesetzt, pb.

[2] Dekabristen oder Dezembristen wurden die Teilnehmer des Militäraufstandes im Dezember 1825 unter Nikolai I. genannt.

bezahle ich mit meinem Gelde, aber ich bitte Dich, nicht meinetwegen, sondern Deiner selbst wegen, über Dein Leben nachzudenken und Dich zu bessern." Nach einigen freundschaftlichen Ermahnungen entließ er den Soldaten.

Dieser betrank sich wieder und fing Händel an, und wieder wurde er nicht bestraft, sondern nur ermahnt: „Du thust Dir noch mehr Schaden, aber wenn Du Dich besserst, so wird das Dir selbst zum Heil gereichen, deshalb bitte ich Dich, solche Sachen nicht mehr zu thun."

Der Soldat war so verblüfft durch dieses ihm neue Verfahren, daß er sich vollständig besserte und ein musterhafter Soldat wurde.

Der Bruder von Sergee Iwanowitsch, Namens Matwee Iwanowitsch, der mir das erzählte, war mit seinem Bruder und mit den besten Menschen dieser Zeit der Ansicht, daß Leibesstrafe ein beschämender Überrest der Barbarei sei, welche nicht nur den Bestraften, sondern auch und noch mehr den Strafenden zum Schimpf gereiche, und konnte niemals Thränen der Rührung und des Entzückens zurückhalten, wenn man davon sprach. Und wenn ich ihn reden hörte, war es auch mir schwer, mich der Thränen zu enthalten.

Das war die Ansicht gebildeter Russen vor fünfundsiebzig Jahren über die Körperstrafe. Und nun sind fünfundsiebzig Jahre verflossen, und in unserer aufgeklärten Zeit sitzen die Enkel jener Menschen als Landrichter in den Behörden und erwägen ganz ruhig die Frage, ob man diesen oder jenen mit Ruten strafen soll und mit wieviel Streichen, oft einen erwachsenen Menschen, einen Familienvater oder wohl gar Großvater.

Die Vorgeschrittensten dieser Enkel, welche Mitglieder ländlicher Körperschaften und Versammlungen sind, verfassen Erklärungen, Adressen und Bittschriften, welche dahin zielen, man möge aus hygienischen und pädagogischen Rücksichten nicht alle Bauern prügeln, sondern nur diejenigen, welche nicht den Kursus in Volksschulen beendet haben.

Augenscheinlich ist inmitten der sogenannten gebildeten Stände eine bedeutende Veränderung vorgegangen. Die Leute der zwanziger Jahre, welche die Körperstrafe als eine für sie selbst schimpfliche Handlung ansahen, haben verstanden, sie im Kriegsdienst abzuschaffen, wo sie für unentbehrlich gegolten hatte. Die Leute unserer Zeit aber bringen sie ganz ruhig zur Anwendung, nicht auf Soldaten, sondern auf alte Leute eines der Stände des russischen Volks und fassen in ihren Körperschaften und Versammlungen mit vorsichtigem Bedacht Adressen und Bittschriften an die Regierung ab, worin sie weitschweifig erklären, daß die Rutenstrafe den Anforderungen der Hygiene nicht mehr entspreche und darum beschränkt werden müsse, oder es wäre wünschenswert, daß nur diejenigen Bauern mit der Prügelstrafe belegt werden, welche den Elementarunterricht nicht beendet haben, oder man möge diejenigen Bauern von der Prügelstrafe befreien, welche in dem Manifest bei Gelegenheit der Hochzeit des Kaisers bezeichnet seien. Augenscheinlich ist eine ungeheure Veränderung in der sogenannten höheren russischen Gesellschaft vorgegangen, und am meisten ist es zu verwundern, daß diese Veränderung gerade zu der Zeit vorging, als in demselben Stand (dem Bauernstand), welchen man der widerlichen, rohen und dummen Prügelstrafe zu unterwerfen für notwendig hält – in diesem selben Stand während dieser fünfundsiebziger Jahre und besonders während der letzten fünfunddreißig Jahre seit der Aufhebung der Leibeigenschaft ganz ebenso bedeutende Veränderungen vorgegangen sind, aber nur in entgegengesetzter Richtung.

Zu derselben Zeit, als die höchsten, leitenden Klassen so verrohten und sittlich sanken, daß sie die Prügelstrafe in das Gesetz einführten und ganz ruhig darüber verhandeln, hat sich im Bauernstande das geistige und sittliche Niveau so bedeutend gehoben, daß die Anwendung der Körperstrafen auf diesen Stand den Mitgliedern dieses Standes nicht nur als physisch, sondern auch als moralisch roher erscheint.

Ich habe von einem Fall von Selbstmord zur Rutenstrafe verurteilter Bauern gehört und gelesen, und ich kann nicht umhin, daran zu glauben, weil ich selbst gesehen habe, wie ein ganz gewöhnlicher junger Bauer, schon als im Dorfgericht die Möglichkeit nur erwähnt wurde, daß Körperstrafe auf ihn angewendet werden könnte, bleich wie ein Tischtuch wurde und die Stimme verlor. Ich habe auch gesehen, wie ein anderer Bauer von vierzig Jahren, der zur Leibesstrafe verurteilt wurde, in Thränen ausbrach, als er auf meine Frage, ob das Urteil vollstreckt worden sei, bejahend antworten mußte.

Ich weiß auch, wie ein mir bekannter, ehrenwehrter, bejahrter Bauer, der zur Rutenstrafe verurteilt war, weil er wie gewöhnlich mit dem Starost (Schulze) gezankt und dabei übersehen hatte, daß der Starost sein Amtszeichen trug, – in die Wolostverwaltung[3] hineingeführt wurde und von da in die Scheune, in welcher die Prügelstrafen ausgeführt wurden. Der Gerichtsdiener kam hinein mit den Ruten; dem Bauer wurde befohlen, sich zu entkleiden.

„Parfen Jermilitsch, ich habe einen verheirateten Sohn," sagte der Bauer, am ganzen Leibe zitternd, zum Schulzen. „Geht es nicht an, das zu vermeiden? Es ist ja eine Sünde."

„Es ist von der Obrigkeit befohlen, Petrowitsch. Ich würde es ja gern ändern," erwiderte der Schulze finster.

Petrowitsch entkleidete sich und legte sich nieder.

„Christus hat gelitten und hat auch uns befohlen zu leiden."

Wie mir der zugegen gewesene Schreiber erzählte, zitterten allen die Hände, und sie wagten einander nicht anzusehen. Sie fühlten, daß sie etwas Entsetzliches thaten. Und diese Leute findet man nötig, und wahrscheinlich aus irgend einem Grunde nützlich, mit Ruten zu peitschen, wie Tiere. Und sogar Tiere zu schlagen ist verboten.

Zum Wohl unseres christlichen und aufgeklärten Reiches ist es notwendig, der einfältigsten, unanständigsten und beleidigendsten Strafe nicht alle Angehörigen dieses aufgeklärten Reiches zu unterziehen, sondern nur einen seiner Stände, und zwar den arbeitsamsten, nützlichsten und zahlreichsten.

Die höchste Obrigkeit des ungeheuren christlichen Reiches konnte neunzehn Jahrhunderte nach Christus nichts Nützliche-

---

[3] Ein Bezirk, welcher mehrere Dörfer umfaßt.

res, Vernünftigeres und Sittlicheres erdenken, um der Verletzung der Gesetze entgegenzuwirken, als daß man die Menschen, welche das Gesetz übertreten, Erwachsene und zuweilen alte Leute, entblößt, auf die Erde wirft und mit Ruten peitscht.

Und warum wählt man gerade diese dumme, alte, barbarische Art, Schmerz zu erregen, und nicht irgend eine andere – die Schultern oder irgend einen anderen Körperteil mit Nadeln stechen oder die Hände oder Füße in einen Schraubstock zu pressen oder irgend etwas der Art?

Und die Leute jener Zeit, welche sich oft für die vorgeschrittensten Enkel jener Menschen halten, welche vor fünfundsiebzig Jahren die Körperstrafe abschafften, bitten jetzt ehrerbietig und vollkommen ernsthaft den Herrn Minister und andere hohe Persönlichkeiten darum, man möge wenigstens die erwachsenen Leute des russischen Volkes von der Prügelstrafe ausnehmen, weil die Ärzte diese ungesund finden, und diejenigen nicht prügeln, welche den Kursus der Elementarschule durchgemacht haben, und auch alle diejenigen verschonen, welche zur Zeit der Hochzeit des Kaisers bestraft werden sollten.

Die weise Regierung schweigt tiefsinnig zu diesen leichtsinnigen Äußerungen oder verbietet sie sogar. Aber kann man wohl darum bitten, kann das in Frage kommen? Es giebt Verbrechen, ob sie von Privatpersonen oder von der Regierung begangen werden, von welchen man nicht mit ruhigem Blut sprechen kann. Und ein solches Verbrechen ist die Auspeitschung erwachsener Leute eines Standes des russischen Volkes in unserer Zeit und bei unserer milden und christlichen Volksaufklärung. Zur Ausrottung solcher Frevelthaten, welche alle göttlichen und menschlichen Gesetze verletzen, genügt es nicht, sich bei der Regierung einzuschmeicheln mit Gründen der Hygieine, mit der Schulbildung, mit den Gnadenerlassen eines Manifestes. Von solchen Sachen kann man entweder gar nicht sprechen, oder man muß der Sache auf den Grund gehen, immer aber mit Abscheu und Entsetzen. Wollte man darum Bittschriften einreichen, daß diejenigen Leute aus dem Bauernstand nicht auf den entblößten Körper gepeitscht werden, welche zu lesen und zu schreiben gelernt haben, so wäre das ganz ebenso, als wenn dort, wo etwa noch die Bestrafung einer Ehebrecherin auf diese Weise im Gebrauch war, daß man dieselbe entblößt durch die Straßen führte, man darum bitten wollte, daß diese Strafe nur auf solche Frauen angewendet werde, welche das Strümpfestricken oder Ähnliches nicht verstehen.

Um solche Sachen kann man nicht ehrfurchtsvoll bitten und „sich den Stufen des Thrones nähern" und so weiter. Auf solche Sachen kann und soll man nur hinweisen, und zwar dadurch, daß solche Sachen, wenn ihnen das Ansehen der Gesetzlichkeit verliehen wird, von allen verdammt werden, die wir in diesem Reiche leben, in dem solche Dinge vorgehen. Wenn die Auspeitschung der Bauern Gesetz ist, so ist dieses Gesetz auch für mich gemacht, zur Sicherung meiner Ruhe und meines Wohls, aber das darf man nicht zulassen. Ich will und kann mich nicht zu diesem Gesetz bekennen, welches alle göttlichen und menschlichen Gesetze verletzt, und will nicht solidarisch sein mit denjenigen, welche solche Verbrechen unter dem Schein des Gesetzes befehlen und bestätigen.

Wenn man überhaupt von dieser Abscheulichkeit spricht, so kann man nur eins sagen: Daß ein solches Gesetz unmöglich ist, daß keinerlei richterliche Insignien, keine Siegel und keine allerhöchsten Befehle ein Verbrechen zu einem Gesetz machen können, und daß im Gegenteil die Erleichterung eines solchen Verbrechens in gesetzlicher Form (wie das, daß erwachsene Menschen eines einzigen und des besten Standes, nach dem Willen eines anderen, schlechteren Standes, des Adel- und des Beamtenstandes, einer unanständigen, rohen und abscheulichen Strafe unterzogen werden können), besser als alles andere beweist, daß da, wo solche pseudogesetzlichen Verbrechen möglich sind, gar keine Gesetze existieren, sondern nur die barbarische Willkür der rohen Gewalt. Wenn man von solchen Strafen, die nur auf den Bauernstand angewendet werden, spricht, so muß man nicht die Rechte der Landschaftsversammlungen verteidigen wollen, oder sich über den Gouverneur, der eine Bittschrift über die Befreiung der Schulbildung Besitzenden von der

Prügelstrafe zurückwies, beim Minister beklagen, und über den Minister beim Senat, und über den Senat bei noch jemand, wie es die Semstwo von Tambow vorschlug, sondern man muß unaufhörlich heulen und schreien, daß die Anwendung der barbarischen Strafe, deren Anwendung auf Kinder bereits aufgehört hat, auf den besten Stand des russischen Volkes eine Schande für alle diejenigen ist, welche direkt oder indirekt daran teilnehmen.

Petrowitsch, welcher unter den Ruten sich bekreuzigte und sagte: „Christus hat gelitten und hat auch uns befohlen zu leiden", vergab seinen Verfolgern und war nach der Rutenstrafe derselbe wie zuvor. Das einzige, was in ihm die an ihm ausgeführte Strafe hervorbrachte, ist die Verachtung gegen diejenige Gewalt, welche eine solche Strafe befehlen konnte. Aber bei vielen jungen Leuten wirkt nicht nur die Strafe selbst, sondern oft schon die Erkenntnis, daß die Strafe möglich ist, erniedrigend auf ihr sittliches Gefühl und erweckt zuweilen wilde und tierische Wut.

Aber noch nicht darin liegt der hauptsächlichste Schaden dieser Abscheulichkeit. Den größten Nachteil erleidet der sittliche Zustand derjenigen Menschen, welche diese Ungesetzlichkeit schützen, erlauben, befehlen – derjenigen, welche sich ihrer als Drohung bedienen und aller derjenigen, welche in der Überzeugung leben, daß diese Verletzung aller Gerechtigkeit und Menschlichkeit für ein gutes, rechtliches Leben unentbehrlich sei. Welche schreckliche, sittliche Verwirrung muß in dem Geiste und Herzen derjenigen, oft jungen Leute herrschen, die, wie ich selbst gehört habe, mit tiefsinniger, weiser Miene behaupten, man könne mit den Bauern nicht ohne Prügelstrafe auskommen, und für den Bauern sei es so am besten.

Diese Leute sind am meisten zu bedauern wegen der Verwilderung, in die sie verfallen sind und in der sie beharren.

Und darum ist die Befreiung des russischen Volkes von dem demoralisierenden Einfluß des vom Gesetz bestimmten Verbrechens eine Sache von höchster Wichtigkeit, und diese Befreiung erfolgt nicht dann, wenn von der Körperstrafe diejenigen ausgenommen werden, welche eine Schule durchgemacht haben, oder noch irgendwelche andere Bauern, oder sogar noch alle Bauern, mit Ausnahme etwa eines einzigen, sondern erst dann, wenn die herrschenden Klassen ihrer Sünde sich bewußt werden und sie aufrichtig bereuen.

14. Dezember 1895.

VII.
Priesterliturgie in der Gefängniskirche

Auszug aus einer ungekürzten Version
von Leo Tolstois Roman „Auferstehung" (1899)

Übersetzung von Wladimir Czumikow [1]

Am anderen Tage, einem Sonntage, um fünf Uhr morgens, als im Korridor der weiblichen Abteilung der gewöhnliche Pfiff ertönte, weckte die bereits aufgestandene Korabljowa die Maslowa.

„Zwangsarbeiterin!" fuhr es der Maslowa mit Schrecken durch den Sinn, während sie sich die Augen rieb und unwillkürlich die gegen Morgen unerträglich stinkende Luft einatmete. Sie wollte wieder einschlafen, um in das Gebiet des Unbewußten zu entfliehen, aber die gewohnte Furcht bezwang den Schlaf. Sie erhob sich, zog die Füße unter sich ein und sah sich in sitzender Stellung um.

Die Frauen waren schon aufgestanden, nur die Kinder schliefen noch. Die Schnapshändlerin mit den vorstehenden Augen, zog leise, um die Kinder nicht zu merken, den Schlafrock unter ihnen hervor. Die Aufrührerin hängte am Ofen Lappen auf, die als Windeln dienten, während das Kind auf den Armen der blauäugigen Fedoßja verzweifelt schrie, und Fedoßja es wiegte und mit zärtlicher Stimme einzulullen suchte. Die Schwindsüchtige hielt sich die Brust und hustete sich aus mit dunkelrotem Gesicht; in den Zwischenräumen stöhnte sie und schrie beinahe auf. Die Rote lag mit dem Bauch nach oben und die dicken Beine gekrümmt; sie erzählte laut und lustig einen Traum, den sie gese-

---

[1] Textquelle der Übersetzung | Leo TOLSTOI: Auferstehung. Nach der einzigen ungekürzten Originalausgabe mit Genehmigung des Verfassers übersetzt von Wladimir Czumikow. Band I. Leipzig: Eugen Diederichs Verlag 1899, S. 268-283.

hen hatte. Die alte Brandstifterin stand wieder vor dem Heiligenbilde und bekreuzte und verbeugte sich, immer dieselben Worte flüsternd. Die Meßnerstochter saß, ohne sich zu rühren, auf der Pritsche und starrte mit verschlafenem, stumpfem Blick vor sich hin. Schönchen ringelte ihr fettiges, sprödes schwarzes Haar um den Finger.

Im Korridor ließen sich Schritte in schleppenden Pantoffeln vernehmen, das Schloß rasselte und zwei Arrestanten in Jacken und kurzen, kaum bis an die Knöchel reichenden grauen Hosen traten ein. Mit ernstem, mißmutigem Gesicht hoben sie die stinkende Kufe auf das Spannholz und trugen sie aus der Zelle hinaus. Die Frauen gingen auf den Korridor zu den Wasserkränen, um sich zu waschen. An den Kränen entstand ein Streit zwischen der Roten und einem Weibe, das aus der Nachbarzelle gekommen war. Und wieder folgten Schimpfereien, Geschrei, Klagen …

„Habt wohl nach dem Karzer Sehnsucht!" schrie der Aufseher und gab der Roten einen Schlag auf den feisten kahlen Rücken, daß es im Korridor nur so schallte. „Daß ich Deine Stimme nicht mehr höre …"

„Schaut mal den Alten, wie er schäkert …", sagte die Rote, die diese Behandlung als Liebkosung auffaßte.

„Na, schnell! Packt Euch zur Messe!"

Kaum hatte die Maslowa sich gekämmt, als der Inspektor mit seiner Suite erschien.

„Zur Kontrolle" rief der Aufseher.

Aus der anderen Zelle kamen die übrigen Arrestantinnen, und alle stellten sich in zwei Reihen längs dem Korridor auf, wobei die Frauen der hinteren Reihe ihre Hände auf die Schultern der Frauen in der ersten Reihe legen mußten. Alle wurden überzählt.

Nach der Kontrolle kam die Aufseherin und führte die Arrestantinnen zur Kirche.

Die Maslowa und Fedoßja befanden sich in der Mitte der Kolonne, welche aus mehr als hundert Frauen bestand, die aus allen Zellen herausgekommen waren. Alle waren in weißen Kopftüchern, in Jacken und Röcken und nur selten sah man unter ihnen ein Weib in eigener bunter Tracht. Das waren Frauen und Kinder, die ihren Männern nachfolgten. Die ganze Treppe wurde von dieser Prozession eingenommen. Man hörte das weiche Auftreten der Pantoffeln, Gespräch und bisweilen Lachen.

Bei einer Biegung erkannte die Maslowa das boshafte Gesicht ihrer Feindin, der Botschkowa, welche weiter vorn ging, und zeigte es Fedoßja.

Unten angekommen verstummten die Frauen und traten, sich bekreuzend und vorbeugend, durch die geöffnete Thür in die noch leere, goldschimmernde Kirche.

Ihr Platz war rechts, und unter Drängen und Stoßen begannen sie sich aufzustellen.

Nach den Frauen kamen in grauen Schlafröcken die Gefangenen, die von den Bauerngemeindegerichten zur Verschickung verurteilt waren. Unter lautem Räuspern nahmen sie dichtgedrängt links und in der Mitte der Kirche Aufstellung.

Oben aber, auf den Emporen, standen auf der einen Seite die zur Zwangsarbeit verurteilten Verbrecher mit halbrasierten Köpfen, ihre Anwesenheit durch das Klirren der Ketten verratend, und auf der anderen Seite die nicht rasierten und nicht gefesselten Untersuchungsgefangenen. Beide Gruppen waren schon vorher in die Kirche geleitet worden.

Die Gefängniskirche war von einem reichen Kaufmann, der darauf mehrere zehntausend Rubel verwendet hatte, neu erbaut und ausgestattet worden und glänzte ganz von Gold und lichten Farben.

Eine Zeitlang herrschte in der Kirche Stille. Man hörte nur Schnauben und Räuspern, das Geschrei der Säuglinge und ab und zu das Klirren der Ketten. Plötzlich aber stürzten die in der Mitte stehenden Arrestanten zur Seite und drängten auf einander, um in der Mitte einen Weg frei zu machen. Auf diesem Wege ging der Inspektor hindurch und stellte sich ganz vorn in der Mitte der Kirche auf.

Der Gottesdienst begann. Dieser Gottesdienst bestand darin, daß ein Priester, der in ein ebenso sonderbares als unbequemes Brokatgewand gekleidet war, Stückchen Brod abschnitt und sie auf einer Schale ordnete, um sie darauf in einen mit Wein gefüllten Kelch zu tauchen, indem er all das mit unzähligen Gebeten und Anrufungen begleitete. Zu gleicher Zeit sang und las der Küster abwechselnd mit dem Chor der Gefangenen alle möglichen Gebete in Kirchenslavisch, die an und für sich schon ziemlich schwer zu verstehen waren und durch das schnelle Lesen und Singen noch weniger verständlich wurden.

Den Inhalt der Gebete bildeten vorwiegend Segenswünsche für den Kaiser und seine Familie. Diesbezügliche Gebete wurden vielemal zusammen mit anderen und für sich auf den Knieen dargebracht. Außerdem wurden von dem Meßner einige Verse aus der Apostelgeschichte mit derartig seltsam angestrengter Stimme verlesen, daß man nichts davon verstehen konnte. Sehr deutlich las der Priester eine Stelle aus dem Evangelium Markus, wo berichtet wurde, wie Christus nach seiner Auferstehung, ehe er gen Himmel fuhr und sich zur Rechten seines Vaters setzte, zuerst Maria Magdalena erschien, aus der er sieben Teufel vertrieb, und dann den elf Jüngern. Es wurde erzählt, wie er ihnen befahl, das Evangelium aller Kreatur zu verkündigen, und wie er ihnen erklärte, daß der, der nicht daran glaube, verdammt würde, wer aber daran glaube und sich taufen ließe, würde gerettet werden und würde außerdem Teufel austreiben, Menschen von Krankheiten heilen durch Auflegen der Hände, neue Sprachen sprechen, Schlangen bändigen, und wenn er Gift trinken würde, so würde er nicht sterben, sondern gesund bleiben.

Das Wesen des Gottesdienstes sah man in der Annahme, daß die vom Priester geschnittenen und in den Wein gelegten Brodstückchen unter gewissen Manipulationen und Gebeten sich in den Leib und das Blut Gottes verwandelten. Diese Manipulationen bestanden darin, daß der Priester, trotzdem ihm der über ihn gezogene Brokatsack hinderlich sein mußte, die Hände gleichmäßig in die Höhe hob und sich dann in dieser Haltung auf die Knie niederließ und den Tisch und das, was sich daraus befand, küßte. Die wichtigste Handlung aber geschah, wenn der Priester mit beiden Händen eine Serviette nahm und diese sanft über dem Tellerchen und über dem goldenen Kelche schwenkte. Man nahm an, daß in diesem Augenblick aus dem Brod und Wein Leib und Blut würde, und daher war diese Stelle des Gottesdienstes mit besonderem Pomp ausgestattet.

„Insonderheit von der allerheiligsten, makellosen und gebenedeiten Mutter Gottes ..." rief laut der Priester hinter der Scheidewand und der Chor begann feierlich zu singen, daß es sehr schön sei, die Jungfrau Maria zu preisen, die Christus geboren habe ohne Verletzung der Jungfrauschaft und die daher höherer Ehren als irgendwelche Cherubims und größeren Ruhmes als irgendwelche Seraphims gewürdigt sei.

Man nahm an, daß jetzt die Verwandlung stattgefunden hatte, und der Priester zerschnitt, nachdem er die Serviette von dem Tellerchen genommen hatte, das mittlere Stückchen in vier Teile und hielt dieselben zuerst in den Wein und dann in den Mund. Man nahm an, daß er ein Stückchen vom Leibe Gottes und einen Schluck Seines Blutes genossen hatte. Danach zog der Priester den Vorhang vor dem Allerheiligsten zurück, öffnete die mittlere Pforte des Ikonostas, nahm den vergoldeten Kelch in die Hände, trat mit ihm durch die mittlere Pforte aus dem Allerheiligsten hinaus und lud diejenigen ein, die auch Lust hätten, vom Leibe und Blute Gottes aus dem Kelche zu kosten, dieses zu thun.

Lust dazu hatten einige Kinder.

Nachdem der Priester die Kinder nach ihren Vornamen gefragt hatte, holte er vorsichtig mit dem Löffel je ein in Wein aufgeweichtes Stückchen Brod aus dem Kelche heraus und stopfte es der Reihe nach jedem der Kinder tief in den Mund, während der Meßner, der den Kindern den Mund wischte, mit fröhlicher Stimme ein Lied davon sang, daß die Kinder Gottes Leib äßen und Gottes Blut tränken.

Darauf brachte der Priester den Kelch hinter die Scheidewand zurück, trank dort den Rest des im Kelche befindlichen Blutes und aß die übriggebliebenen Stückchen des Leibes Gottes, leckte sich sorgfältig den Schnurrbart ab, trocknete sich den Mund und wischte den Kelch aus. Dann kam er in der allerheitersten Gemütsverfassung, mit den dünnen Sohlen der Stiefel knarrend, mit rüstigen Schritten aus dem Allerheiligsten wieder hervor.

Damit war der christliche Gottesdienst der Hauptsache nach beendet. Aber der Priester wollte die unglücklichen Gefangenen trösten und fügte dem gewöhnlichen Gottesdienste noch einen besonderen hinzu.

Dieser besondere Gottesdienst bestand darin, daß der Priester sich vor dem getriebenen und vergoldeten Bildnis desselben Gottes aufstellte, den er soeben gegessen hatte. Vor diesem, von einem Dutzend Wachskerzen beleuchteten, vermeintlichen Bildnis Gottes, dessen Gesicht und Hände schwarz waren, begann der Priester mit einer sonderbaren, falschen Stimme die folgenden Worte halb zu singen, halb zu sprechen:

„Süßester Jesus, Du Ruhm der Apostel, Jesus, Du Lob der Märtyrer, allmächtiger Herr, errette mich! Mein schönster Jesus, Jesus mein Erlöser, erbarme Dich meiner, der ich Zuflucht suche bei Dir! Erbarme Dich meiner um der Fürbitte derer, die Dich geboren hat, und um aller Deiner Heiligen, aller Propheten willen, mein Erlöser Jesus! Und mache mich teilhaftig der Freuden des Paradieses, Jesus, der Du die Menschen lieb hast!"

An dieser Stelle hielt der Priester inne, holte Atem, bekreuzte sich und verbeugte sich bis zur Erde. Alle Anwesenden thaten dasselbe. Es verbeugten sich der Inspektor, der Aufseher, die Arrestanten, und oben klirrten die Ketten besonders häufig.

„Schöpfer der Engel und Herr der Kräfte!" fuhr der Priester fort. „Wunderbarer Jesus, das Staunen der Engel, allmächtiger Jesus, Erlösung unserer Voreltern, süßester Jesus, Lobpreisung der Patriarchen, ruhmreichster Jesus, Macht der Könige, gütigster Jesus, Erfüllung der Propheten, schönster Jesus, Stärke der Märtyrer, gnädigster Jesus, Wonne der Presbyter, barmherzigster Jesus, Enthaltung der Fastenden, wonnevollster Jesus, Freude der Seligen, reinster Jesus, Keuschheit der Keuschen, Jesus, der Du vor aller Ewigkeit warest, Du Erlösung der Sünder, Jesus, Sohn Gottes, erbarme Dich meiner!"

Endlich gelangte der Priester, der das Wort Jesus in einem immer stärker und stärker pfeifenden Ton gesprochen hatte, zu einer Pause. Er raffte das seidengefütterte Brokatgewand auf, ließ sich auf ein Knie nieder und verbeugte sich wieder bis zur Erde, während der Chor die letzten Worte des Liedes zu singen begann: „Jesus, Sohn Gottes, erbarme Dich unser!" Die Arrestanten fielen nieder und erhoben sich, indem sie mit den Beinschellen, die ihnen die mageren Beine rieben, rasselten und das über die Stirn gefallene Haar zurückschüttelten.

So dauerte es lange fort. Zuerst kamen Lobpreisungen, die mit den Worten: „Erbarme Dich meiner" endeten, dann kamen neue Lobpreisungen mit dem Schlusse „Halleluja".

Die Arrestanten bekreuzten und verbeugten sich bei jeder Pause, dann aber fingen sie an, sich erst nach jedem zweiten oder gar dritten Absatz zu verbeugen, und alle waren froh, als die Lobpreisungen zu Ende waren, und der Priester erleichtert aufatmete, das Büchelchen zuschlug und hinter die Scheidewand ging.

Noch eine letzte Handlung blieb übrig, die darin bestand, daß der Priester vom großen Tische ein vergoldetes Kreuz nahm mit Emailmedaillons an den Enden und damit in die Mitte der Kirche trat.

Zuerst kam der Inspektor heran und küßte das Kreuz, dann die Aufseher und schließlich drängten sich, einander stoßend und im Flüsterton Schimpfworte wechselnd, die Arrestanten hinzu. Der Priester, der sich dabei mit dem Inspektor unterhielt, schob das Kreuz und seine Hand den herantretenden Arestanten an den Mund und bisweilen auch an die Nase, während die Arrestanten sich bemühten, das Kreuz sowohl als auch die Hand des Priesters zu küssen.

So endete der christliche Gottesdienst, der zum Troste und zur Belehrung der verirrten Brüder abgehalten wurde.

―――

Und niemand von den Anwesenden, angefangen von dem Priester und dem Inspektor und bis zu der Maslowa, kam es in den

Sinn, daß derselbe Jesus, dessen Namen der Priester so unzählige Mal pfeifend hergesagt hatte, indem er ihn in so sonderbaren Ausdrücken lobpries, daß jener Jesus ausdrücklich alles das verboten hatte, was hier geschah. Verboten nicht nur einen solchen sinnlosen Wortschwall und die gotteslästerliche Hexerei der Priester und Lehrer mit dem Brot und Wein, sondern auch auf das bestimmteste verboten, daß die einen Menschen die anderen Lehrer nennen und daß man die Gebete in den Tempeln verrichte. Verboten die Tempel selbst, indem er sagte, daß er gekommen sei, um sie zu zerstören, und befohlen, nicht in den Tempeln, sondern in der Einsamkeit, jeder für sich, im Geiste und in der Wahrheit zu beten. Und vor allem verboten, nicht nur die Menschen zu richten, gefangen zu halten, zu quälen, zu schänden, zu strafen, wie es hier geschah, sondern auch jede Gewaltthätigteit an den Menschen verboten, indem er sagte, daß er gekommen sei, die Gefangenen zu befreien.

Niemand von den Anwesenden kam es in den Sinn, daß alles, was hier geschehen, die größte Lästerung und Verhöhnung desselben Christus war, in dessen Namen es geschah. Niemand kam es in den Sinn, daß das vergoldete Kreuz mit den Emailmedaillons an den Enden, das der Priester heraustrug und den Menschen zum Küssen reichte, nichts anderes war, als die Darstellung des Galgens, an welchem Christus eben dafür getötet worden war, daß er gerade das verboten hatte, was hier in seinem Namen geschah. Niemand kam es in den Sinn, daß die Priester, die sich einbilden, unter der Gestalt von Brot und Wein den Leib Christi zu essen, in Wahrheit seinen Leib essen und sein Brot trinken, aber nicht in den Brotstückchen und nicht in dem Wein, sondern dadurch, daß sie „jene Geringen", mit denen Christus sich gleichstellt, nicht nur verführen, sondern sie auch des höchsten Gutes berauben und sie den grausamsten Qualen aussetzen, indem sie vor den Menschen jene Verkündung des Heils unterschlagen, die Christus ihnen gebracht hat.

Der Priester verrichtete mit ruhigem Gewissen alles das, was er that, weil er von Kind auf darin erzogen war, daß dieses der einzige wahre Glaube sei, zu welchem sich alle Heiligen der Vorzeit bekannten und zu welchem sich jetzt die geistliche und weltliche Obrigkeit bekennt. Er glaubte nicht daran, daß aus dem Brot Leib wurde, daß es für die Seele nützlich sei, viele Worte zu machen, oder daß er wirklich ein Stückchen Gott gegessen hätte, – daran kann keiner glauben, – sondern er glaubte daran, daß man an diesen Glauben glauben müsse. Am meisten aber befestigte ihn in diesem Glauben, daß er von der Vollziehung der Sakramente dieses Glaubens bereits seit achtzehn Jahren Einkünfte genoß, mit Hilfe derer er seine Familie unterhielt, den Sohn ins Gymnasium und die Tochter in eine geistliche Anstalt schickte. Ebenso glaubte auch der Meßner, und noch fester als der Priester, weil er das Wesen der Dogmen dieses Glaubens vergessen hatte und nur wußte, daß für den Wärmetrunk nach dem Abendmahl, für die Fürbitten, für die Hora, für die einfache Seelenmesse und für die Seelenmesse mit dem Akathistos[2], daß es für alles das einen bestimmten Preis giebt, den alle gläubigen Christen gerne bezahlen. Und daher schrie er auch sein „Erbarmuns, Erbarmuns" und sang und las was vorgeschrieben war mit einer ebenso sicheren und ruhigen Überzeugung von der Notwendigkeit dessen, mit welcher die Leute Holz, Mehl oder Kartoffeln verkaufen. Der Inspektor aber und die Aufseher, obgleich sie nie gewußt hatten und nie in das eingedrungen waren, worin die Dogmen dieses Glaubens bestehen und was alles das bedeute, was in der Kirche geschah, glaubten, daß man unbedingt an diesen Glauben glauben müsse, weil die höhere Obrigkeit und der Kaiser selbst daran glaubten. Außerdem fühlten sie, wenn auch nur unklar, – denn sie wären durchaus nicht imstande gewesen, zu erklären, wie es geschah, – daß dieser Glaube ihren grausamen Dienst rechtfertige. Wäre dieser Glaube nicht gewesen, so wäre es ihnen schwergefallen und vielleicht sogar unmöglich geworden, alle ihre Kräfte darauf zu verwenden, Menschen zu quälen, wie sie es jetzt mit ruhigem Gewissen thaten. Der Inspektor war ein Mensch von so gutem Herzen, daß er dieses Leben unmöglich hätte führen können, wenn er nicht in diesem Glau-

---

[2] *Akathistos* – Hymnus, „nicht sitzend" gesungen.

ben eine Stütze gefunden hätte. Und daher stand er aufrecht, ohne sich zu regen da, verbeugte und bekreuzte sich fleißig und bemühte sich, Rührung zu empfinden, als man den Gesang der Cherubim anstimmte. Als man aber die Kinder zum Abendmahl führte, trat er vor, hob eigenhändig einen Knaben in die Höhe und hielt ihn so, bis der Priester demselben das Abendmahl gereicht hatte.

Von den Arrestanten sahen nur einzelne wenige den ganzen Betrug, der an den Menschen dieses Glaubens verübt wurde und lachten im Herzen darüber. Die meisten aber glaubten, daß diesen vergoldeten Heiligenbildern, Kelchen, Gewändern, Kreuzen, der Wiederholung der unverständlichen Worte „süßester Jesus" und „Erbarmung" eine geheime Kraft anhafte, mit Hilfe derer man sich in diesem und im jenseitigen Leben größere Bequemlichkeiten verschaffen könne. Obgleich die meisten von ihnen mit einigen Versuchen, mit Hilfe von Gebeten, Messen, Kerzen sich in diesem Leben Annehmlichkeiten zu verschaffen, schlechte Erfahrungen gemacht hatten – ihre Gebete waren nicht erhört worden –, so war doch jeder von ihnen fest überzeugt, daß sein Mißerfolg nur ein zufälliger gewesen sei, und daß dieses von gelehrten Leuten und Metropoliten gebilligte Institut, ein sehr wichtiges Institut sei, das, wenn auch nicht für dieses, so doch für das jenseitige Leben notwendig sei.

Ebenso glaubte auch die Maslowa. Sie hatte, wie auch die anderen, während des Gottesdienstes ein gemischtes Gefühl von Andacht und Langeweile. Sie stand zuerst in der Mitte des Hausens hinter dem Gitter und konnte niemand sehen, außer ihren Gefährtinnen. Als aber die Abendmahlskinder vorrückten, drängte auch sie nebst Fedoßja vorwärts und sah jetzt den Inspektor und hinter dem Inspektor zwischen den Aufsehern einen Bauern mit hellem Bärtchen und blondem Haar, den Mann von Fedoßja, der unverwandt auf sein Weib blickte. Während des ganzen Akathistos beschäftigte sich die Maslowa damit, ihn zu betrachten und mit Fedoßja zu flüstern, und bekreuzte und verbeugte sich nur dann, wenn es alle thaten.

VIII.
„Brüderchen, habt Erbarmen!"
Die Schilderung eines Spießrutenlaufs in L. Tolstois Novelle „Nach dem Ball" (1903)

Bereits in seiner erstmals vollständig 1891 im Ausland veröffentlichten Skizze „*Nikolai Palkin*" (→V.) teilt Leo Tolstoi mit Blick auf die Regimentskommandeure und Kompaniechefs des 19. Jahrhunderts mit: „Ich kannte einen, der am Abend mit seiner bildhübschen Tochter eine Masurka tanzte und dann den Ball früher verließ, um am nächsten Tag in aller Frühe das Spießrutenlaufen eines desertierten Tataren zu beaufsichtigen, der diesen Soldaten totschlagen ließ und danach zum Mittagessen zu seiner Familie zurückkehrte."[1] Literarisch bearbeitet hat er diese Begebenheit in der am 20. August 1903 abgeschlossenen, jedoch erst postum veröffentlichten Novelle „*Nach dem Ball*". Hier „geht der Schriftsteller in die Zeit in Kasan zurück und schildert die Verliebtheit seines Bruders Sergej in eine Offizierstochter. In einer bezaubernden, festlichen Atmosphäre tanzt der stattliche Oberst zur Freude und Bewunderung der Gesellschaft mit seiner hübschen Tochter. Aber als die Ich-Person einige Stunden später zurückkehrt, bietet sich ihm [sic] ein Anblick, der in grellem Kontrast zu der Szene in der Gesellschaft steht: Der Oberst bestraft gerade einen seiner Soldaten mit Spießrutenlaufen. Der Arme wankt schluchzend zwischen zwei Reihen von Soldaten, die mit aller Kraft auf ihn einschlagen. Der zuvor so charmante Offizier ist fast zu einem Tier verwandelt und feuert seine Männer zu immer härteren Schlägen an. Damit stirbt auch die Liebe

---

[1] Lew TOLSTOI: *Nikolai Palkin*, übersetzt von Günter Dalitz. In: Lew Tolstoi: Philosophische und sozialkritische Schriften. (= Gesammelte Werke in zwanzig Bänden, herausgegeben von Eberhard Dieckmann und Gerhard Dudek, Band 15). Berlin 1974, S. 728-740, hier S. 735.

des Ich-Erzählers zur Tochter des Oberst. Fast fünfzig Jahre vorher hatte Tolstoj sein Entsetzen über diese Art der Bestrafung geäußert, die alle zu Henkern mache. In dieser Erzählung hat er eine grauenvolle Begründung seines Standpunkts gegeben."[2]

Die „autobiographisch geprägte Novelle" des Jahres 1903 entlarvt insbesondere auch den sogenannten ‚christlichen Staat', denn sie „schildert einen muslimischen Tataren, der in Kasan wegen versuchter Fahnenflucht durch Spießrutenlaufen bestraft wird – und zwar ausgerechnet am letzten Sonntag vor der Passionszeit, wenn es den orthodoxen Christen obliegt, den Menschen ihre Fehltritte zu vergeben."[3]

AUSZUG AUS TOLSTOIS NOVELLE „NACH DEM BALL",
übersetzt von Ludwig und Dora Berndl[4]

„Um fünf Uhr hatte ich den Ball verlassen; seitdem waren noch zwei Stunden vergangen, so daß es, als ich wieder ausging, bereits hell war. Es war das richtige Karnevalwetter: neblig, der wässerige Schnee schmolz auf den Wegen und von allen Dächern tropfte es. Die B.s wohnten damals am Ende der Stadt, am Rande eines großen Feldes, das auf der einen Seite von einem Promenadeplatz, auf der andern von einem Mädchen-Institut begrenzt war. Ich durchwanderte unsere leere Gasse und kam auf die Hauptstraße hinaus, wo sich bereits Fußgänger und Fuhrleute mit holzbeladenen Schlitten zeigten. Die Kufen der Schlitten streiften das Pflaster. Und die Pferde, die ihre nassen Köpfe gleichmäßig unter den glänzenden Krummhölzern wieg-

---

[2] Geir KJETSAA: Lew Tolstoj. Dichter und Religionsphilosoph. Gernsbach: Casimir Katz Verlag 2001, S. 380-381.
[3] Dirk FALKNER: Straftheorie von Leo Tolstoi. (= Juristische Zeitgeschichte – Abteilung 6, Band 57). Berlin/Boston: Walter de Gruyter 2021, S. 58.
[4] Leo N. TOLSTOJ: Nachlaß Band I. Novellen: Hadschi Murad / Der gefälschte Coupon / Nach dem Ball. Übertragen von Ludwig Berndl [1878-1946] und Dora Berndl. Jena: Eugen Diederichs 1912, S. 299-315, Auszug S. 310-313.

ten, und die mit Matten bedeckten Fuhrleute, die neben den Wagen in ihren riesigen Stiefeln durch die Schneepfützen schlappten, und die Häuser an der Straße, die im Nebel sehr hoch erschienen, alles das war mir besonders lieb und wert.

Als ich auf das Feld hinauskam, wo ihr Haus stand, erblickte ich am Rande, in der Richtung auf den Promenadeplatz, etwas Großes, Schwarzes und hörte von dort her Töne einer Flöte und einer Trommel. In meiner Seele sang es die ganze Zeit, und bisweilen glaubte ich das Motiv der Mazurka zu vernehmen. Aber dies war irgendeine andere, rauhe, bösartige Musik.

‚Was mag das sein?' dachte ich und nahm den ausgefahrenen schlüpfrigen Weg in der Richtung auf die Töne zu. Nach etwa hundert Schritten unterschied ich, durch den Nebel hindurch, viele schwarze Gestalten. ‚Wahrscheinlich Soldaten, die ihre Übungen machen', dachte ich und schritt, zusammen mit einem Schmiede, der in einem fettigen Halbpelz und einem Lederschurz vor mir herging und etwas trug, noch näher heran. Die Soldaten in schwarzen Uniformröcken standen, Gewehr bei Fuß, in zwei Reihen regungslos einander gegenüber. Hinter ihnen waren die Trommler und der Hornbläser postiert, und unaufhörlich wiederholten sie ein und dieselbe unangenehme winselnde Melodie.

‚Was geht hier vor?' fragte ich den Schmied, der neben mir stehen geblieben war.

‚Man peitscht einen Tataren aus, wegen Fluchtversuchs', versetzte der Schmied grimmig und spähte nach dem fernen Ende der beiden Reihen.

Ich schaute nach derselben Richtung und bemerkte zwischen den beiden Fronten etwas Entsetzliches, das auf mich zukam. Das, was sich näherte, war ein bis zum Gürtel entkleideter Mensch, der an die Gewehre zweier Soldaten, die ihn führten, angebunden war. Seite an Seite mit ihm ging ein hochgewachsener Offizier in Uniformmantel und Mütze, dessen Figur mir bekannt schien. Am ganzen Körper zuckend, mit den Füßen in dem aufgeweichten Schnee stapfend, näherte sich mir der Gezüchtigte unter den Schlägen, die ihn von beiden Seiten überschütteten. Bald warf er sich nach hinten – dann stießen ihn die Unteroffiziere, die ihn an den Gewehren führten, nach vorn –, bald fiel er nach vorn – und dann rissen ihn die Unteroffiziere, um ihn am Fallen zu hindern, zurück. Und ohne von ihm zu weichen, schritt der hochgewachsene Offizier mit festem elastischem Gang nebenher. Das war ihr Vater mit seinem rosigen Gesicht und seinem weißen Schnurr- und Backenbart.

Bei jedem Hieb wandte der Bestrafte wie verwundert sein schmerzverzerrtes Gesicht nach jener Seite, von welcher der Schlag fiel, und wiederholte, indem er die weißen Zähne zeigte, immer dieselben Worte. Erst als er schon ganz nahe war, verstand ich diese Worte. Er sprach sie nicht, sondern schluchzte sie heraus: ‚Brüderchen, habt Erbarmen, Brüderchen, habt Erbarmen.' Aber die Brüderchen hatten kein Erbarmen, und als der Zug ganz nahe bei mir war, sah ich, wie der Soldat, der mir gegenüberstand, entschlossen einen Schritt nach vorn tat, die Rute pfeifend erhob und sie mit einem starken Hieb auf den Rücken des Tataren niedersausen ließ. Der Tatare zuckte nach vorn, aber die Unteroffiziere hielten ihn zurück und ein ebensolcher Schlag fiel von der anderen Seite auf ihn; und wieder von dieser, und wieder von der anderen ... Der Oberst ging nebenher, sah bald unter seine Füße, bald auf den Bestraften, sog, die Backen aufblasend, Luft ein und stieß sie durch die abstehende Lippe langsam von sich. Als der Zug den Ort, wo ich stand, passierte, erblickte ich zwischen den Reihen für einen Augenblick den Rücken des Gezüchtigten. Es war etwas Buntes, Nasses, Rotes, Unnatürliches, etwas, von dem ich nicht glauben konnte, daß es der Körper eines Menschen sei.

‚O Gott!' sagte der neben mir stehende Schmied.

Der Zug entfernte sich allmählich. Immerfort fielen die Schläge von beiden Seiten auf den stolpernden und sich windenden Menschen, und immer weiter wirbelten die Trommeln, und mit demselben festen Schritt bewegte sich die hohe stattliche Figur des Obersten Seite an Seite mit dem Gezüchtigten die Reihen entlang. Plötzlich blieb der Oberst stehen und näherte sich rasch einem Soldaten.

„Nach dem Ball": Buchdeckel zu einer russischen Ausgabe
des Jahres 1926. Grafiker: Boris Kustodijew (commons.wikimedia.org)

‚Ich werde dir Schmieren[5] geben!' vernahm ich seine zornige Stimme. ‚Du willst schmieren? Willst du?'

Und ich sah, wie er mit seiner kräftigen im Sämischhandschuh steckenden Hand den erschrockenen kleinen schwächlichen Soldaten ins Gesicht schlug, weil er seinen Stock nicht wuchtig genug auf den Rücken des Tataren hatte herabfallen lassen.

‚Frische Spießruten her!' schrie er, wandte sich und erblickte mich. Er gab sich den Anschein, als ob er mich nicht kenne, verfinsterte das Gesicht und wandte sich rasch ab. Ich war so beschämt, daß ich nicht wußte, wohin ich meine Blicke wenden sollte, geradeso wie wenn ich bei der schändlichsten Handlung ertappt worden wäre; ich senkte die Augen und beeilte mich nach Hause zu kommen.

Auf dem ganzen Heimweg klangen mir die Trommelwirbel und das Flötengepfeife in den Ohren ; bald hörte ich die Worte: ‚Brüderchen, habt Erbarmen', bald hörte ich die selbstbewußte, zornige Stimme des Obersten, der den Soldaten anschrie: ‚Du willst schmieren? Willst du?' […]"

---

[5] [*leichtes Schlagen, leichte Schläge*]

IX.
„Darf man denn in einem christlichen Lande Menschen töten?"

Aus L. Tolstois unvollendeter Novelle
„Der gefälschte Coupon"
(1903-1904)

Zu Leo N. Tolstois Nachlass-Schriften gehört die schon in den späten 1880er Jahren begonnene, nach Februar 1904 nicht mehr weiter bearbeitete Novelle „Der gefälschte Coupon" (auch postum konnte in Russland zunächst nur eine zensierte Fassung des Fragmentes erscheinen).

Der Dichter „schildert den ungerechten und tyrannischen Gutsverwalter Pjotr Swentizki, der von aufgebrachten Bauern im Streit erschlagen wird. Das Kriegsgericht verurteilt zwei Angeklagte, darunter einen Greis mit weißem Bart, zum Tode durch den Strang und acht weitere zur Zwangsarbeit. Swentizkis Witwe Natalja Iwanowna wohnt der Gerichtsverhandlung bei und empfindet nach der Urteilsverkündigung ein unangenehmes Gefühl, das jedoch bald von der Feierlichkeit der Gerichtsverhandlung zerstreut wird: ‚Wenn die höchste Obrigkeit dies für nötig hält, […] muss es wohl recht sein'."[1]

Am Zarenhof predigt der Mönch Isidor gegen die Todesstrafe, die er für das Werk einer schlechten Regierung hält: „Darf man denn in einem christlichen Lande Menschen töten?" Aufgrund seiner Kritik an den Herrschenden kommt dieser Prediger anschließend in eine Hafteinrichtung für Geistliche, die vom ‚rechtgläubigen Bekenntnis' der Kirche abgefallen sind.

---

[1] Dirk FALKNER: Straftheorie von Leo Tolstoi. (= Juristische Zeitgeschichte – Abteilung 6, Band 57). Berlin/Boston: Walter de Gruyter 2021, S. 62-63.

TOLSTOI ÜBER DEN ‚KATECHISMUS DER TODESSTRAFE'

„Man möchte meinen, all das, was seit eh und je geschieht, ließe sich mit einem Religionsbekenntnis, das christlich genannt wird, nicht vereinen und noch weniger ließen sich all diese Verbrechen mit der christlichen Religion rechtfertigen; jedoch es gibt einen ganzen Stand, dessen einzige Beschäftigung allein in einer Verfälschung des Christentums besteht, wobei alle möglichen Verbrechen, Raub (Abgaben, Grundeigentum), Mißhandlung und selbst Mord, Hinrichtungen und Kriege, als Dinge betrachtet werden, die dem Christen wohl anstehen. Und was unmöglich schien, wird Realität. Realität wird, daß der Glaube an die Lehre Christi ersetzt wird durch den gotteslästerlichen Glauben daran, Christus sei Gott, der Vollbringer höchst seltsamer und überflüssiger Wunder, und jeder, der an diesen Christus glaube, habe auch an Wunder zu glauben, deren Quelle eine vermeintliche Himmelskönigin, irgendwelche Reliquien, Heiligenbilder und dergleichen mehr sind. All das überliefert man als heilige Wahrheiten und lehrt im gleichen Atemzuge als ebenso heilige Wahrheit die sklavische Unterwerfung unter Dschingis-Chan. Dieser entsetzliche Betrug wird an Erwachsenen begangen und mit besonderem Eifer und besonderer Beharrlichkeit und Dreistigkeit auch an der heranwachsenden Generation, hinsichtlich des Unterrichts in bewußter Lüge, im sogenannten Religionsunterricht. In jeder Religionsprüfung – und solche Prüfungen legen alle Kinder ab – wiederholt sich folgendes:

Geistlicher: Ist es nach der christlichen Lehre erlaubt, zu töten? – *Schüler*: Nein. – *G.*: Ist es immer verboten? – *Sch.*: Nein, nicht immer. – *G.*: Wann ist es denn erlaubt? – *Sch.*: Erlaubt ist es zur Bestrafung für Verbrechen und zur Verteidigung des Vaterlandes.

Und das wiederholt sich in allen Prüfungen. Im ganzen russischen Reich gibt es nicht einen einzigen Schreib- und Lesekundigen, der nicht in einem Alter, da er noch nicht vernünftig zu urteilen versteht, gezwungen worden wäre, diese Verhöhnung Gottes, Christi und der menschlichen Vernunft über sich ergehen zu lassen. Und als Vertreter einer aufgeklärten Regierung stellt Dschingis-Chan Geld, das er dem Volk erst geraubt hat, für Volksschulen zur Verfügung, die diese Dschingis-Chan-Bildung verbreiten sollen."

(Lew TOLSTOI: *Begreift doch endlich!* [6. Dezember 1909], an dieser Stelle zitiert nach der Übersetzung von Günter Dalitz, in: Lew TOLSTOI: Philosophische und sozialkritische Schriften. Berlin: Rütten & Loening 1974, S. 689-701, hier 694-695.)

AUSZÜGE AUS TOLSTOIS NOVELLE
„DER GEFÄLSCHTE COUPON"

Übersetzt von Ludwig und Dora Berndl[2]

[…] Die ungeschlachte, schöne, immer ruhige, kinderlose, vollbusige, einer unfruchtbaren Kuh vergleichbare Frau Pjotr Nikolajewitsch hatte vom Fenster aus zugesehen, wie man ihren Mann ermordete und irgendwohin ins Feld verschleppte. Das Grauen, das Natalja Iwanowna – so nannte man die Witwe Pjotr Nikolajewitsch – beim Anblick dieser Greueltat packte, war so stark, daß es, wie dies vorzukommen pflegt, alle anderen Empfindungen in ihr übertäubte. Als sich die ganze Menschenmenge hinter der Umzäunung verloren hatte und das dumpfe Stimmengewirr in der Ferne erstarb, und die barfüßige Melanja, ihre Dienstmagd, strahlend, als ob sie eine freudige Nachricht zu bringen hätte, gelaufen kam und sagte, daß man Piotr Nikolajewitsch ermordet und in die Schlucht geworfen habe: – da bemächtigte sich ihrer nach dem ersten Gefühl des Schreckens ein anderes Gefühl: das der Freude über die Befreiung von einem Despoten, dessen hinter schwarzen Brillen versteckte Augen sie neunzehn Jahre hindurch im Bann gehalten hatten. Dieses Gefühl erschreckte sie; sie wollte es sich selbst nicht eingestehen, und sprach es darum um so weniger gegen andere aus. Als man dann den verstümmelten, gelben, haarigen Körper wusch und anzog und in den Sarg packte, kam eine Angst über sie, und sie weinte und schluchzte. Als der für besonders gravierende Fälle eingesetzte Untersuchungsrichter kam und sie als Zeugin verhörte, sah sie im Zimmer des Untersuchungsrichters zwei gefesselte Bauern, welche als die Hauptschuldigen erkannt worden waren. Der eine von ihnen war schon alt, mit einem langen,

---

[2] Leo N. TOLSTOJ: Nachlaß Band I. Novellen: Hadschi Murad / Der gefälschte Coupon / Nach dem Ball. Übertragen von Ludwig Berndl [1878-1946] und Dora Berndl. Jena: Eugen Diederichs 1912, S. 199-298, Auszüge hier S. 281-285, 289-292 und 296.

weißblonden, gewickelten Bart und einem ruhigen, strengen, schönen Gesichte; der andere hatte ein zigeunerhaftes Aussehen, war aber gleichfalls ein alter Mann, mit glänzenden, schwarzen Augen und krausem, wirrem Haar. Sie sagte aus, was sie wußte, erkannte in diesen selben Leuten diejenigen, die als die ersten Pjotr Nikolajewitsch bei den Händen ergriffen hätten, und ungeachtet dessen, daß der einem Zigeuner ähnliche Muschik die funkelnden Augen unter den sich bewegenden Brauen hin und her rollen ließ und vorwurfsvoll ausrief: „Das ist eine Sünde, Barinja, ach, wir müssen alle sterben", taten ihr die Bauern nicht im geringsten leid; sie empfand ein feindseliges Gefühl gegen sie und hatte den Wunsch, sich an den Mördern ihres Mannes zu rächen.

Aber als nach Verfluß eines Monats die Sache, die dem Standgericht übergeben worden war, damit endete, daß acht Menschen zu Zwangsarbeit und zwei, der weißbärtige Alte und der „Zigeunerchen" genannte Bauer, zum Tode durch den Strang verurteilt wurden, verspürte sie etwas Unangenehmes dabei. Indes, dieser unangenehme Zweifel verschwand unter dem Eindruck der Feierlichkeit des Gerichtes. Da die hohe Obrigkeit erkannte, daß dies gut sei, so mußte es wohl gut sein.

Es war festgesetzt, daß die Hinrichtung im Dorfe stattfinden solle. Und Melanja, als sie am Sonntag in einem neuen Kleide und in neuen Schuhen aus der Kirche kam, wo sie der Messe beigewohnt hatte, meldete der Herrin, daß man eben am Galgen zimmere, und der Henker gegen Mittwoch aus Moskau erwartet werde; auch daß die Familienangehörigen ohne Aufhören heulten, was im ganzen Dorf zu hören sei.

Natalja Iwanowna ging nicht aus, weder um den Galgen zu besichtigen, noch um das Volk zu sehen, und wünschte nur eines: daß man, was nun einmal sein mußte, schneller zu Ende bringe. Sie dachte nur an sich, nicht an die Verurteilten und nicht an deren Familien.

―――

Am Dienstag bog der Stanowoij, ein Bekannter, mit seinem Wagen bei Natalja Iwanowna ein. Natalja Iwanowna bewirtete ihn mit Schnaps und eingesalzenen Schwämmchen eigener Zubereitung. Nachdem der Stanowoij den Schnaps getrunken und einen kleinen Imbiß zu sich genommen hatte, teilte er ihr mit, daß die Hinrichtung morgen noch nicht stattfinden werde.
„Wie? Warum nicht?"
„Eine merkwürdige Geschichte. Man konnte keinen Henker finden. Es gab einen, in Moskau, aber der, erzählte mir der Sohn, überlas sich am Evangelium und sagt: Ich darf nicht töten. Er ist selbst wegen Mordes zu Zwangsarbeit verurteilt, und jetzt, wo es sich ums Gesetz handelt, darf er nicht töten. Man drohte ihm mit der Auspeitschung. Peitscht, sagte er, aber ich darf nicht töten."

Natalja Iwanowna wurde rot, und sie brach unter den auf sie einstürmenden Gedanken in Schweiß aus.

„Und kann man sie denn nicht begnadigen."
„Wieso begnadigen, wenn sie doch vom Gericht verurteilt worden sind? Nur der Zar allein kann sie begnadigen."
„Wie soll denn der Zar davon erfahren?"
„Sie haben das Recht, um die Begnadigung einzukommen."
„Man richtet sie ja doch meinetwegen hin," sagte die dumme Natalja Iwanowna. „Und ich verzeihe ihnen."

Der Stanowoij fing an zu lachen.

„Na, dann kommen Sie doch um die Begnadigung ein."
„Geht das?"
„Warum denn nicht?"
„Aber jetzt ist ja gar nicht mehr die Zeit dazu."
„Man telegraphiert einfach."
„An den Zaren?"
„Auch an den Zaren kann man telegraphieren."

Die Nachricht, daß der Henker abgesagt hatte und bereit war, lieber zu leiden als zu töten, verursachte in der Seele Natalja Iwanownas plötzlich eine Umwandlung, und das Gefühl des Mitleids und Grauens, das schon einige Male aus ihrer Brust sich gleichsam hervorzubitten schien, kam nun zum Durchbruch und erfaßte sie.

„Täubchen! Filipp Wassiljewitsch! Schreiben Sie mir das Telegramm. Ich will den Zaren um Begnadigung bitten."

Der Stanowoij schüttelte bedenklich den Kopf.

„Wenn wir uns da nur nicht etwas einbrocken."

„Ich übernehme die Verantwortung und verrate Sie nicht."

„Was für ein liebes Weib", dachte der Stanowoij, „ein gutes Weib. Wenn die meine so wäre, könnte ich das Paradies auf Erden haben, aber so ..."

Und der Stanowoij schrieb das Telegramm an den Zaren: „An Seine Kaiserliche Majestät, den Herrn und König. Die treue Untertanin Euerer Kaiserlichen Majestät, die Witwe des von den Bauern getöteten Kollegienassessors Piotr Nikolajewitsch Swentizkij, fällt Eurer Kaiserlichen Majestät zu den geheiligten Füßen (diese Stelle gefiel dem Stanowoij, der sie verfaßte, besonders gut) und fleht Euch an, die zur Todesstrafe verurteilten Bauern dieses und dieses Gouvernements, Kreises, Bezirks, Dorfs, zu begnadigen."

Das Telegramm wurde von dem Stanowoij selbst abgesandt, und in der Seele Natalja Iwanownas war Freude und Glück. Ihr schien es natürlich, daß, wenn sie, die Witwe des Ermordeten, verzieh und um Begnadigung bat, der Zar unmöglich die Begnadigung verweigern könne.

[...]

———

Das Telegramm der Witwe Swentizkijs hatte keinen Erfolg gehabt. In der Bittschriftenkommission hatte man anfangs beschlossen, das Telegramm dem Zaren überhaupt nicht vorzulegen, aber später, als an der Frühstückstafel des Kaisers das Gespräch auf die Sache Swentizkijs kam, erstattete der Direktor über das Telegramm von der Frau des Getöteten Bericht.

„c'est très gentil de sa part," sagte eine von den Damen der kaiserlichen Familie.

Der Kaiser aber stieß nur einen Seufzer aus, zuckte die Achseln mit den Epauletten und sagte, während er dem Kammerdiener seinen Pokal hinhielt, den dieser mit schäumendem Moselwein füllte:

„Das Gesetz!"

Alle machten Mienen, als ob sie die tiefe Weisheit dieses Kaiserwortes bewunderten, und weiter war von dem Telegramm nicht mehr die Rede. Und die Bauern, der jüngere wie der ältere, sie wurden beide mit Hilfe eines aus Kasan herbeigerufenen grausamen Mörders und Viehhändlers, eines tatarischen Henkers, gehenkt.

Die Alte wollte den Körper ihres Alten mit einem weißen Hemd, mit weißen Fußlappen und neuen Bastschuhen bekleiden; aber man erlaubte es nicht, und die beiden Gehenkten wurden in einer Grube hinter der Umzäunung des Friedhofes verscharrt.

Mir sagte die Fürstin Sophia Wladimirowua, er sei ein ganz hervorragender Prediger," sagte die Kaiserin-Mutter zu ihrem Sohne:

„Faites le venir. Il peut prêcher à la cathédrale."

„Nein; lieber bei uns," sagte der Kaiser und gab Befehl, den Starez Isidor einzuladen.

In der Hofkapelle war die ganze Generalität versammelt.

Ein neuer, ungewöhnlicher Prediger war ein Ereignis.

Heraus kam ein grauhaariges, mageres Alterchen, beschaute sich alle und begann: „Im Namen des Vaters, des Sohnes und des Heiligen Geistes."

Soweit war alles gut, aber je weiter er kam, desto schlimmer wurde es. *„Il devenait de plus en plus aggressif,"* wie die Kaiserin später sagte. Er schmetterte alle nieder. Von der Todesstrafe sprach er; er schrieb die Notwendigkeit der Todesstrafe der schlechten Regierung zu. „Darf man denn in einem christlichen Lande Menschen töten?"

Alle warfen einander vielsagende Blicke zu und alle beschäftigte nur das Eine: wie unpassend diese Predigt sei und wie unangenehm sie dem Kaiser in die Ohren klingen müsse, aber niemand äußerte seine Gedanken. Als Isidor „Amen" sagte, kam der Metropolit zu ihm und bat ihn zu sich. Nach dem Gespräch mit dem Metropoliten und dem Oberstaatsanwalt wurde der Alte sofort wieder ins Kloster zurückgeschickt, aber nicht in seines, sondern in das Susdaler Kloster, welchem Vater Misail als Prior vorstand.

Alle gaben sich den Anschein, als ob sie die Predigt Isidors nicht weiter berührt hätte, und jeder hütete sich, davon zu sprechen. Und dem Zaren kam es so vor, wie wenn die Worte des Starez spurlos an ihm vorbeigegangen wären, indes erinnerte er sich doch zwei-, dreimal im Laufe des Tages an die Hinrichtung der Bauern, um deren Begnadigung die Witwe des Ermordeten telegraphisch gebeten hatte. Am selben Tage fand eine Parade statt, nachher eine Spazierfahrt, nachher war Ministerempfang, nachher kam das Diner und abends das Theater. Wie gewöhnlich schlief der Zar in demselben Augenblick, da er den Kopf in die Kissen legte, ein. Nachts weckte ihn ein schrecklicher Traum: auf einem Felde standen Galgen und an den Galgen baumelten Leichen und die Leichen streckten die Zungen heraus und die Zungen streckten sich weiter und weiter ... Und eine Stimme gellte: „Dein Werk, dein Werk ..." Der Zar erwachte in Schweiß gebadet und fing an zu denken. Zum erstenmal fing er an über die Verantwortlichkeit, die auf ihm lag, nachzudenken, und an alle Worte des Alten erinnerte er sich. Aber er sah den Menschen in sich nur so von weitem und konnte den einfachen Forderungen dieses inneren Menschen, den mannigfachen Anforderungen gegenüber, die die Welt an den Zaren stellte, nicht gerecht werden; und einzusehen, daß die Menschenpflicht schwerer wiegt, als die Pflichten eines Zaren wiegen können: das ging über sein Vermögen.

[...]

Im Susdaler Gefängnisse wurden vierzehn geistliche Personen gefangen gehalten, alle hauptsächlich wegen Abfalls von der rechtgläubigen Kirche; dorthin wurde auch Isidor geschickt. Der Vater Misail nahm Isidor nach den Papieren auf, und ohne ein Wort mit ihm zu sprechen, ließ er ihn, wie einen schweren Verbrecher, in einer Einzelzelle unterbringen. [...]

Bühnen- und Buchverlag russischer Autoren
J. Ladyschnikow, Berlin W. 15

Soeben erschien:

Leonid Andrejew
Die sieben Gehenkten
Deutsch von August Scholz

Preis broschiert M. 1.20
„ gebunden „ 2.—

Diese neueste Novelle von Andrejew ist der flammende Protest eines hochbegabten Dichters, der genau so, wie Graf Leo Tolstoi, durch die in letzter Zeit in so großem Umfange stattfindenden Hinrichtungen in Rußland ergriffen und erschüttert wurde.

Es ist die Schilderung der Seelenqualen von sieben „Staatsverbrechern", — zwei Frauen und fünf Männern — welche, zum Tode durch den Strang verurteilt, in ihren Einzelzellen den Tag der Hinrichtung erwarten.

Verlagsanzeige im Anhang zur Veröffentlichung
Leo N. Tolstoi: Ich kann nicht schweigen!
Über die Hinrichtungen in Rußland.
Deutsch von Edmund Rot. Berlin:
Bühnen- und Buchverlag russischer Autoren
Ladyschnikow 1908

X.
Ich kann nicht schweigen!

Über die Hinrichtungen in Rußland
(Ne mogu molčat', 1908)

Leo N. Tolstoi

(Deutsch von Edmund Rot[1])

I.

„Sieben Todesurteile: Zwei in Petersburg, eins in Moskau, zwei in Pensa, zwei in Riga. Vier Hinrichtungen: zwei in Cherson, eine in Wilna, eine in Odessa."
   Und das ist in jeder Zeitung zu lesen. Und nicht seit Wochen, Monaten, nicht seit einem Jahre, sondern seit Jahren! Und dies geschieht in Rußland, in demselben Rußland, wo das Volk jeden Verbrecher als einen Bemitleidenswerten betrachtet, und wo es bis vor ganz kurzer Zeit nach dem Gesetze keine Todesstrafe gab.
   Ich erinnere mich, wie stolz ich zu sein pflegte, wenn ich davon mit Westeuropäern sprach, und jetzt haben wir schon das zweite, ja selbst das dritte Jahr hindurch Hinrichtungen, Hinrichtungen, Hinrichtungen ohne Ende.
   Ich nehme die heutige Zeitung in die Hand.
   Heute, am 1. Mai, ist es entsetzlich. In der Zeitung stehen diese wenigen Worte: „Heute wurden in Cherson, auf dem Strelbitzki-Felde zwanzig Bauern gehenkt, als Strafe für einen räuberischen Überfall auf den Besitz eines Landmannes im Elisabeth-

---

[1] Textquelle | Leo N. TOLSTOI: Ich kann nicht schweigen! Über die Hinrichtungen in Rußland. (Anhang: Die Verfolgung meiner Leser.) Deutsch von Edmund Rot. Berlin: Bühnen- und Buchverlag russischer Autoren Ladyschnikow 1908. [51 Seiten] – Texterfassung für die Tolstoi-Friedensbibliothek: P. Bürger.

grader Bezirk." Die Zeitungen haben seitdem dieser Mitteilung widersprochen, daß zwanzig Bauern gehängt worden seien. Ich kann mich nur über diesen Irrtum freuen, nicht nur darüber, daß acht Menschen weniger erwürgt wurden, als zuerst mitgeteilt, sondern auch darüber, daß das entsetzliche Ereignis mich dazu veranlaßte, mich hier über ein Gefühl auszusprechen, welches mich schon seit langem quält. Indem ich deshalb nur das Wort zwanzig durch das Wort zwölf ersetze, lasse ich alles übrige unverändert: denn was ich sage, bezieht sich nicht allein auf diese zwölf, die gehängt wurden, sondern auf all die Tausende, welche in letzter Zeit erwürgt und getötet worden sind.

Zwölf dieser Menschen, von deren Arbeit wir leben, derselben Menschen, die wir demoralisiert haben und noch mit allen Mitteln, welche in unserer Macht stehen, demoralisieren – von der Wirkung des Branntweins bis zu der schrecklichen Lüge eines Glaubens, an den wir selbst nicht glauben, den wir ihnen aber mit aller Macht aufdrängen – zwölf dieser Menschen sind mit Stricken erwürgt worden, von denen, welche von ihnen ernährt, gekleidet und erhalten werden und welche sie verdorben haben und sie zu verderben fortsetzen.

Zwölf Gatten, Väter, Söhne von den Leuten, auf deren Güte, Fleiß und Einfachheit nur allein das Leben des ganzen Rußlands ruht, wurden ergriffen, ins Gefängnis geworfen und in Ketten gelegt. Dann wurden ihre Hände auf den Rücken gebunden, damit sie nicht die Stricke ergriffen, mit denen sie gehängt werden sollten, und wurden zum Galgen geführt.

Mehrere ebensolcher Bauern, wie die, welche gehängt werden sollten, nur bewaffnet, in sauberen Soldatenuniformen und guten Stiefeln, mit Gewehren in der Hand, begleiten die Verurteilten. Neben den Verurteilten geht in Stola und Priestergewand ein langhaariger Mann mit einem Kreuz in der Hand. Die Prozession steht still. Der Führer der ganzen Sache sagt etwas, der Sekretär liest ein Dokument vor, und nachdem er geendet hat, sagt der langhaarige Mann, indem er sich an diejenigen wendet, die von anderen Leuten mit Stricken gehenkt werden sollen, etwas von Gott und Christus.

Sofort nach diesen Worten ergreifen die Henker (es sind deren mehrere, denn einer kann mit einem so komplizierten Geschäft nicht fertig werden), nachdem sie die Schlingen der Stricke eingeseift haben, damit sie sich besser zusammenziehen, die gefesselten Männer, legen ihnen das Sterbehemd an, führen sie zum Galgen und legen die geseiften Schlingen um ihren Hals.

Und nun fallen lebendige Menschen, einer nach dem andern, von den Bänken, die unter ihren Füßen fortgestoßen werden, ziehen durch ihr eigenes Gewicht die Schlingen um ihren Hals zu und ersticken qualvoll. Menschen, die eine Minute vorher noch lebten, verwandeln sich in an Stricken hängende, leblose Körper, welche sich zuerst langsam schwingen, dann aber in Unbeweglichkeit erstarren.

Das alles ist für ihre Brüder von Mitgliedern der obersten Klasse sorgfältig erdacht und vorbereitet, von gebildeten und aufgeklärten Menschen. Man hat es so eingerichtet, daß diese Dinge geheim, bei Tagesanbruch geschehen; man hat es so eingerichtet, daß die Verantwortung für diese Verbrechen unter denjenigen, welche sie begehen, so verteilt wird, daß jeder von ihnen denken und sagen kann, er sei nicht schuld daran. Man hat es so eingerichtet, daß am meisten demoralisierte und unglückliche Menschen herausgesucht und gezwungen werden, die von uns erdachte und gebilligte Tat auszuführen, und daß wir dennoch den Schein des Abscheus gegen diese Menschen erwecken. Selbst solche Spitzfindigkeit wurde erdacht, daß Militärrichter verurteilen, jedoch nicht Militär-, sondern Zivilrichter bei der Hinrichtung zugegen sind. Und ausgeführt wird das Geschäft von unglücklichen, betrogenen und verachteten Menschen, welchen nichts anderes übrig bleibt, als die Stricke gut zu seifen, damit sie den Hals besser zusammenschnüren, und sich dann an dem Gift zu betrinken, welches ihnen von denselben aufgeklärten Menschen der obersten Klasse verkauft wird, damit sie schneller und vollständiger ihre Seelen und ihr Menschentum vergessen.

Ein Arzt macht seine Runde bei den Leichen, befühlt sie und berichtet der Obrigkeit, daß alles richtig erledigt ist: alle zwölf

Menschen sind zweifellos tot. Und die Obrigkeit kehrt zu ihrer gewohnten Beschäftigung zurück, mit dem Bewußtsein, eine notwendige, wenn auch unangenehme Tat gewissenhaft durchgeführt zu haben. Die erkalteten Leichen werden herunter genommen und begraben.

Das ist entsetzlich!

Und dies geschieht nicht nur einmal und nicht nur mit diesen zwölf unglücklichen, irregeführten Menschen aus der besten Klasse des russischen Volkes, sondern es geschieht ununterbrochen Jahre hindurch mit Hunderten und Tausenden ebenso irregeführter Menschen, irregeführt von denselben Leuten, die sie in so furchtbarer Weise behandeln.

Und nicht nur dieser Schrecken wird ausgeführt, sondern unter demselben Vorwande und mit derselben kaltblütigen Grausamkeit werden die verschiedenartigsten Qualen und Gewalttaten in Gefängnissen, Festungen und Sträflingskolonien verübt.

Das ist entsetzlich, doch entsetzlicher als all das ist der Umstand, daß es nicht in einem Gefühl geschieht, welches den Verstand betäubt, wie bei einer Prügelei, im Kriege, ja sogar bei einer Beraubung, sondern auf eine Forderung der Vernunft, der Berechnung hin, welche das Gefühl betäubt.

Eben dadurch sind diese Dinge so entsetzlich! Sie sind aber auch dadurch entsetzlich, daß nichts so grell und deutlich, wie all diese Dinge, welche von Richtern und Henkern – Leuten, die es nicht tun wollen – vollbracht werden, die Verderblichkeit des Despotismus für die Menschenseele zeigt, der Macht des einen Menschen über die andern.

Es ist empörend, daß ein Mensch von einem andern seine Arbeitsleistung, sein Geld, seine Kuh und sein Pferd fortnehmen kann; es ist empörend, daß er einem sogar seinen Sohn, seine Tochter fortnehmen kann; doch um wieviel empörender ist es, daß ein Mensch den andern seiner Seele berauben kann; daß er ihn zwingen kann, das zu tun, was ihm sein geistiges „ich" verbietet, wodurch er seines geistigen Wohlergehens verlustig geht.

Und das tun die Leute ruhig, um des „Wohlergehens der Menschen" willen; sie zwingen die Menschen – vom Richter bis zum Henker – durch Bestechung, Drohung und Betrug, Dinge zu tun, wodurch diese sicher ihres wirklichen Wohlergehens verlustig gehen.

Und während dies Jahre hindurch im ganzen Rußland geschieht, sind die Hauptschuldigen an diesen Dingen (diejenigen, auf deren Verfügung alles geschieht und die alledem ein Ende setzen könnten) vollständig davon überzeugt, daß diese Dinge nützlich, ja sogar absolut notwendig sind, und entweder damit beschäftigt, neue Methoden zu erfinden und Reden zu halten, wie man die Finnländer hindern kann, zu leben, wie sie es selber wollen, und wie man sie zwingen kann, nach dem Wunsche einiger Russen zu leben, oder Verfügungen zu erlassen, daß „die Ärmelaufschläge und Kragen der Soldatenjacken in den Husarenregimentern von derselben Farbe sein sollen wie die Jacken, während die Pelzröcke derjenigen, die sie zu tragen berechtigt sind, keine Schnüre um die Aufschläge über den Pelz haben sollen".

Ja, das ist entsetzlich!

———

II.
Das Furchtbarste an der ganzen Sache ist, daß all diese unmenschlichen Vergewaltigungen und Morde neben dem direkten Übel, die [das?] sie den Opfern und ihren Familien zufügen, noch ein weit größeres Übel dem ganzen Volke zufügen, indem sie so schnell, wie Feuer im trockenen Stroh, die Demoralisation über alle Klassen des russischen Volkes verbreiten. Diese Demoralisation wächst besonders schnell unter dem einfachen Arbeiterstande, weil diese Verbrechen, die hundertfach all das übertreffen, was von gewöhnlichen Dieben und Räubern und allen Revolutionären zusammen getan wurde und getan wird, unter dem Scheine des Notwendigen, Guten und Unvermeidlichen ausgeübt werden und von den verschiedenen Institutionen, wel-

che in den Begriffen des Volkes mit Gerechtigkeit, ja sogar mit Heiligkeit unzertrennlich verbunden sind: vom Senat, der Synode, der Duma, der Kirche und dem Zaren nicht nur entschuldigt, sondern sogar unterstützt werden.

Diese Demoralisation verbreitet sich mit auffallender Schnelligkeit.

Noch vor kurzer Zeit waren im ganzen russischen Volke nicht zwei Scharfrichter zu finden. Noch vor kurzem, in den achtziger Jahren, gab es nur einen Henker in ganz Rußland. Ich erinnere mich, wie froh Wladimir Solowjoff mir damals erzählte, daß kein zweiter Scharfrichter in ganz Russland auszutreiben sei; und so wurde der eine von einem Ort zum andern geholt.

Jetzt ist es anders.

Ein kleiner Krämer in Moskau, dessen Geschäft schlecht ging, bot seine Dienste an, um die von der Regierung verübten Morde zur Ausführung zu bringen, und da er hundert Rubel für jede gehenkte Person erhielt, verbesserte er bald seine Lage so sehr, daß er jetzt diese Nebenbeschäftigung nicht mehr nötig hat und, wie früher, nur sein Geschäft führt.

In Orel war in den letzten Monaten, wie überall, ein Scharfrichter nötig, und sofort fand sich auch jemand, der mit den Leitern der Regierungs-Morde einig wurde, die Arbeit für 50 Rubel pro Kopf zu verrichten. Doch nach der getroffenen Vereinbarung hörte dieser freiwillige Henker, daß in andern Städten mehr gezahlt wurde, und als nun eine Hinrichtung stattfinden sollte, und der zu Tötende bereits den Sterbesack anhatte, hielt er, anstatt ihn zum Galgen zu führen, inne und sagte, indem er sich dem Oberaufseher näherte: „Legen Eure Exzellenz noch 25 Rubel zu, sonst tu' ich's nicht!" Er erhielt die Zulage und brachte seine Arbeit zu Ende.

Das nächste Mal sollten fünf gehenkt werden. Am Tage vor der Hinrichtung kam zum Leiter der Regierungs-Morde ein Unbekannter und verlangte ihn in einer diskreten Angelegenheit zu sprechen.

Der Leiter ging zu ihm hinaus.

Der Unbekannte sagte:

„Letztens nahm man Ihnen fünfundsiebzig Rubel für einen ab. Jetzt sollen fünf gehenkt werden. Geben Sie mir die ganze Arbeit; ich tue es für fünfzehn Rubel pro Kopf, und Sie können sicher sein, daß ich alles richtig mache."

Ich weiß nicht, ob dieses Angebot angenommen wurde oder nicht, aber ich weiß, daß es gemacht wurde.

So wirken die von der Regierung ausgeübten Verbrechen auf die schlechtesten und am wenigsten moralischen Leute im Volke.

Doch diese schrecklichen Dinge können auch nicht ohne Einfluß bleiben auf die Mehrheit der Menschen mit einer Durchschnittsmoral.

Indem sie ununterbrochen von der entsetzlichen, unmenschlichen Bestialität hören und lesen, die von der Obrigkeit verübt wird – von Personen, welche das Volk als die besten Männer zu ehren gewohnt ist – kommen die meisten Durchschnittsmenschen, besonders junge, mit ihren eignen Angelegenheiten beschäftigte Leute, anstatt zu begreifen, daß diejenigen, die solche entsetzliche Dinge tun, der Verehrung unwürdig sind, unwillkürlich zu dem entgegengesetzten Schlusse und folgern, daß, wenn allgemein geehrte Männer Dinge tun, welche entsetzlich scheinen, diese Dinge wahrscheinlich doch nicht so entsetzlich sind, als sie scheinen.

Man spricht und schreibt jetzt von Hinrichtungen, Erhängen, Morden und Bomben, wie man früher vom Wetter sprach. Kinder spielen Erhängen. Gymnasiasten, fast noch Kinder, unternehmen Expropriationen, bereit zu töten – genau so, wie sie früher auf die Jagd gingen.

Die Großgrundbesitzer zu töten, um sich ihrer Ländereien zu bemächtigen, erscheint jetzt vielen Leuten als die allerbeste Lösung der Agrarfrage.

Überall werden jetzt, dank der Tätigkeit der Regierung, welche das Töten als ein Mittel, um zu ihren Zielen zu gelangen, benutzt, alle Verbrechen: Raub, Diebstahl, Lüge, Peinigung und Mord von den unglücklichen Leuten, die von der Regierung verdorben worden, als die natürlichsten Dinge, die dem Menschen eigen sind, betrachtet. Ja! Wie entsetzlich die Taten an sich auch sein mögen, das moralische, geistige, ungesehene Übel, das sie schaffen, ist unvergleichlich entsetzlicher!

―――

III.
Sie sagen, daß Sie alle diesen Schrecken ausüben, um Frieden und Ordnung wieder herzustellen.

Sie stellen Frieden und Ordnung wieder her! Womit stellen Sie sie wieder her? Damit, daß Sie, die Vertreter einer christlichen Macht, Führer und Lehrer, durch die Diener der Kirche anerkannt und ermuntert, den letzten Rest von Glauben und Moral im Menschen zerstören, indem Sie die größten Verbrechen ausüben: die Lüge, den Verrat, Peinigungen jeder Art und das letzte, entsetzlichste Verbrechen, das jeder nicht vollständig verdorbenen Menschenseele zuwider ist, – nicht den einen Mord, nicht einen einzigen Mord, sondern die unzähligen Morde, welche Sie zu rechtfertigen suchen durch stumpfsinnige Hinweise auf diese und jene von ihnen selbst geschriebenen Paragraphen, in Ihren stumpfsinnigen und lügenhaften Büchern, welche Sie lüstern die Gesetze nennen.

Sie sagen, daß dies das einzige Mittel ist, um das Volk zu beruhigen und die Revolution zu unterdrücken, doch das ist eine augenscheinliche Lüge. Es ist klar, daß Sie die Leute nicht beruhigen können, wenn Sie nicht das durchaus gerechte Verlangen der ganzen landwirtschaftlichen Bevölkerung Rußlands – die Aufhebung des privaten Landeigentums – befriedigen, sondern im Gegenteil auf dieses Privateigentum bestehen, und in verschiedener Weise das Volk und jene leichtsinnigen und erbitterten Leute erregen, welche einen gewalttätigen Kampf mit ihnen angefangen haben.

Sie können nicht die Leute beruhigen, indem Sie sie quälen und Frauen und Kinder plagen, verbannen, einkerkern und henken!

Und wie sehr Sie es auch versuchen mögen, in sich selbst die allen Menschen eigene Einsicht und Liebe zu ersticken, Sie besitzen sie dennoch, und Sie brauchten nur zur Vernunft zu kommen und zu überlegen, um zu sehen, daß Sie, indem Sie so handeln – d. h. indem Sie an solch furchtbaren Verbrechen teilnehmen – nicht nur das Übel nicht heilen, sondern daß Sie es vielmehr, indem Sie es nach innen treiben, noch verstärken.

Das ist ja nur zu klar!

Der Grund der Geschehnisse liegt nicht in äußeren Ereignissen, sondern hängt vollständig von der geistigen Stimmung des Volkes ab, die sich geändert hat und die von keiner Macht in ihren früheren Zustand zurückgebracht werden kann – ebensowenig, wie man aus einem erwachsenen Menschen ein Kind machen kann. Soziale Erregung oder Ruhe kann nicht davon abhängen, ob Peter am Leben bleibt oder gehenkt wird, oder ob Iwan in Tambow oder in der Nertschinsker Katorga leben wird. Soziale Erregung oder Ruhe kann nicht allein davon abhängen, wie Peter oder Iwan, sondern wie die große Mehrzahl der Menschen ihre Lage betrachten und wie sich diese große Mehrzahl der Regierung gegenüber und zu den Fragen des Grundeigentums und des gepredigten Glaubens stellen wird; davon, was diese Mehrzahl als gut oder schlecht betrachten wird. Die Macht der Ereignisse liegt auf keinem Fall in den materiellen Lebensbedingungen, sondern in der geistigen Stimmung des Volkes.

Selbst wenn Sie ein Zehntel des ganzen russischen Volkes töten und zu Tode quälen würden, die geistige Stimmung der übrigen würde dennoch nicht so werden, wie Sie es wünschen.

Das alles, was Sie jetzt tun: all Ihre Haussuchungen, Spionagen, Verbannungen, Gefängnisse, Strafkolonien und Galgen, kann das Volk nicht dahin bringen, wo Sie es wünschen, sondern, im Gegenteil, die Erregung nur steigern und jede Möglichkeit einer Beruhigung zerstören.

„Doch was ist zu tun," fragen Sie, „wie soll man die Verbrechen, die jetzt verübt werden, verhindern?"

Die Antwort ist sehr einfach:

Hören Sie auf, das zu tun, was Sie jetzt tun!

Selbst wenn niemand wüßte, was zu tun sei, um das Volk zu beruhigen – das ganze Volk (viele Leute wissen sehr wohl, was das russische Volk am nötigsten hat, um beruhigt zu sein: die Aufhebung des privaten Landbesitzes; ebenso wie es vor fünfzig Jahren die Befreiung von der Leibeigenschaft am nötigsten hatte) – selbst wenn niemand wüßte, was jetzt zu tun sei, um das Volk zu beruhigen, so ist es doch selbstverständlich, daß man zur Beruhigung des Volkes bestimmt nicht das tun muß, wodurch seine Erregung nur gesteigert wird.

Sie tun das gerade!

Was Sie tun, tun Sie nicht für das Volk, sondern für sich selbst, um die Stellung, welche Sie einnehmen, festzuhalten, eine Stellung, welche Sie irrtümlicherweise für günstig halten, die in Wahrheit aber höchst erbärmlich und abscheulich ist. Sagen Sie darum nicht, daß Sie das, was Sie tun, für das Volk tun – das ist nicht wahr!

All die Abscheulichkeiten, die Sie begehen, begehen Sie für sich selbst, für Ihre eigenen ehrgeizigen, habsüchtigen, eitlen, rachsüchtigen, persönlichen Ziele; um noch ein wenig länger in dieser Verderbtheit zu leben, in der Sie leben, und die Ihnen als das Glück erscheint.

Doch wieviel Sie auch davon reden mögen, daß alles, was Sie tun, Sie für das Wohl des Volkes tun – die Menschen fangen dennoch an, Sie mehr und mehr zu verstehen, Sie mehr und mehr zu verachten und aus Ihre Gewalt- und Unterdrückungsmaßregeln immer mehr nicht so zu blicken, wie Sie es wünschen: nicht als Taten eines höheren Wesens, der Regierung, sondern als die persönlichen, schlechten Taten einiger schlechter Egoisten.

———

IV.

Sie sagen: „Nicht wir, sondern die Revolutionäre fingen an, und die schrecklichen Verbrechen der Revolutionäre können nur durch feste Maßregeln (so nennen Sie Ihre Verbrechen) der Regierung unterdrückt werden."

Sie sagen, daß die Verbrechen der Revolutionäre schrecklich seien.

Ich bestreite dies nicht und füge noch hinzu, daß sie nicht nur schrecklich, sondern auch ebenso dumm sind wie Ihre Taten, und ebenso neben ihr Ziel treffen. Aber wie entsetzlich und einfältig ihre Handlungen auch sein mögen: all diese Bomben und Minen, all diese empörenden Morde und Raubanfälle – all diese Handlungen sind auch nicht annähernd so verbrecherisch und dumm, wie die Handlungen, die Sie vollführen.

Sie tun genau dasselbe, was Sie [*tun*], und tun es aus denselben Gründen. Sie befinden sich ebenso wie Sie in demselben Wahn (ich würde „komischen" sagen, wenn seine Folgen nicht so entsetzlich wären), daß Menschen, die sich einen Plan einer Gesellschaftsordnung zurechtgestellt haben, welche ihrer Meinung nach richtig und wünschenswert ist, auch das Recht und die Möglichkeit haben, das Leben anderer Leute nach diesem Plan einzurichten. Die Motive sind dieselben und die Mittel, die angewandt werden, um das eingebildete Ziel zu erreichen, sind auch dieselben. Die Mittel sind Vergewaltigungen jeder Art, die bis zum Mord gehen. Und die Rechtfertigung dieser verübten Verbrechen ist auch dieselbe.

Die Rechtfertigung ist, daß eine schlechte Tat, die zum Wohle vieler ausgeführt wird, aufhört, unmoralisch zu sein, und daß man deshalb, ohne gegen das Moralgesetz zu verstoßen, rauben und töten kann, wenn dies zur Verwirklichung des beabsichtigten Wohles vieler führt – eines Wohles, welches wir uns einbilden zu kennen und vorherzusehen, und welches wir zu schaffen wünschen. Ihr, Regierungsmänner, nennt die Taten der Revolutionäre „Abscheulichkeiten" und „große Verbrechen", sie aber haben nichts getan und tun nichts dergleichen, was Ihr schon nicht getan habt und in unvergleichlich größerem Maße tut. Sie tun dasselbe, was Ihr [*tut*]: Ihr haltet Spione, betrügt, verbreitet gedruckte Lügen – sie tun dasselbe; Ihr nehmt durch Gewalttaten jeder Art den Leuten ihr Eigentum fort und verfügt darüber nach Gutdünken – sie tun dasselbe; Ihr richtet diejenigen, die Euch schädlich scheinen – sie tun dasselbe.

Da sie also dieselben unmoralischen Mittel anwenden, wie Ihr sie anwendet, um zu Euren Zielen zu gelangen, habt Ihr kein Recht, die Revolutionäre zu tadeln. Alles, was Ihr zu Eurer Rechtfertigung nur anführen könnt, führen sie ebenfalls für die ihrige an, ganz davon abgesehen, daß Ihr viel Böses noch obendrein tut, dessen sie sich nicht schuldig machen, wie: den Nationalreichtum verschwenden, zu Kriegen rüsten, Kriege führen, fremde Nationen unterwerfen und unterdrücken und vieles andere.

Ihr sagt, daß Ihr die Traditionen der Vergangenheit zu behüten habt und die Handlungen der großen Männer der Vergangenheit zum Beispiel nehmt. Auch sie haben ihre Tradition aus der Vergangenheit, selbst vor der großen französischen Revolution, und große Männer, an denen man sich ein Beispiel nehmen kann, Märtyrer, welche für Wahrheit und Freiheit starben, haben sie nicht weniger, als Ihr.

Wenn also ein Unterschied zwischen Euch und ihnen besteht, so ist es nur der, daß Ihr wünschet, daß alles so bleiben soll, wie es war und ist, während sie eine Änderung wünschen. Und wenn man in Betracht zieht, daß alles nicht immer beim alten bleiben kann, wären sie eher im Recht als Ihr, wenn sie nicht von Euch den sonderbaren und verderblichen Wahn angenommen hätten, daß eine Schar Menschen die Lebensform der künftigen Menschheit wissen, und daß diese Form durch Gewalt erreicht werden könne.

In allem übrigen tun sie nur dasselbe, was Ihr tut, und wenden auch dieselben Mittel an. Sie sind in allem Eure Schüler, sie haben alle Eure Kniffe angenommen, und sind nicht nur Eure Schüler, sondern auch Euer Produkt, Eure Kinder.

Wenn Ihr nicht vorhanden wäret, würden sie auch nicht da sein, und wenn Ihr versucht, sie mit Gewalt zu unterdrücken, handelt Ihr wie ein Mensch, der mit seinem ganzen Gewicht gegen eine Tür drückt, welche sich gegen ihn öffnet.

Wenn ein Unterschied zwischen Euch besteht, so ist er sicherlich nicht zu Euren, sondern zu ihren Gunsten.

Die mildernden Umstände auf ihrer Seite sind erstens, daß ihre Verbrechen mit weit größerer persönlicher Gefahr ausgeübet werden, als die Euren – und Risiko und Gefahr rechtfertigen manches in den Augen der heißblütigen Jugend.

Zweitens, daß die weitaus größte Mehrheit unter ihnen ganz junge Menschen sind, für die es fast natürlich ist, vom rechten Wege abzukommen, während Ihr meist Menschen reiferen Alters seid, alte Leute, für welche vernünftige Ruhe und Schonung der Irregeführten natürlich sein sollte.

Drittens ist ein mildernder Umstand zu ihren Gunsten derjenige, daß, wie abscheulich ihre Morde auch sein mögen, sie doch nicht so kaltblütig-systematisch grausam sind, wie Eure Schlüsselburgen, Zuchthäuser, Galgen und Füsilierungen.

Der vierte mildernde Umstand für die Revolutionäre ist, daß sie alle religiösen Lehren kategorisch verwerfen; daß sie annehmen, daß der Zweck die Mittel heilige, und deshalb ganz folgerichtig handeln, wenn sie einen oder mehrere Menschen für das eingebildete Wohl vieler töten. Während Ihr, Regierungsmänner – vom niedrigsten Henker bis zu den höchsten Befehlshabern – Euch auf die Religion und das Christentum beruft, das ganz unvereinbar ist mit den Taten, die Ihr verübt.

Und Ihr alten Leute, Leiter anderer Menschen, Lehrer des Christentums, Ihr sagt wie Kinder, die sich geprügelt haben und die deshalb getadelt werden: „Wir fingen nicht an, sondern die anderen."

Besseres habt Ihr nicht zu sagen, Ihr, die Ihr die Rolle der Beherrscher des Volkes übernommen habt. Und wer seid Ihr? Menschen, die den als Gott anerkennen, der auf das Entschiedenste nicht nur jede Art von Tötung verboten hat, sondern auch jeden Zorn gegen einen Bruder; der nicht allein Gericht und Strafe verboten hat, sondern sogar das Verdammen eines Bruders; der in den klarsten Ausdrücken jede Strafe verworfen und die Notwendigkeit fortgesetzten Verzeihens betont hat, wie oft auch ein Verbrechen ausgeübt sein möge; der gebot, dem Schlagenden die andere Wange hinzuhalten und Böses nicht mit Bösem zu vergelten; der mit der Erzählung von dem Weibe, das gesteinigt werden sollte, so einfach und klar die Unmöglichkeit des Gerichtes und der Bestrafung der Menschen untereinander zeigte. – Ihr, die Ihr diesen Lehrer als Gott anerkennt, findet zu Eurer Verteidigung nichts anderes, als: „Sie fingen an, zu töten – also wollen wir sie auch töten!"

―――

V.
Ein mir bekannter Maler wollte ein Bild „Die Hinrichtung" malen und hatte ein Modell für den Scharfrichter nötig. Er hörte, daß das Amt des Henkers in Moskau zur Zeit von einem Portier ausgeübt werde, und ging zu ihm nach Hause. Es war um die Osterzeit. Die Familienangehörigen saßen, festlich gekleidet, am Teetisch, der Hausherr aber war nicht da – wie sich später herausstellte, hatte er sich versteckt, als er einen Fremden kommen sah. Seine Frau schien verlegen und sagte, daß ihr Mann nicht zu Hause sei, doch seine kleine Tochter verriet ihn, indem sie rief: „Papachen ist auf dem Boden". Sie ahnte noch nicht, daß ihr Vater wohl wußte, daß er etwas Schlechtes tue und deshalb vor jedermann Furcht haben müsse.

Der Künstler erklärte der Frau, daß er ihren Mann als Modell nötig habe, weil sein Gesicht zu einem Bilde passe, das er zu malen beabsichtige. (Selbstverständlich sagte der Künstler nicht, zu welch einem Bilde er das Gesicht des Portiers malen wolle.) Nachdem er mit der Frau in eine Unterhaltung gekommen war, machte er ihr, um sie für seinen Plan zu gewinnen, das Anerbieten, ihren kleinen Sohn als Schüler anzunehmen. Dieser Vorschlag lockte augenscheinlich die Frau. Sie ging hinaus, und nach einer Weile kam ihr Mann herein, und finster, verwirrt, ruhelos und furchtsam fragte er lange den Künstler aus, weshalb er gerade ihn zu malen wünsche. Als der Künstler ihm erzählte, er habe ihn auf der Straße gesehen, und sein Gesicht für das geplante Bild passend gefunden, fragte der Portier, wo er ihn gesehen habe, zu welcher Zeit, in welcher Kleidung, und augenscheinlich etwas fürchtend und Böses ahnend, ging er auf nichts ein.

Ja, dieser Henker weiß es, daß er ein Henker ist; daß das, was er tut – schlecht ist; daß man ihn dafür haßt, und er fürchtet sich vor den Menschen. Und ich meine, daß dieses Bewußtsein und diese Furcht vor den Menschen mindestens einen Teil seiner Schuld aufwiegen.

Aber Ihr alle – vom Gerichts-Sekretär bis zum Minister und Zaren – Ihr indirekten Teilnehmer an den Verbrechen, die täglich verübt werden, Ihr scheint nicht Eure Schuld zu fühlen und das Gefühl der Schande zu empfinden, das durch das Mitwirken an diesen Schrecken in Euch entstehen müßte. Es ist wahr, Ihr fürchtet Euch ebenso wie jener Henker vor den Menschen, und Ihr fürchtet Euch desto mehr, je größer Eure Verantwortung für diese verübten Verbrechen ist; der Staatsanwalt mehr als der Sekretär, der Regierungspräsident mehr als der Staatsanwalt, der Präsident des Ministerrates noch mehr, der Zar am meisten von allen. Ihr fürchtet Euch alle, doch nicht wie jener Scharfrichter, weil Ihr wißt, daß I h r Böses tut, sondern Ihr fürchtet Euch, weil es Euch scheint, daß a n d e r e Leute Böses tun.

Deshalb meine ich, daß, wie tief auch dieser unglückliche Hauswächter gesunken sein mag, er doch moralisch unendlich höher steht als Ihr, die Ihr Teilnehmer und oft die einzig Schuldigen an diesen entsetzlichen Verbrechen seid: Ihr, die Ihr andere und nicht Euch selbst verdammt und Euren Kopf hochtragt.

Leo N. Tolstoi: Ich kann nicht schweigen!
Über die Hinrichtungen in Rußland.
Deutsch von Edmund Rot. Berlin:
Bühnen- und Buchverlag russischer Autoren
Ladyschnikow 1908

VI.

Ich weiß, daß die Menschen nur Menschen sind, daß wir alle schwach sind, daß wir alle uns irren und daß der eine den andern nicht richten kann. Ich habe lange gegen das Gefühl angekämpft, das in mir gegen die Schuldner dieser entsetzlichen Verbrechen aufsteigt, und das umso stärker, je höher sie auf der sozialen Leiter stehen, doch ich kann und will nicht länger gegen dieses Gefühl ankämpfen.

Ich kann und will es nicht, erstens, weil für diese Leute, die ihr Verbrechen nicht sehen, die Entlarvung notwendig ist, ebenso notwendig, wie für jene Masse, die unter dem Einfluß der äußerlichen Verehrung und Lobpreisung, die diesen Leuten zu Teil wird, ihre schrecklichen Taten noch gut findet und sogar versucht, ihnen nachzuahmen.

Zweitens kann und will ich nicht länger dagegen ankämpfen, weil (ich gestehe es offen) ich hoffe, daß ich für meine Entlarvung dieser Leute auf irgend eine Weise aus der Gesellschaft ausgestoßen werde, in deren Mitte ich lebe und in welcher ich mich unmöglich nicht als mitschuldig an die Verbrechen, die um mich her begangen werden, fühlen könnte.

Denn alles, was jetzt in Rußland getan wird, wird im Namen des allgemeinen Wohles getan, im Namen der Beschützung und der Ruhe der Einwohner Russlands. Und wenn dem so ist, so wird es auch für mich getan, der ich auch in Russland lebe. Für mich also besteht die Not des Volkes, das des ersten und natürlichsten Menschenrechtes beraubt ist – des Rechtes, das Land zu benutzen, aus welchem es geboren wurde; für mich verläßt die halbe Million Menschen das gesunde Bauernleben, für mich werden sie in Uniformen gekleidet und lernen zu töten; meinetwegen besteht diese falsche sogenannte Geistlichkeit, deren oberste Pflicht es ist, das wahre Christentum zu verdrehen und zu verheimlichen; für mich geschehen alle diese Verbannungen von Menschen von Ort zu Ort; für mich irren diese hunderte von Tausenden hungriger Arbeiter in Rußland umher; für mich sterben diese Hunderte von Tausenden Unglücklicher an Typhus und Skorbut in den Festungen und Gefängnissen, welche für eine solche Menge nicht ausreichen. Für mich leiden die Mütter, Frauen und Väter der Verbannten, Arrestanten und Gehenkten. Für mich sind diese Spione und Bestechungen; für mich diese mordenden Schutzleute, die Belohnungen dafür erhalten. Für mich ist die gemeinsame Beerdigung Dutzender und Hunderter von Erschossenen; für mich tun die Henker ihre entsetzliche Arbeit, zuerst mit Mühe dafür gewonnen, dann mit rasch gemindertem Abscheu. Für mich bestehen diese Galgen mit den eingeseiften Schlingen, an denen Frauen, Kinder und Bauern hängen; für mich besteht der furchtbare Haß der Menschen gegen einander.

Und wie sonderbar es auch klingen mag, daß all dieses für mich geschieht und daß ich Mitbeteiligter an diesen entsetzlichen Taten bin, ich kann dennoch das Gefühl nicht überwinden, daß eine unzweifelhafte Abhängigkeit meines geräumigen Zimmers, meines Mittagsmahles, meiner Kleidung, meiner Bequemlichkeit von diesen schrecklichen Verbrechen besteht, die begangen werden, um jene unschädlich zu machen, die mir nehmen möchten, was mir gehört. Und wenn ich auch weiß, daß all diese heimatlosen, erbitterten, verderbten Leute, die mich des Nötigen berauben würden, wenn die Drohungen der Regierung nicht wären, nur durch diese selbe Regierung entstanden sind, so kann ich doch das Gefühl nicht überwinden, daß meine Ruhe jetzt tatsächlich von all dem Schrecken abhängt, welcher jetzt von der Regierung begangen wird.

Und da ich dieses einsehe, kann ich es nicht länger ertragen, sondern muß mich aus dieser unerträglichen Lage befreien.

Es ist unmöglich so zu leben. Ich wenigstens kann und werde nicht so leben.

Deswegen auch schreibe ich dieses und werde es soweit ich kann, sowohl in Rußland als auch im Auslande verbreiten, damit eins von beiden: entweder diese unmenschlichen Taten aufhören, oder daß man meine Verbindung mit diesen Dingen aufhebt, indem man mich entweder ins Gefängnis sperrt, wo es mir klar zum Bewußtsein kommen mag, daß diese Schrecken schon nicht mehr meinetwillen begangen werden, oder, was noch besser wäre (so gut, daß ich von solchem Glück nicht zu träumen wage), daß man mich wie jene zwanzig oder zwölf Bauern in ein Totenhemd steckt und unter meinen Füßen die Bank fortstößt, damit ich durch mein eigenes Gewicht auf meiner alten Kehle die eingeseifte Schlinge zusammenziehe.

―――

VII.

Um zu einem dieser Ziele zu gelangen, wende ich mich an alle Teilnehmer dieser schrecklichen Taten, an alle – von den Gefängniswärtern, welche ihren Brüdern, welche Frauen und Kindern die Kappen und Schlingen anlegen, bis zu Euch, Hauptorganisatoren und Urheber dieser entsetzlichen Verbrechen.

Brüder! Kommt zur Vernunft, überlegt endlich, begreift, was Ihr tut! Denkt, wer Ihr seid!

Denn ehe Ihr Henker, Generäle, Staatsanwälte, Richter, Minister oder Zar seid – seid ihr ja Menschen! Heute blickt Ihr in Gottes Welt hinaus, morgen hört Ihr auf zu sein. (Ihr Henker jeder Art, die Ihr den größten Haß gegen Euch hervorruft, Ihr solltet besonders daran denken!)

Ist es möglich, daß Ihr, die Ihr den kurzen Blick in Gottes Welt tut (denn selbst, wenn Ihr nicht ermordet werdet, ist doch der Tod immer dicht hinter uns allen), ist es möglich, daß Ihr in Euren lichten Augenblicken nicht sehet, daß Eure Bestimmung im Leben nicht sein kann, Menschen zu quälen und zu töten, selbst vor ständiger Todesfurcht zu zittern, und Euch selbst, die anderen und Gott zu belügen, indem Ihr Euch selbst und die anderen versichert, daß Ihr mit diesen Dingen ein wichtiges und großes Werk für das Wohl von Millionen vollführet?

Ist es möglich, daß (wenn Ihr nicht von Eurer Umgebung durch Schmeicheleien und die üblichen Sophistereien trunken gemacht seid) nicht jeder von Euch weiß, daß alles das nur Redensarten sind, dazu erdacht, um sich selbst für gut zu halten, wenn man dabei die schlimmsten Dinge tut? Unmöglich könntet Ihr nicht wissen, daß Ihr, wie jeder von uns, nur eine wirkliche Aufgabe habt, welche alle andern in sich schließt: die Aufgabe, die kurze Spanne Zeit, die Euch gewährt wird, in Übereinstimmung mit dem Willen zu leben, der Euch in die Welt gesandt hat, und sie in Übereinstimmung mit diesem Willen zu verlassen. Und dieser Wille will nur eins: die Liebe des Menschen zu seinem Nächsten.

Aber was tut Ihr? Wofür opfert Ihr Eure geistige Kraft? Wen liebt Ihr? Wer liebt Euch? Euer Weib? Euer Kind? Aber das ist nicht Liebe. Die Liebe von Weib und Kindern ist nicht Menschenliebe. Die Tiere lieben auch in dieser Weise, selbst noch stärker. Menschenliebe ist die Liebe des Menschen zu seinem Nächsten – zu jedem Menschen, als einem Sohn Gottes und deshalb einem Bruder.

Wen liebt Ihr in dieser Weise? Niemand.
Wer liebt Euch in dieser Weise? Niemand.

Ihr seid gefürchtet wie der Henker oder wie ein wildes Tier. Man schmeichelt Euch, weil man Euch im Grunde des Herzens verachtet und haßt – und wie haßt man Euch! Und Ihr wißt es und fürchtet die Menschen.

Ja, bedenket, Ihr alle, vom höchsten bis zum niedrigsten der Mordgesellen, bedenket, wer Ihr seid und hört endlich auf, das zu tun, was Ihr tut. Höret auf, nicht Euretwegen, nicht um Eurer eigenen Person willen, nicht der Menschen wegen, nicht damit man aufhört, Euch zu verachten, sondern um Eurer Seele willen und um des Gottes willen, der, wie sehr Ihr ihn auch zu betäuben sucht, dennoch in Euch lebt!

Jaßnaja Poljana, den 31. I 13. Juni 1908.

Anhang.

DIE VERFOLGUNG MEINER LESER
(1908)

Am 7. Mai 1908 wurde mein in Nowgorod lebender Bekannter Wladimir Molotschnikow unter dem Vorwande, daß man in seinem Hause von mir verfaßte Bücher gefunden habe, ergriffen, vor Gericht gestellt und zu einjähriger Festungshaft verurteilt. Als ich dieses erfuhr, sandte ich der Zeitung „Rußj" folgende Erklärung (diese Erklärung gelangte nur verändert und gekürzt zum Abdruck):
„Wiederum ist in Nowgorod ein von seiner Umgebung geachteter, doch unbemittelter Mann namens Wladimir Molotschnikow ergriffen und von Leuten, die sich Richter nennen, für ein Jahr ins Gefängnis gesperrt worden, was seine Familie sicher ruinieren dürfte, und das dafür, weil man bei ihm meine Werke fand, die er Leuten, die es wollten, zum Lesen gab. Immer und immer wieder geschieht das Erstaunliche: man quält und ruiniert Leute, die meine Bücher verbreiten, mich aber läßt man in Ruhe, mich, den Hauptschuldigen, nicht nur an der Verbreitung, sondern auch an dem Erscheinen dieser Bücher.
Es müßte doch klar sein, daß das Ergreifen der Leute, die meine Schriften verbreiten, und ihre Internierung in Gefängnissen auf keine Weise das Interesse für meine Schriften, wenn es ein solches gibt, vermindern kann, weil sowohl in Rußland als auch im Auslande meine Bücher in großer Anzahl vorhanden sind und ich, der Verfasser und Hauptverbreiter dieser Bücher, wie ich das schon vor zwölf Jahren erklärte, Zeit meines Lebens nicht aufhören werde, sie zu verfassen und zu verbreiten. Der Leute, die das Verbreiten meiner Schriften als gute Tat betrachten, werden immer mehr; desto mehr, je mehr sie dafür verfolgt werden. Und deshalb müßte es doch klar sein, daß das einzige vernünftige Mittel, um dieser Tätigkeit ein Ende zu machen, das

143

wäre, mit mir ein Ende zu machen. Mich in Ruhe zu lassen und diejenigen zu ergreifen und zu quälen, die meine Schriften verbreiten, ist nicht nur empörend ungerecht, sondern auch erstaunlich dumm.

Wenn das richtig sein soll, was, wie man mir erzählte, ein Minister erdachte, um meiner Tätigkeit ein Ende zu bereiten: mich dadurch, daß man mir nahestehende Leute quält, zu zwingen, meine Tätigkeit aufzugeben, so wird durch diese Taktik dennoch das Ziel nicht erreicht. Es wird deshalb nicht erreicht, weil ich diese meine Tätigkeit, so lange ich lebe, nicht aufgeben kann, wie schmerzlich mir auch die Leiden meiner Freunde sein mögen. Ich kann es deswegen nicht, weil ich durch meine Arbeit nicht irgend welche äußere Ziele erstrebe, sondern das erfülle, was ich unmöglich nicht erfüllen könnte: die Forderungen des göttlichen Willens – wie ich diesen Willen verstehe, und wie ich ihn unmöglich nicht verstehen könnte.

Und so denke ich, daß das einzig nicht empörend Ungerechte und äußerst Dumme, was die Leute, denen meine Schriften nicht gefallen, tun könnten, nicht wäre, diejenigen einzusperren, zu verurteilen und zu quälen, welcher doch viele sind und welche sich stets finden werden, sondern mich allein, den einzig Schuldigen. Man soll dabei nicht meinen, daß ich mich durch die Gerüchte in den Zeitungen von irgend einem Jubiläum von mir vor Vergewaltigungen verschiedener Art geschützt halte. In dieser Beziehung gebe ich mich durchaus keiner Selbsttäuschung hin und weiß sehr gut, daß all das Gerede von der Notwendigkeit, meinen achtzigsten Geburtstag zu feiern, bei entschlossenem Vorgehen der Regierung gegen mich sich bei den meisten meiner angeblichen Verehrer in die Überzeugung umwandeln wird, daß es schon längst notwendig gewesen sei, wider mich zu den Maßregeln zu greifen, die man gegen meine Freunde ergriffen hatte. ‚Es war schon längst an der Zeit, so zu verfahren.'

Und deswegen bitte ich wiederholt all diejenigen, denen die Verbreitung meiner Schriften unangenehm ist, sich an mich zu halten und nicht an völlig schuldlose Menschen. Ich rate ihnen deshalb dazu, weil sie nur auf diese Weise, ohne sich durch das

Begehen eines offenkundigen Unrechts zu kompromittieren, tatsächlich auch ihr Ziel erreichen werden: wenn auch nur zeitweilig, sich von einem ihrer Ankläger zu befreien."

Außer dieser Erklärung bat ich, in der Annahme, daß Molotschnikow gegen das Urteil Berufung einlegen werde, zwei mir bekannte Advokaten – Maklakow und Murawiew – seine Verteidigung zu übernehmen, was sie mir auch versprachen. Desgleichen wurde mir von mir bekannten Senatoren ihr Beistand im Senat zugesichert. Doch Molotschnikow wollte von einer Revision nichts wissen, um nicht dadurch anzuerkennen, daß die Leute, die ihn vergewaltigten, die Berechtigung zur Vergewaltigung hatten. Einige Zeit von der sofortigen Inhaftierung dadurch befreit, daß Freunde für ihn Kaution stellten, wandte er sich, nachdem er nach Möglichkeit seine zerrütteten Verhältnisse geordnet und die Lage seiner ohne Stube bleibenden Familie gesichert hatte, an die Teilnehmer der an ihm verübten Vergewaltigung mit der sie sehr befremdenden Bitte, die zugedachte Handlung nicht hinzuschieben, sondern sie schnellstens zur Ausführung zu bringen. Man antwortete, daß alles zu seiner Zeit gemacht werden würde – nach bestimmten Paragraphen eines Büchleins, das sie „Gesetz" nannten.

Nach dem Paragraphen dieses Büchleins wäre das Urteil bei einer Revision in einmonatliche Festungshaft umgewandelt worden, doch sagte mir der, den ich darum befragte, daß der Zeitpunkt versäumt sei, und daß mithin die gegen Molotschnikow beabsichtigte Vergewaltigung zur Ausführung gebracht werden würde.

Gleichzeitig mit dieser Nachricht erhielt ich die Kopie des über Molotschnikow von der Versammlung von Leuten, die sich Obergerichtshof nannte, gefällten Urteils, das wie folgt lautet:

Laut Befehl Seiner Kaiserlichen Majestät hörte am 7. Mai des Jahres 1908 der St. Petersburger Obergerichtshof in der ersten Strafkammer in der Gerichtsverhandlung, an welcher teilnehmen: der erste Vorsitzende, Senator ..., der Gehilfe des Staatsanwalts ..., das Mitglied des Obergerichtshofs ..., der Gehilfe des Sekretärs ..., den Prozeß gegen den Starorusser Bürger Wladimir Anatol Molotschnikow, der auf Grund des § 132, II, des Strafgesetzbuches angeklagt war. (Ich nenne die Namen der Leute nicht, die an diesem Prozeß teilnahmen, weil das, was ich zu sagen habe, nicht die einzelnen Personen angeht, deren moralische Gesunkenheit ich aufrichtig bedauere und über welche ich kein Urteil fällen will.)

Der beim St. Petersburger Obergerichtshof angeklagte Starorusser Bürger W. A. Molotschnikow wird darin beschuldigt, daß er im August des Jahres 1907 in seiner Wohnung in Nowgorod zum Zweck der Verbreitung folgende Broschüren von L. N. Tolstoi versteckt hatte, in welchen in einer für den Angeschuldigten klaren Form zur Widersetzlichkeit gegen das Gesetz aufgefordert wurde:

1.) 62 Exemplare einer Broschüre „Wie soll sich das Arbeitervolk befreien?", in welcher dargelegt wird, daß das arbeitende Volk nur dann sein Leben gut einrichten könne, wenn es nach „Gott" leben werde, das heißt nach den Lehren des Evangeliums: Niemand zu töten, sich nicht zu streiten, nicht ausschweifend zu sein, nicht zu beschwören, keinen Eid abzulegen – weder vor dem Gericht noch den Untertanen- und den Fahneneid – niemand zu bestrafen, in ein Gefängnis einzusperren, zu verbannen und hinzurichten. „Nach Gott" leben, heißt Gott mehr fürchten und ihm mehr folgen als dem Kreischef, dem Gouverneur, dem Zaren; und wenn der Kreischef, der Gouverneur, der Zar etwas verlangen und Gott es verbietet, so nicht dem Kreischef, dem Gouverneur, dem Zaren zu folgen, sondern Gott. – 2.) 28 Exemplare einer Broschüre „Das Christentum und die Militärpflicht", in welcher der Gedanke durchgeführt wird, daß die allgemeine Militärpflicht den wirklichen Lehren Christi widerspreche, indem die Militärpflicht den Menschen ihren eigenen Willen nähme und sie das zu tun zwinge, was das Christentum zu tun verbiete – zum Schutze des Vaterlandes Menschen zu töten. „Der Mensch muß doch nur aus dieser Hypnose der Nachahmung erwachen, in welcher er lebt, und nüchtern auf das blicken, was der Staat von ihm verlangt, um nicht nur sofort seinen Gehorsam zu verweigern, sondern auch in schreckliches Erstaunen und Unwillen darüber zu geraten, daß man sich an ihn mit solchen Forderungen wenden kann – und dieses Erwachen kann jede Minute erfolgen." – 3.) 15 Exemplare der Broschüre „Töte nicht", „Eine Lektion für Soldaten", „Der Brief an den Feldwebel", „Eine Lektion für Offiziere", in welcher der Gedanke durchgeführt wird, daß Soldaten und Offiziere dem Militärdienst entsagen und nicht den Befehl des Vorgesetzten, aufs Volk zu schießen, befolgen müßten, weil jedes Töten von Gott verboten sei. – 4.) 10 Exemplare der Broschüre „Das Herannahen des Endes", „Brief an die Schweden", „Karthago muß zerstört werden", „Brief des Bauern Olchowik"; in dieser Broschüre wird der Gedanke durchgeführt, daß der Krieg und der Militärdienst ein Übel sei, unvereinbar mit den christlichen Lehren, weswegen jeder vernünftige Mensch sich dem Militärdienst entziehen müßte. – 5.) 6 Exemplare der Broschüre „Kommt zur Vernunft", in welcher bezüglich des russisch-japanischen Krieges gesagt wird, daß der Krieg ein entsetzliches Werk sei, unvereinbar mit der Vernunft und den christlichen Lehren, und daß das einzige Mittel, die Kriege zu vernichten, in dem Erwachen der Erkenntnis in jedem einzelnen Menschen liege, daß er am Militärdienst nicht teilnehmen dürfe. – 6.) 6 Exemplare der Broschüre „Brief an die Liberalen", in welcher der Gedanke durchgeführt wird, daß das Staatsleben eine Vergewaltigung der Menschen durch andere sei, und daß deswegen Menschen, welche christlich und verständig leben wollten, sich dem Staatsdienst entziehen müßten, das heißt sie müßten weder am Zivil- noch am Militärdienst teilnehmen. – 7.) 10 Exemplare der Broschüre „Nikolaj Palkin" [→V.], in welcher bewiesen wird, daß es Sünde und schlecht sei, sich der Obrigkeit zu unterwerfen und am Staatsleben teilzunehmen, daß der Militärdienst eine Sünde sei, und daß jeder vernünftige Mensch sich weigern müßte, im Heer zu dienen und Mitbeteiligter am Morden zu sein.

In der Gerichtsverhandlung erklärte der Angeklagte Molotschnikow, daß alle bei ihm gefundenen Schriften von L. N. Tolstoi von ihm, dem Anhänger der Tolstoi'schen Lehren, in einer Buchhandlung gekauft seien, der Inhalt all der Schriften sei ihm bekannt gewesen, und gekauft habe er sie in bedeutender Anzahl zum Verteilen an diejenigen, die sie zu lesen wünschten und mit den Tolstoi'schen Ansichten bekannt werden wollten. Durch die Aussage des Angeklagten hält der Obergerichtshof die Schuldfrage für erwiesen, findet, daß Molotschnikow überführt ist, sich gegen den § 132, II des Strafgesetzbuches vergangen zu haben, und erklärt, daß die in diesem Paragraphen vorgesehene Strafe – Festungshaft bis zu drei Jahren – dem Verhältnisse dieses Prozesses angemessen, bei Molotschnikow auf eine Festungshaft von der Dauer eines Jahres anzuwenden sei. Kraft dessen verfügt der Obergerichtshof über den Starorusser Bürger Wladimir Anatol Molotschnikow, 37 Jahre alt, auf Grund des § 132, II, des Strafgesetzbuches eine Festungshaft von der Dauer eines Jahres und die Vernichtung der materiellen Beweisstücke.

Wenn man dieses Urteil liest, traut man kaum seinen Augen, und es erscheint wie eine erdachte böse Parodie. Doch nein, es ist dieses eines von jenen wichtigen Dokumenten, welche für eine reiche Vergütung von wichtigen Herren verfaßt werden, von Herren, die sich Senatoren, Richter, Staatsanwälte u. a. nennen. Sie werden verfaßt und dem Archiv einverleibt – zum Andenken an die ewige Schande der Leute, die sie verfaßten, und der ganzen Gesellschaft, in welcher solche Dinge möglich sind.

Wenn die Leute, welche dieses Urteil abfaßten, der Verbreitung der ihnen schädlich erscheinenden Bücher ein Ende setzen wollten, so scheint es doch, daß es vollkommen genügte zu sagen: „Die bei Molotschnikow gefundenen Bücher sind schädlich, weil sie gegen die herrschende Ordnung gerichtet sind; deswegen müssen sie verboten und ihre Verbreiter müssen bestraft werden". Doch ihnen ist das zu wenig; wie es scheint, wollen sie die Gelegenheit benutzen und alles das, was von der Mehrheit der Menschen stets für heilig gehalten wurde und gehalten wird, noch beschimpfen. Und kühn und frech tun sie es, und sie unterstreichen besonders ihre volle Unabhängigkeit nicht nur von der Gerechtigkeit, in deren Namen sie angeblich bestehen, nicht nur ihre volle Unabhängigkeit von irgend welchen sittlichen oder religiösen Prinzipien, sondern auch vom gesunden Menschenverstand.

Ein des Lebens[2] unkundiger Bauer kann sich betrinken, sich in dem Schmutz der Gosse wälzen, schimpfen, sich raufen, seinem Freunde die Zähne einschlagen, seine Frau prügeln, ein Pferd stehlen. Doch ich kann mir auch nicht einen Bauer in ganz Rußland denken, der es in nüchternem oder sogar in betrunkenem Zustande behaupten würde, ein Mensch müsse dafür bestraft werden, daß er Bücher verbreitet, in welchen gesagt ist, daß das arbeitende Volk nur dann sein Leben gut einrichten könne, wenn es „nach Gott", das heißt, wenn es nach den Lehren des Evangeliums lebe: niemanden zu töten, sich nicht zu streiten, nicht ausschweifend zu sein, nicht zu beschwören; und daß das „nach Gott" leben bedeute: Gott mehr zu fürchten und ihm mehr zu folgen, als dem Kreischef, dem Gouverneur, dem Zaren; und wenn der Kreischef, der Gouverneur, der Zar etwas verlangen und Gott es verbietet, nicht dem Kreischef, dem Gouverneur, dem Zaren zu folgen, sondern Gott, und daß jedes Töten von Gott verboten sei.

Und doch ist das, daß ein Mensch, der solche Gedanken verbreitet, dafür bestraft werden muß, aufgeschrieben, durch Siegel bekräftigt von Senatoren unterzeichnet, und in der Aufschrift ist daran erinnert, daß so etwas in Rußland im Jahre 1908 auf Befehl Seiner Kaiserlichen Majestät getan wird.

Ja, nichts konnte überzeugender als dieses merkwürdige Urteil den denkenden Menschen nicht nur die Prinzipienlosigkeit, die Grausamkeit und Sittenlosigkeit der herrschenden Staatsordnung zeigen, sondern auch ihre ganze schreckenerregende Dummheit. Die Leute, die diese Staatsordnung hüten wollen,

---

[2] [sic (wohl statt: des *Lesens*)]

bemühen sich nicht einmal, sich den Schein zu geben, als glaubten sie an irgend etwas, als möchten sie auch nur gut scheinen, als hielten sie für den Menschen den gesunden Verstand für notwendig. Nein, diese Leute, die auf der höchsten Staffel der Gesellschaft stehen, halten sich nicht nur zu nichts dergleichen verpflichtet, ein Anklang daran sogar scheint ihnen nicht wünschenswert. Wenn ihre Vorgänger es noch für nötig hielten, sich zu verstellen, so finden es die jetzigen schon als vollständig überflüssig: Sie wissen, daß die Ordnung, welche sie stützen und welche sie für die Bequemlichkeit ihres Lebens nötig haben (sie bekommen Gehälter), auf Betrug und Vergewaltigung fußt, und etwas gemeinsames weder mit der Religion noch mit dem gesunden Menschenverstand hat. Sie wissen, daß das allen sehr gut bekannt ist, und daß Verstellung deswegen vollständig unnütz ist. Man kann bei Gelegenheit (wie es bei diesem Prozeß getan wurde) in einer frohen Stunde sogar über alle uns nicht mehr nötigen Dummheiten lachen: über das Gute, über Moral und Verstand.

Ja, niemals zeigte eines von meinen, in dieser Art verfolgten Werken mit solcher Klarheit und Überzeugungskraft all die Grausamkeit, Verdorbenheit und all das für die Menschenseele Schädliche dieser vergewaltigenden Staatsordnung, in welcher wir leben, und den ganzen grauenerregenden Grad moralischer Verkommenheit, bis zu welcher die Menschen gesunken sind, die an dieser Ordnung teilhaben – desto mehr, je höher sie auf der Leiter der gesellschaftlichen Ordnung stehen. Nicht eines von meinen Werken zeigt es mit solcher Klarheit und zweifelloser Überzeugungskraft, mit welcher es dieser erstaunliche Urteilsspruch tut. Und deswegen glaube ich, daß dieses Urteil für einen denkenden Menschen eine große, die Augen öffnende Bedeutung hat, und halte es für notwendig, es zu publizieren.

Den 14. | 27. Juli 1908.

XI.
Tolstois 80. Geburtstag und ein Aufruf zur Abschaffung der Todesstrafe

Berichterstattung:
Neue Freie Presse (Wien) Nr. 15824
vom 10. September 1908

Es gab „heftige Kritik an der Todesstrafe um 1900 nicht selten auch in Russland; dort verfassten Dutzende führende liberale Intelektuelle Streitschriften gegen diese Strafart, und die im Jahre 1906 einberufene Duma (Parlament) debattierte ernsthaft über ihre Abschaffung."[1]

Der breitenwirksame Einspruch gegen die Ermordung von Menschen durch den Staatsapparat (oder eine ‚revolutionäre Justiz'), welche die jeweiligen Akteure stets als „rechtmäßig" betrachten, war gerade auch in den letzten Lebensjahren für Leo N. Tolstoi ein bedeutsames Anliegen. Als eigenständige Veröffentlichungen sind in diesem Zusammenhang die beiden im vorliegenden Band dargebotenen Schriften *„Ich kann nicht schweigen"* (Ne mogu molčat', 1908) und *„Die Todesstrafe und das Christentum"* (Smertnaja kazn' i christianstvo, 1909) zu nennen. Doch auch in weiteren späten Arbeiten kommt Tolstoi auf die Praxis der Hinrichtungen zu sprechen, so z. B. in *„Das Gesetz der Gewalt und der Liebe"* (Zakon nasilija i zakon ljubvi, 1908) oder *„Begreift doch endlich"*[2] (Pora ponjat', 1909). „Tolstois letzter Aufsatz ‚Ein

---

[1] Dirk FALKNER: Straftheorie von Leo Tolstoi. (= Juristische Zeitgeschichte – Abteilung 6, Band 57). Berlin/Boston: Walter de Gruyter 2021, S. 86.

[2] In diesem Aufsatz vom November/Dezember 1909 schreibt Tolstoi: „Die Morde beispielsweise, die sogenannten Hinrichtungen, werden ja nicht schlicht und einfach vollzogen, vielmehr versammeln sich vor jedem solchen Mord fünf uniformierte Männer, lassen sich in Sesseln vor einem Tisch nieder, der mit einem Tuch bedeckt ist, schreiben und reden einiges, und obwohl sie wissen, daß ihr Gespräch am Schicksal dessen, den sie hängen wollen, nichts ändert, geben

wirksames Mittel', den er bereits auf der Flucht aus Jasnaja Poljana [kurz vor seinem Tod] vollendete, thematisiert den Kampf gegen die Todesstrafe."³

Leo N. Tolstoi richtete seine Kritik der Todesstrafe keineswegs nur gegen die „Hinrichtung nach dem Gerichtsurteil. Er machte deutlich, dass ein autokratisches Regime die Menschen auch ohne förmlichen Richterspruch qualvoll zum Tode bringen kann. Im Entwurf zum Aufsatz ‚*Unsinnige Träume*' (1895) geißelt Tolstoi ‚die geheimen Morde in Kerkern und Gefängnissen' unter dem verstorbenen Zar Alexander III. (1845-1894) und im Traktat ‚*Das Reich Gottes ist inwendig in Euch*' beklagt er generell ‚die vervollkommnete Methode, Menschen zu töten, auf immer in die Einsamkeit des Gefängnisses zu verstoßen, wo sie vor

---

sie sich den Anschein, sie würden abwägen und Urteile fällen. Und mit dieser Prozedur werden drei bis sieben Mann pro Tag umgebracht. (Heute, am 25. November, hat es zwölf Vorbereitungen zum Mord [Verurteilungen] und fünf Morde gegeben, über die in aller Öffentlichkeit berichtet wurde.) Und das nun schon seit vier, fünf und mehr Jahren. Die Damen erklären: ‚*C'est terrible. Je ne puis jamais lire sans frémir*.' Die Männer beweisen die dem männlichen Geschlecht eigene Tapferkeit und Vernunft und belehren die Damen eindringlich, dies sei zum allgemeinen Wohl notwendig. In den Zeitungen entsetzt man sich über die andauernden Hinrichtungen. Hohe Beamte und Duma-Mitglieder bekunden ihren Liberalismus und erklären, man solle mit dieser *boucherie* endlich Schluß machen, allein die Verantwortlichen für diese *boucherie* haben für solche Sentimentalitäten nur ein Lächeln übrig. Sie wissen, wie unumgänglich, wie notwendig und segensreich das ist. Wartet ein Weilchen, sagen sie, wenn es soweit ist, hören auch wir auf. Allein weswegen sollten sie aufhören? Alles läuft vortrefflich, und es ist durchaus möglich, daß nur dank diesen ‚vernünftigen' Maßnahmen alles so vortrefflich läuft. Weswegen also darauf verzichten?" (Lew TOLSTOI: *Begreift doch endlich!*, übersetzt von Günter Dalitz. In: Lew Tolstoi: Philosophische und sozialkritische Schriften. Berlin: Rütten & Loening 1974, S. 689-701, hier S. 692.)

³ Dirk FALKNER: Straftheorie von Leo Tolstoi. Berlin/Boston 2021, S. 85. Vgl. auch Geir KJETSAA: Lew Tolstoj. Dichter und Religionsphilosoph. Gernsbach: Casimir Katz Verlag 2001, S. 403-404: „Früh am nächsten Morgen, dem 29. Oktober [1910], schreibt er einen Artikel über die Todesstrafe, der folgendermaßen schließt: ‚Und deshalb, falls wir wirklich den Wahn der Todesstrafe abschaffen wollen und im Besitz des Wissens sind, wie man sie beseitigen kann, lasst uns, trotz aller Drohungen und Leiden, den Menschen dieses Wissen mitteilen, denn das ist unser einziges wirksames Kampfmittel'."

Menschen verborgen zu Grunde gehen und vergessen werden'."⁴

Besonders deutlich kommt der Komplex ‚Tötung durch Haftstrafen' in der Schrift *„Begreift doch endlich"* (6. Dezember 1909) zur Sprache:

„... Soweit zu den Morden, die von den Obrigkeiten begangen werden. Das gleiche gilt auch für die Gefängnishaft. Die Gefängnisse sind überfüllt, es fehlt an Platz. Die Häftlinge sterben an Schwindsucht und Typhus, brechen aus, meutern und bringen einander um, allein die Behörden sind der Ansicht, daß dies nützlich oder doch zumindest nicht schädlich ist, und sperren, wieder nach bestimmten, der Sache angemessenen begleitenden Gesprächen und der Ausfertigung von Schriftstücken, immer neue Häftlinge ein. Ob sie schuldig sind oder nicht, spielt keine Rolle. Es ist immer besser, jemanden zu isolieren, der irgendwelche Unannehmlichkeiten verursachen könnte. Daß er zwei Jährchen im Gefängnis zubringt oder dort stirbt, wird uns nicht schaden, sperren wir ihn aber nicht ein, richtet er möglicherweise doch etwas an. Lieber einen Bückling zu viel gemacht als einen zu wenig. In Gefängnissen, die für siebzigtausend erbaut wurden, sitzen über hunderttausend Häftlinge. Aber das ist noch nicht alles. Kaum gibt es irgendeinen Hinweis oder kaum glaubt einer, irgendeinen Hinweis darauf bekommen zu haben, jemand könnte möglicherweise denken und äußern, was er über die Handlungsweise der Regierung denkt, wird der Betreffende ergriffen, ins Gefängnis geworfen, auch ohne irgendwelche der Sache angemessene Prozeduren in die entferntesten und gesundheitsschädlichsten Gegenden gebracht und dort zurückgelassen mit dem Verbot, diesen Ort zu verlassen. Es fällt zwar schwer, zu begreifen, welchen Nutzen Dschingis-Chan davon hat, aber offensichtlich hat er davon Nutzen, denn er verwendet viel Fleiß darauf und läßt sich diese Verbannun-

---

⁴ Dirk FALKNER: Straftheorie von Leo Tolstoi. Berlin/Boston 2021, S. 86.

gen sogar teures Geld kosten. Solcher Unglücklicher gibt es ebenfalls etwa hunderttausend. Diese Menschen verbittern, sie übertragen ihre Verbitterung auf die friedlichen Bewohner, die sich vorher über die Regierung keine Gedanken gemacht haben, aber unseren Dschingis-Chan läßt das kalt: Er hat seine Telegraphenapparate, seine Telephone, Schnellfeuerkanonen und Revolver und interessiert sich nicht dafür, was die von ihm gepeinigten Menschen denken und fühlen."[5]

Die nachfolgend dokumentierten Meldungen aus der Wiener Zeitung „Neue Freie Presse" vom 10. September 1908 anlässlich des 80. Geburtstages Leo N. Tolstois zeigen im Einzelfall („Russisch-Polen"), dass öffentliche Ehrungen des Schriftstellers besonders wegen dessen Kritik an den staatlich angeordneten und durchgeführten Morden unerwünscht waren (→X). Nonkonforme Politiker, Gelehrte, Schriftsteller und Künstler veröffentlichten zu den Geburtstagsfeierlichkeiten gezielt einen ‚Aufruf zur Abschaffung der Todesstrafe in Rußland'.

Bertha von Suttner schrieb dann im Oktober in ihren ‚Randglossen zur Zeitgeschichte' für die „Friedenswarte" der deutschsprachigen Pazifisten (mit Verweis auf die Berichterstattung der „Neuen freie Presse"):

„In Russland hat sich unter der Aegide des Fürsten Paul Dolgorukow eine Friedensgesellschaft gebildet. Die zahlreichen Pacifisten Russlands werden sich voraussichtlich um die neue Gründung scharen. Darunter wohl auch die Unterzeichner jenes ‚Aufrufs zur Abschaffung der Todesstrafe', der zur Feier des 80. Geburtstags Tolstois verbreitet worden ist. Unterschrieben [?] sind Politiker, Gelehrte, Schriftsteller, Künstler und andere hervorragende Persönlichkeiten, von Murowzow und Golowin, vom Fürsten Urussow, Fürsten Paul Dolgorukow, Boborikow, Graf Kamarowsky und andere[n].

---

[5] Lew TOLSTOI: Begreift doch endlich!, übersetzt von Günter Dalitz. In: Lew Tolstoi: Philosophische und sozialkritische Schriften. Berlin: Rütten & Loening 1974, S. 689-701, hier S. 693.

‚Echt russische Männer sind keine dabei.' Der Aufruf ist ein Dokument der höchsten ethischen Begriffe, und die Friedensvereine sollten ihn in ihre Propagandaliteratur aufnehmen, denn jedesmal, wenn das Wort Todesstrafe darin vorkommt, konnte [sic] man das Wort ‚Krieg' setzen und hätte so eine der gewaltigsten Pazifisten-Kundgebungen vor sich."[6]

Bertha von Suttners Verweis auf den Zusammenhang von Todesstrafe und Kriegsapparat entspricht den Ausführungen Leo N. Tolstois, der diesen Kontext – wie im vorliegenden Band aufgezeigt werden konnte – in vielen seiner Schriften beleuchtet.

GESTATTUNG DER TOLSTOI-FEIER DURCH STOLYPIN[7]
(*Telegramm der Neuen Freien Presse*)
Berlin, 9. September.

Aus Petersburg wird dem „Berliner Tageblatt", gemeldet: Der Heilige Synod hat seine Erklärung gegen die Tolstoi-Feier aus eigener Machtbefugnis erlassen, ohne die Sanktion seiner Verfügung vom Premierminister zu erbitten. Stolypin erfuhr das Vorgehen des Synod erst durch die Zeitungen und hat sofort über diesen Schritt Rechenschaft gefordert. Da er mit ihm ebensowenig einverstanden ist, wie mit dem eigenmächtigen Handeln vieler Gouverneure, hat er eine Zirkulardepesche an die Gouverneure mit der ausdrücklichen Weisung entsendet, jede Tolstoi-Feier zu gestatten und alle Hindernisse irgend einer Ehrung des Dichters aus dem Wege zu räumen.

---

[6] *Die Friedens-Warte*. Zeitschrift für internationale Verständigung. Enthält Mitteilungen der Deutschen, Oesterreichischen und Schweizer Friedensgesellschaft. Herausgegeben von Alfred H. Fried. X. Jahrgang. Berlin/Wien 1908, S. 193.
[7] *Neue Freie Presse* (Wien) Nr. 15824 vom 10. September 1908, S. 3.

Wie erzählt wird, hat der Zar, nachdem er die Erklärung des Synod gelesen, selbst den Wunsch ausgesprochen, daß allen Städten und Korporationen volle Freiheit in der Ehrung Tolstois zugestanden werde.

Heute hat bereits die Ehrung Tolstois in der russischen Presse begonnen. Die konservative „Nowoje Wremja" veröffentlicht heute eine besonders reich illustrierte Tolstoi-Nummer mit Tolstoi-Erinnerungen aus den Sechziger Jahren. Ebenso hat heute eine Massenabsendung von Depeschen an Tolstoi begonnen, welche hauptsächlich von Privatpersonen aller Stände ausging.

ANTI-TOLSTOI-DEMONSTRATIONEN IN RUßLAND[8]
Petersburg, 9. September.

Anläßlich der Tolstoi-Feier werden namentlich in Moskau Unruhen befürchtet. Die Polizei wurde strengstens instruiert. Die „echten Russen" provozieren Anti-Tolstoi-Demonstrationen.

An den Universitäten gärt es, die Truppen sind in den Kasernen konsigniert.

KUNDGEBUNG DER RUSSISCHEN UNIVERSITÄTEN[9]
Petersburg, 9. September.

Der Verband der russischen nationalen Universitäten richtete an Graf Tolstoi nachstehendes Telegramm:

---

[8] *Neue Freie Presse* (Wien) Nr. 15824 vom 10. September 1908, S. 3.
[9] *Neue Freie Presse* (Wien) Nr. 15824 vom 10. September 1908, S. 3.

„Hoch geehrter Leo Nikolajewitsch! Der Petersburger Verband der russisch-nationalen Universitäten entbietet Ihnen herzlichen Gruß zu Ihrem 80. Geburtstag und benützt diesen Anlaß, um Dank zu sagen dem großen Künstler und Lehrer, der jahrzehntelang der Beschützer und Genosse der nationalen Massen gewesen, der Liebe und Brüderlichkeit verkündet, der mit der Kraft seines mächtigen Talentes den Schwachen und Geknechteten beigestanden, der gegen die Macht der Finsternis und gegen die Herrschaft und das Walten der Unbildung angekämpft hat, der die Notwendigkeit und die Bedeutung der Aufklärung der breiten Volksschichten als die einzig getreue Begleiterin zu den Höhen eines besseren Lebens und eines menschenwürdigeren Daseins betont hat."

VERBOT VON TOLSTOI-FEIERN IN RUSSISCH-POLEN[10]
Lemberg, 9. September.

Dem „Slowo Polskie" wird aus Warschau gemeldet, daß der Präsident der dortigen Preß- und Zensurbehörde Iwanowskij die Redakteure sämtlicher polnischer Blätter zu sich befohlen hat, um ihnen die Mitteilung zu machen, daß der Presse strengstens verboten ist, über die seinerzeit von Tolstoi erhobene Forderung, betreffend die Abschaffung der Todesstrafe, zu schreiben. Der Präsident legte ferner den Redakteuren nahe, daß es viel besser wäre, wenn die polnische Presse es unterlassen würde, über das Tolstoi-Jubiläum zu schreiben.

---

[10] *Neue Freie Presse* (Wien) Nr. 15824 vom 10. September 1908, S. 3.

EIN AUFRUF ZUR ABSCHAFFUNG DER TODESSTRAFE IN RUßLAND[11]
Wien, 9. September.

Wir erhalten aus Moskau vom Fürsten Paul Dolgorukow mit dem Ersuchen um Veröffentlichung einen Aufruf, der dazu bestimmt ist, am achtzigsten Geburtstage Tolstois verbreitet zu werden. Der Aufruf richtet sich gegen die Todesstrafe Er ist von Politikern, Gelehrten, Schriftstellern, Künstlern und anderen angesehenen Personen Rußlands unterschrieben, darunter vom Reichsratsmitglied Wassiljew Schipow, von den Präsidenten der ersten und zweiten Reichsduma, Muromzow und Golowin, von den Mitgliedern der ersten Reichsduma Cusmin-Carawajew, Petrunkewitsch und Fürsten Urussow, vom Mitglied der zweiten Reichsduma Fürsten Paul Dolgorukow, vom Grafen Komarowsky, P. Boborikow und anderen. Der Aufruf lautet:

An die russische Gesellschaft !

Weder ein politisches Manifest noch der Aufruf einer Partei ist es, mit dem wir uns an die russische Gesellschaft wenden; wir sprechen im Namen der Menschlichkeit und nur der Menschlichkeit.

Wir wenden uns an alle russischen Bürger und Bürgerinnen ohne Unterschied des Glaubens, der sozialen Stellung, des Bildungsgrades und der politischen Ueberzeugung mit der Aufforderung, allen ihnen zur Verfügung stehenden Einfluß und alle moralischen Kräfte auf den Kampf gegen den Schrecken unserer Tage – die Todesstrafe – zu richten, denn für uns alle im gleichen Grade quälend sind die sich täglich wiederholenden blutigen Eindrücke, die seit drei Jahren zur tragischen Last aller Russen geworden sind.

Die großen Lehrer der Menschheit, Begründer religiöser Lehren, Philosophen und Moralisten, sie alle haben stets in flammenden und begeisterten Worten jenes entsetzliche „Recht" der Ermordung des Menschen durch den Menschen unter dem Vor-

---

[11] *Neue Freie Presse* (Wien) Nr. 15824 vom 10. September 1908, S. 3-4.

wande gesellschaftlicher Wohlfahrt und dem Deckmantel des Gesetzes gebrandmarkt.

Was können wir denn noch hinzufügen, was von größerer Kraft und Bedeutung wäre als das, was schon allein in Rußland gegen die Todesstrafe gesagt worden ist von Zierden der russischen Kirche[12], wie dem Metropoliten Philipp, von Gelehrten, wie dem Doktor Haas, von Philosophen wie Wladimir Solowjew[13], und von einer ganzen Reihe berühmter und großer Schriftsteller Rußlands mit Dostojewsky und L. N. Tolstoi an der Spitze?!

Das Todesurteil, unabänderlich selbst im Falle eines Irrtums des Gerichtes (wie er in der Praxis des Kriegsgerichtes, wo auch die geringsten Garantien für eine Rechtsprechung fehlen, unvermeidlich ist), übt, die Kriminalstatistik beweist es, auf den Verbrecher durchaus nicht die bezweckte abschreckende Wirkung aus und ist schon längst und unbedingt durch die berühmtesten gelehrten Juristen, von Beccaria und Mittermeyer an bis zu Taganzew und Kistjakowsky, verdammt worden.

Wodurch können wir noch die gründliche und objektive Analyse dieser Gelehrten vervollständigen, welche den Anhängern der Todesstrafe die ganze Haltlosigkeit ihrer Beweisführungen darlegt?

Jene sophistische Lüge, die gewöhnlich zur Verteidigung der

---

[12] [L. Tolstoi erzählt hingegen in seinem Werk eigens davon, er habe erlebt, „wie Mitglieder der Kirche die Verhängung der Todesstrafe gegen die Terroristen der Gruppe *Volkswille* ausdrücklich gebilligt hätten" (M. GEORGE / J. HERLTH/ Chr. MÜNCH / U. SCHMID, Hg.: Tolstoj als theologischer Denker und Kirchenkritiker. Göttingen: V&R 2015, S. 451).]

[13] [Vgl. Ulrich SCHMID: Lew Tolstoi. München: C.H. Beck 2010, S. 51-52: „Anfang März 1881 bat Tolstoi den neuen Zaren Alexander III. in einem langen Brief eindringlich um Gnade für die Mörder seines Vaters […] Unterstützung erhielt Tolstoi nur von dem Religionsphilosophen *Wladimir Solowjow* (1853-1900), der den Zaren in einer Vorlesung aufforderte, christliche Milde walten zu lassen. Der verheißungsvolle Nachwuchswissenschaftler erhielt darauf ein öffentliches Redeverbot; seine akademische Karriere fand ein vorschnelles Ende. Solowjow schlug sich für den Rest seines Lebens als freier Schriftsteller durch. – Tolstoi selbst war berühmt und unabhängig genug, als dass ihm die Behörden etwas anhaben konnten."]

Todesstrafe angeführt wird, als ob dem Verbrecher auf dem Schafott und am Galgen nur mit seinem eigenen Maße gemessen wird, ist von Psychologen mit überzeugender Unbestreitbarkeit aufgedeckt worden. Sie zeigten, daß das Grauen der Todesstrafe nicht allein im Tode des Verurteilten auf dem Schafott besteht, sondern hauptsächlich in dem psychischen Zustande vor dem Tode, in der Qual hoffnungsloser Verzweiflung, welche durch das Todesurteil und die Erwartung der Erfüllung desselben verursacht wird.

Diese seelische Folter ist für den Menschen unerträglich.

Wir russischen Bürger, die wir in diesem Augenblicke durch das uns allen gemeinsame Gefühl trauernder Empörung, hervorgerufen durch die Schrecken der russischen Gegenwart, vereint sind, wir sind verpflichtet, unsere Stimmen mit den vor kurzem von ganz Rußland vernommenen Worten zu vereinigen und unseren Mitbürgern zu sagen: „Es ist unmöglich, weiter zu schweigen."

Noch weniger zulässig ist es, die Todesstrafe als eine traurige Notwendigkeit zu rechtfertigen, welche durch den außergewöhnlichen Moment in der Geschichte unseres Vaterlandes bedingt ist. Tief irren sich diejenigen, welche glauben, daß die tägliche Errichtung von Galgen wirklich im stande sei, in Russland durch die gemietete Hand des Henkers „Ruhe" herzustellen.

Sie sehen nicht, daß vor unseren Augen etwas noch viel Schrecklicheres geschieht als das ekelhafte, grausame und uns alle erniedrigende Erwürgen von Menschen auf Grund des Gesetzes.

Die Todesstrafe ist das allersicherste und erprobteste Mittel zur Vernichtung des Sittlichkeitsgefühls des Menschen und ein zuverlässiger Weg zur Zerstörung gesellschaftlicher Moral und Verwilderung des Landes. Man darf nicht straflos von Tag zu Tag den Wert des Menschenlebens vor den Augen der Menge herabsetzen!

Der Mensch läßt sich beeinflussen.

Noch leichter unterliegt der Beeinflussung das Volk.

Schon sehen alle die schreienden Resultate dieser systematischen Entwertung des Menschenlebens, die sich so greifbar deutlich macht in der bis dahin unerhörten Vermehrung von Mord und Selbstmord (welche im Laufe der letzten zwei Jahre um 400 Prozent gestiegen sind) und in der erschrecklichen Teilna[h]mslosigkeit der Gesellschaft der täglichen blutigen Chronik gegenüber; letztere hat die erdrückende Zahl von mehr als hundert Todesstrafen per Monat erreicht!

Das Blut fließt auf dem Schafott wie kraft der traurigen Notwendigkeit des gegebenen historischen Moments..., doch spritzt es weit über die Grenzen desselben, Rußlands Zukunft befleckend und das Leben der kommenden Geschlechter vergiftend.

Denkt an eure Kinder!

Auch den unversöhnlichsten Gegnern der Revolution, welche jedes Mittel im Kampfe gegen dieselbe rechtfertigen, müßte es eigentlich einleuchten, daß es sinnlos und verbrecherisch ist, die zukünftige Wohlfahrt des Vaterlandes, die Hoffnungen auf eine bessere Zukunft und jenes absolute moralische Wohl, welches weder der Reaktion noch der Revolution, sondern der Nation in ihrem Ganzen gehört und das den Namen „Achtung vor der Persönlichkeit und Anerkennung des unbedingten Wertes des Menschenlebens" trägt, dem heutigen Scheinerfolg der Repressalien zu opfern.

Aufgabe der Gesellschaft ist es, die Regierung daran zu erinnern, daß ihre erste und hauptsächlichste Pflicht darin besteht, die Kulturwerte, die nicht ihr, sondern Gemeingut des ganzen Volkes sind und die historische Erbschaft desselben bilden, selbst durch die unruhigsten und stürmischesten [sic] politischen Perioden hindurch zu erhalten.

Die Regierung hat kein Recht, diese Erbschaft zu verschwenden; sie darf nicht, zu welchem Zwecke und aus welchen Gründen es auch sei, das Kulturniveau des Volkes herabsetzen und letzteres damit demoralisieren. Ebenso muß die Regierung dessen eingedenk sein, daß der blutige Weg, den sie betreten hat, das Wesen der Staatsgewalt von Grund aus zerstört; denn sie vernichtet diejenigen Grundprinzipien des Rechtes und der Gerechtigkeit, welche die Basis jeder Macht bilden sollen.

Im Bewußtsein der Verantwortung vor unserer Nachkommenschaft und dem Vaterlande und der vollkommensten Ueberzeugung von dem heiligen Rechte unserer Sache, wenden wir uns an alle Landsleute, ohne Ausnahme, mit der Aufforderung, ihre Bürgerpflicht, die Pflicht des Menschen zu erfüllen.

Im Namen eures Glaubens, welcher den Mord verbietet, im Namen eurer Vernunft und eures Gewissens – denn niemand kann leugnen, daß in dem, was um uns herum geschieht, jeder von uns zum Teil verantwortlich ist – im Namen eurer Kinder, die einst Rechenschaft von euch fordern werden, im Namen der Liebe zu eurem Vaterlande, welches·mit Riesenschritten der moralischen Verwüstung entgegenschreitet – protestiert gegen die Todesstrafe!

Im Kreise eurer Familie, in Freundes- und Geschäftskreisen, auf dem Felde eurer Tätigkeit, von der Kanzel und dem Lehrstuhl herab, in der Presse – mit allen euch zur Verfügung stehenden Mitteln, protestiert gegen die Todesstrafe.

Unserem Vaterlande kann es nicht an Elementen zur Hervorrufung eines mächtigen, allrussischen Protests gegen die Todesstrafe mangeln; es muß nur ein Ausgang für das unterdrückte, lebendige Gefühl der Menschlichkeit geschaffen werden.

Der Jubiläumstag des großen russischen Schriftstellers und Menschenfreundes L. N. Tolstoi ist nahe.

Wir sind überzeugt, daß die gebührendste Art und Weise, diesen historischen Tag zu feiern, die Gründung einer allrussischen Tolstoi-Liga zum Zwecke des Kampfes gegen die Todesstrafe wäre, und wir laden hiemit zur Teilnahme an derselben sowohl einzelne Personen als auch ganze Körperschaften ein.

Und noch daran erinnern wir das russische Volk, daß während der Herbstsession der Reichsduma der Gesetzentwurf über Abschaffung der Todesstrafe eingebracht werden wird.

Die Zeit, unsere heiligste Pflicht zu erfüllen, ist gekommen. Und wir müssen sie tun, indem wir unsere regste Unterstützung jenen Volksvertretern in der Reichsduma zu teil werden lassen, die es sich zum Ziele gesetzt haben, für immer mit der blutigen Erbschaft längst vergangener Zeiten abzuschließen!

XII.
Die Todesstrafe und das Christentum

(Smertnaja kazn' i christianstvo, 1909)[1]

Leo N. Tolstoi

Vorgestern erhielt ich folgenden Brief von einem Petersburger Studenten:
„Hochgeehrter Lew Nikolajewitsch! Ich schicke Ihnen einen Aufsatz von A. St–n, der in dem ‚Nowoje Wremja' vom 18. Dezember gedruckt ist, und bitte Sie sehr, mitzuteilen, was Sie über ihn denken, besonders über die Worte Christi: ob er behauptet: ‚Wer Vater oder Mutter flucht, der soll des Todes sterben.'"
Dem Briefe war folgender Ausschnitt aus dem ‚Nowoje Wremja' vom 18.|31. Dezember 1908 beigelegt:

»*Bemerkungen.*

Gegen die Todesstrafe auftreten, ist eine sehr leichte, angenehme und lohnende Aufgabe. Ich habe von meiner Kindheit an das ganze Leben so gedacht, der Staat könne vorzüglich ohne Todesstrafe auskommen, das Gebot ‚Du sollst nicht töten' erscheine als befehlende Anleitung für die Menschheit, die Todesstrafe widerspreche der christlichen Konvention.

Aber die in Rußland erlebte Revolution und das furchtbare Anwachsen der Kriminalität in Frankreich bei faktischer Aufhebung der Todesstrafe haben viele (in zwei Staaten mit entgegengesetzter politischer Verfassung) veranlaßt, auch diesen Wert umzuwerfen. Mir erscheint diese Frage viel komplizierter und

---

[1] Textquelle dieser Übersetzung | L. N. TOLSTOJ: Die Todesstrafe und das Christentum. In: L. N. Tolstoj: Ausgewählte Werke, herausgegeben von W. Lüdtke. Band XII.: Weltanschauung. Auswahl von W. Lüdtke. Wien/Hamburg/Zürich: Gutenberg-Verlag Christensen & Co. 1929, S. 210-220.

zweifelhafter, als sie sonst immer in ihrer scheinbaren Einfachheit und Klarheit erschien.

Der erste Zweifel, der sich einstellt, ist der folgende:

Indem sich der Staat weigert, die Verbrecher zu bestrafen, weiht er gerade damit nicht der Strafe die zufälligen Opfer verschiedener Verbrechen? Mit andern Worten: indem der Staat wissentlich Schuldige begnadigt, straft er eine viel größere Zahl wissentlich unschuldiger Menschen.

Doch dies widerspricht ja unsern religiösen Begriffen ...?

Auch das muß man in Ordnung bringen. Wie man das grausame Gesetz Mosis, das von Todesstrafen wimmelt, mit dem allgemeinen Gebot: ‚Du sollst nicht töten!' aussöhnen soll. Es ist ganz augenscheinlich, daß dies Gebot die privaten Beziehungen der Bürger betraf, indem es das staatliche Monopol der hebräischen Theokratie schützte.

Ganz ebenso wie ein Gesetz, das z. B. Privatpersonen den Bau von Eisenbahnen verwehrt, gerade dadurch auf das Vorzugsrecht des Staates, dies Regal zu gebrauchen, hinweisen würde.

Aber das grausame Gesetz Mosis hat sich zur sanften Religion Christi entwickelt. Man nimmt gewöhnlich an, es genüge ein einfacher Hinweis auf das Evangelium, um schon die Möglichkeit der Strafe siegreich zu bestreiten. Indessen ist im Evangelium nur an *einer* Stelle von der Todesstrafe die Rede (Markus 7, 9-13), und ... zu ihren Gunsten:

„9. Und er sprach zu ihnen: Wohl fein habt ihr Gottes Gebot aufgehoben, auf daß ihr eure Aufsätze haltet. 10. Denn Moses hat gesagt: Du sollst deinen Vater und deine Mutter ehren; und wer Vater oder Mutter flucht, der soll des Todes sterben. 11. Ihr aber lehret: Wenn einer spricht zum Vater oder [*zur*] Mutter: Korban, das ist, wenn ich's opfere, so ist dir's viel näher, der tut wohl. 12. Und so laßt ihr hinfort ihn nichts tun seinem Vater oder seiner Mutter; 13. und hebet auf Gottes Wort durch eure Aufsätze, die ihr aufgesetzt habt; und desgleichen tut ihr viel."

Hier sehen wir, daß Christus das Gesetz, das die Todesstrafe veranlaßt, ‚Wort Gottes' nennt und ihm die Überlieferung entgegenstellt, die die private Anwendung dieses Gesetzes aufhebt.

Wie sah nun Christus die Möglichkeit von gerichtlichen Irrtümern an, ungerechte Verurteilungen? Er hatte Gläubige im Auge, denen der Tod keinen panischen Schrecken einjagen darf (der natürlich ist für Leugner des jenseitigen Daseins) und befahl deshalb, diejenigen nicht zu fürchten, „die den Leib töten".
Das Recht auf das menschliche Leben ist ein furchtbares Recht. Wenn der Staat es aus den Händen läßt, so lesen es Usurpatoren auf und gebrauchen es ohne Halt und Furcht.
A. St–n.«

———

Ich traute meinen Augen nicht. So wenig traute ich ihnen, daß ich die am selben Tage eingetroffene Nummer des ‚Nowoje Wremja' vom 18. Dezember heraussuchte und las.

Alles stimmte, alles dies war kein Traum, sondern Wirklichkeit. In der am meisten verbreiteten konservativen Zeitung, die für Erhaltung der christlichen Religion eintreten sollte, wird in ganz Rußland mit der Miene der Bedeutsamkeit, Seriosität und Autorität diese entsetzliche Verspottung und Verhöhnung der Lehre Christi und ihre völligste Verleugnung verbreitet. Am selben Abend schrieb ich an den Studenten, der mir den Aufsatz übersandt hatte, und an St–n. An den Studenten schrieb ich folgendes:

„Die Todesstrafe mit den Worten Christi zu rechtfertigen, hat sich bisher kein einziger Fanatiker herausgenommen. Eine solche Rechtfertigung ist außer ihrer Künstlichkeit und Dummheit gewissenlos.

Die Folgerung aus einer solchen Erklärung des Buchstabens der sogenannten Heiligen Schrift ist nur die eine: nichts ist schädlicher für das Verständnis der Lehre Christi und verderblicher sowohl für die wahre Religion als auch für die wahre Sittlichkeit, als dem Buchstaben der Schrift Unfehlbarkeit zuzuschreiben, da es keine größeren Abgeschmacktheiten, Garstigkeiten und Grausamkeiten gibt als diejenigen, die auf diesem

Buchstaben beruhten. Auf den Aufsatz Stolypins aber kann man nur mit dem *einen* Worte: schändlich – antworten, was ich ihm auch geschrieben habe."

20. Dezember 1908. Lew Tolstoj.

Die Lage der Leute unserer Welt, und insbesondere zu unserer Zeit unseres russischen Volkes, ist entsetzlich, nicht nur deshalb, weil selbstzufrieden, ruhig, nicht heimlich, sondern in voller Öffentlichkeit jeden Tag die entsetzlichsten Verbrechen, Morde, jeden Tag als etwas Notwendiges und Gesetzliches von denjenigen Leuten begangen werden, die sich selbst für die Leiter des Volkes halten und von den unwissenden Massen dafür gehalten werden, sondern vor allem deshalb, weil durch jene Frechheit, mit der diese Verbrechen begangen werden, im arbeitenden Volke die letzten Reste des Glaubens an ein für die Menschen irgendwie verbindliches Gesetz Gottes zerstört werden.

Ich weiß, daß die durch die falsche Regierungsorganisation vereinigten Leute, die Verbrechen begehen, die sie Strafen nennen, nicht das hören werden (weil sie es nicht hören wollen), was ich schreie, worum ich sie anflehe; doch ich werde trotzdem nicht aufhören zu schreien, immer ein und dasselbe zu erflehen bis zum letzten Augenblick meines Lebens, von dem nur so wenig übrig ist, oder bis jene selben Leute, die ich ihrer Missetaten überführe, mich hindern, sie zu überführen, indem sie mir das antun, was sie andern ihnen unangenehmen Leuten antun, darunter immer häufiger während der letzten Zeit auch meinen Freunden wegen Verbreitung meiner Bücher. Ich kann gerade deshalb nicht schweigen, weil sich, da ich durch mein Alter, meinen zufällig aufgeblähten Ruf oder wegen irgendwelcher andern mir unbekannten und unbegreiflichen Umstände eine Ausnahmestellung einnehme (eine solche, in der ich allein unter allen in Rußland mit verstopftem Munde lebenden Leuten sprechen kann) – durch mein Schweigen meine Zustimmung und Billigung jener Missetaten bekunden würde, die immer kühner, ohne eine Verurteilung zu hören, die unglücklichen, verirrten Leute begehen, die sich Regierende nennen und sich dafür halten.

Ich schreibe auch jetzt über dasselbe, über das Verhältnis der Leute unserer pseudo-christlichen Zeit, besonders der sogenannten gebildeten Klasse, zur Todesstrafe.

Dies Verhältnis fand mit erstaunlicher Grellheit einen Ausdruck auch in dem Aufsatz des Herrn St–n. Wie unbedeutend dieser Aufsatz an sich auch sein mag und wie abgeschmackt, so stellt er sich doch als eine sehr bestimmte Verspottung alles dessen dar, was immer heilig war und ist und sein wird für die Leute, die die Lehre Christi in ihrem wahren Sinne verstehen. In diesem Aufsatz, der in einer Zeitung gedruckt ist, die hunderttausende Leser hat, wird davon geredet, daß Christus nicht nur nicht den Mord verboten hat, nicht nur die Todesstrafe als notwendig anerkannt hat, sondern den Leuten einen Vorwurf gemacht dafür, daß sie sie abschaffen. Das ist Christus, die Offenbarung des Gottes der Liebe, jenes Gottes, der die Liebe ist! Und dieser Aufsatz wird gedruckt in ganz Rußland verbreitet und jene Scheinchristen, die aus dem ganzen Evangelium am meisten jene Stellen schätzen, wo davon erzählt wird, wie Christus die Leute im Tempel mit der Geißel schlug, und wie er fragte, ob die Jünger Schwerter hätten, widersprechen nicht nur nicht, sondern schenken dieser Verspottung nicht einmal Beachtung, und der Aufsatz wird nur von jenen bemerkt, die in ihm eine neue Rechtfertigung des für sie notwendigen Verbrechens sehen. Der Aufsatz ist, nehmen wir an, sehr unbegründet, ja dumm[2]; aber die liberalen Zeitungen, die nach ihrer Parteirichtung gegen die Todesstrafe auftreten, hätten, so scheint es – wie sie das immer in

---

[2] Ich will gar nicht davon reden, daß im alten Gesetz nicht von der Todesstrafe gesprochen wird, sondern vom einfachen Tode, noch davon, daß der Tod nicht für Nichternährung, sondern für Lästerung der Eltern vorausgesagt wird: die klare Bedeutung der ganzen Stelle ist nur die, daß Christus, indem er die Worte Mosis anführt, augenscheinlich nur davon spricht, man müsse die Eltern ehren, und gar nicht davon, daß jene Missetäter, die jetzt die Leute in Rußland töten, recht handeln.

der Übersicht der Presse tun –, auf die Verlogenheit und Dummheit dieses Aufsatzes hinweisen müssen; aber ich habe rund zehn Zeitungen durchgesehen und nirgends ein Wort über diese Verspottung gefunden. Der Student fragt naiv, ob die Erklärung St–ns richtig sei; eine liberale Professorenzeitung aber urteilt, wenn auch nicht anläßlich des Aufsatzes St–ns, sondern anläßlich meines Aufsatzes über Bosnien und Herzegowina, genau so wie Herr St–ns, indem sie zur Verteidigung der Gewalttätigkeit, wie immer, die Vertreibung aus dem Tempel anführt.

Und ein Aufsatz, der Christus Vorwürfe für diejenigen zuschreibt, welche die Todesstrafe abzuschaffen wünschten, passiert ohne Abwehr, offenbar gebilligt sowohl von der Regierung als auch von den Liberalen.

Das ist ja entsetzlich!

Fast zur selben Zeit ereignete sich in der letzten Sitzung des Frauen-Kongresses folgendes: eine von den Frauen wünscht dem bedrückenden Gefühl Ausdruck zu geben, unter dem sie und die Mehrzahl der Frauen leiden und das durch die häufigen Todesstrafen hervorgerufen ist; doch sie kam nicht dazu, das Wort Todesstrafe auszusprechen, da schritt der Polizist ein und verbot, weiter davon zu sprechen, daß es nicht gut sei, einander zu töten. Dasselbe passierte auch in der Duma am Tage nach dem Aufsatz St–ns oder dem folgenden Tage. Einer der Dumaabgeordneten, der erfahren hatte, in einer der russischen Städte seien an einem einzigen Tage 32 Menschen zum Erhängen verurteilt worden, fand, daß eine solche Menge von Gehängten auf einmal reichlich groß sei, und fand es für nötig, bei dieser Gelegenheit seinen und der Gleichgesinnten Unwillen zum Ausdruck zu bringen. Wie seltsam auch der feierliche Ausdruck des Unwillens von Leuten sein mag, die das Gesetz Christi bekennen, gegen Leute, die dasselbe Gesetz bekennen und sich schon einige Jahre mit Hängen ihrer Brüder befassen und nach der Meinung der Protestler schon reichlich viele Leute auf einmal zu hängen gewünscht hatten, – diese Erklärung wurde abgegeben. Und was erfolgte? Wie reagierte auf diesen Ausdruck des Unwillens die Mehrheit der Scheinvertreter des Volkes? Sie reagierte mit wilden Schreien, Schimpfreden, reagierte vor allem – wie bei allen Verbrechern, die ihr Verbrechen kennen, mit dem, womit sie auf dem Frauenkongreß reagiert hatte, womit sie sich in allen Zensurverordnungen äußert, die jede Verurteilung des Mordes bestrafen: mit dem Wunsche, um jeden Preis ihr Verbrechen zu verbergen, das zu tun, was jeder Verbrecher tut: die Zeugen ihres Verbrechens zu entfernen. Bemerkenswert war dabei besonders, wer diejenigen waren, welche vor allem sich bemühten, die Leute zum Schweigen zu bringen, die den Unwillen gegen die Todesstrafe zum Ausdruck gebracht hatten, – die sich besonders über das Verlangen der Leute empörten, den Brudermord einzustellen. Das waren alles jene selben Leute, die sich und andern versichern, sie glaubten an irgendein von verschiedenen geistlichen Personen verordnetes Gesetz, das sie christlich nennen und in dessen Namen sie unverwehrt ihre Missetaten verrichtet haben, verrichten und weiter verrichten wollen.

Im christlichen Staate muß jeder Mann, der das Alter erreicht hat, Soldat werden, bereit zum Morde. Jede Bereitschaft zum Morde wird aufgemuntert. Es werden Peinigungen aller Arten erlaubt, Wegnahme des Landes bei Leuten, die sich von Ackerbau zu nähren wünschen. Es wird die Prostitution erlaubt, es wird die Trunkenheit organisiert, es wird die Spionage für notwendig erklärt, es wird mit der größten Sorgfalt und Bemühung das *eine* verboten – seine Antipathie gegen Mörder auszusprechen. Ist es etwa nicht klar, daß Leute, die so verfahren, wissen, was für welche sie sind, wissen, daß es für ihre Tätigkeit nicht nur nicht eine religiöse oder sittliche, sondern auch keine vernünftige Rechtfertigung gibt und nicht geben kann, und daß ihnen allein übrig bleibt – durch alle, auch die widrigsten, Verbrechen – Morde, Plünderungen, Schwindel jeder Art, Schurkereien, Gemeinheiten ihre Stellung zu behaupten, was sie auch mit erstaunlicher Frechheit und Verwegenheit tun?

Die Leute verwundern sich darüber, daß das Leben voller Schrecken und Übel aller Art sei. Ja, kann denn das anders sein? Das Leben kann ja nur unvollkommen sein in einer Gesellschaft, wo die Bedingungen des Lebens hinter dem vom Glauben gezeigten Ideal zurückbleiben oder wo der Glaube selbst einige Unklarheiten und Verdrehungen enthält. Aber wie kann ein Leben ich sage nicht moralisch, sondern nur irgendwie ordentlich sein in einer Gesellschaft, wo es keinen Glauben gibt, keine Definition des Sinnes des Lebens und keine aus ihr sich ergebende Anleitung zum Betragen? In China, in Indien, in Japan, unter jenen Völkern, die wir, die wir uns Christen zu sein dünken, für wilde halten, kann das menschliche Leben mehr oder weniger vernünftig verlaufen. Wenn sie nicht so viele Grammophone, Kinematographen, Automobile, Toilettenschmuck, Aeroplane, 30-stöckige Häuser, Berge bedruckten Papiers usw. haben wie wir, so haben sie dafür ein von der Mehrheit anerkanntes religiös-sittliches Gesetz und die aus ihm sich ergebende Anleitung zum Betragen, welche die Leute als für sich verbindlich erachten. Bei uns aber, den sogenannten Christen, gibt es viele unnötige und schädliche Dummheiten, deren wir uns rühmen, aber nicht jenes eine, ohne welches das menschliche Leben kein Leben, sondern ein tierisches Dasein ist. Es gibt kein von allen anerkanntes höchstes Gesetz, das den Sinn des menschlichen Lebens erklärt, und keine aus ihm sich ergebende Anleitung zum Betragen.

Eine verwunderliche Sache: gerade infolge der Höhe der christlichen Lehre, ihrer Wahrhaftigkeit und ihrer Anwendbarkeit aufs Leben blieben Leute, die sie angenommen haben, ohne jegliche, wie auch geartete religiöse Lehre.

Die christliche Lehre wurde von Leuten angenommen, die in Gesellschaften leben, die nur durch Vergewaltigung vereinigt sind, durch Androhung von Strafen jeder Art gegen diejenigen, die es gelüsten sollte, der vorhandenen Vergewaltigung sich nicht zu fügen, und deshalb ist es verständlich, daß das Wesen der christlichen Lehre, die den Ersatz der Vergewaltigung durch die Liebe vorschlägt (und nur hierin bestand und besteht das Wesen des Christentums), nicht angenommen werden konnte, sondern nicht nur sorgsam verborgen werden mußte, ja so verborgen, daß die christliche Lehre selbst, die jede Vergewaltigung verneint, zur Rechtfertigung, Stütze, Bestätigung jeglicher Vergewaltigung würde.

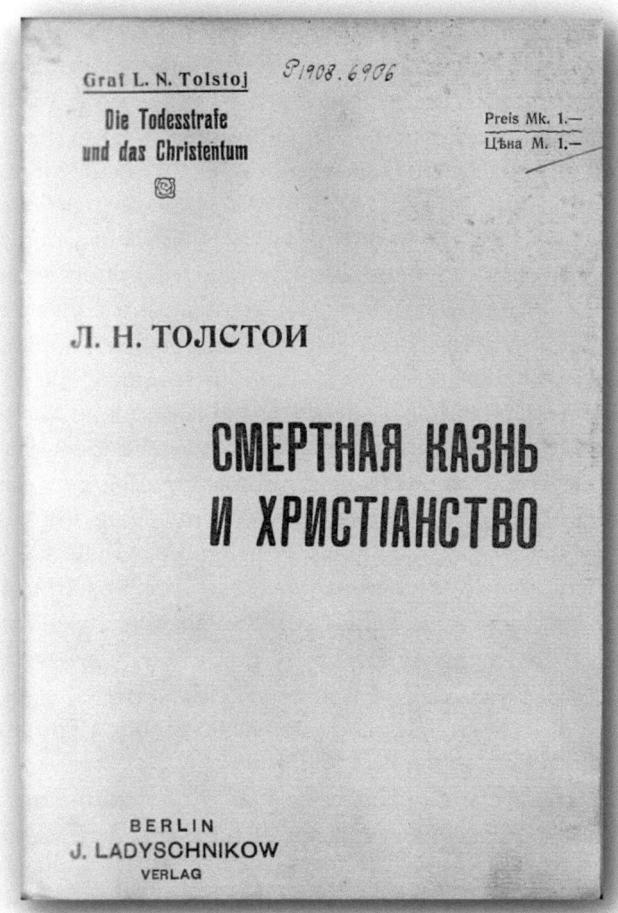

Eine in Berlin verlegte russische Ausgabe
von L. Tolstois 1909 veröffentlichter Broschüre
„Die Todesstrafe und das Christentum"

Und diese auf den ersten Blick anscheinend unmögliche Sache wurde doch ausgeführt. Die Lehre der Liebe, des Verzeihens, der Vergeltung des Bösen mit Guten! wurde nicht nur vereinbart, sondern zur Rechtfertigung gemacht für die Existenz von Heeren, Kriegen, Patriotismus, Gerichten, Gefängnissen, Strafen, Landeigentum und Vergewaltigungen aller Art. Eine unzählige Menge von Theologen und Gelehrten mühten sich mit dieser anscheinend unmöglichen, schweren Sache ab. Und die Sache wurde ausgeführt. Anstatt der einfachen, klaren, christlichen Lehre der Liebe, die die Bedürfnisse der Seele eines jeden Menschen beantwortet, entstand ein komplizierter, im Katholizismus, in der Orthodoxie und im Protestantismus identischer, listig erklügelter Bau von theologischen und gelehrten Sophismen mit ihren feierlichen Riten und sinnlosen Dogmen, die in sich keinen innern Gehalt haben, aber dafür das doppelte Ziel erreichen, das sich die herrschenden Klassen gesetzt haben: das eine – die wahre Bedeutung des Christentums zu verbergen; das andere – den Menschen statt des Christentums etwas ihm Ähnliches zu geben. Und eine Zeitlang wurden diese Ziele vollkommen erreicht: die Menschen sahen die wahre Bedeutung des Christentums nicht und glaubten blind an den ausgedachten Glauben, an die Kirche, an den Papst, an die Dogmen, Mysterien, Erlösung, Reliquien, Heiligenbilder, Bibel und fügten sich, sich begnügend mit diesem götzendienerischen groben Glauben, gehorsam den herrschenden Klassen.

So dauerte das lange Zeit; aber mit der Entwicklung der Aufklärung wurde dieser ausgedachte Glaube von den Menschen immer schwächer angenommen, und es kam schließlich eine Zeit, wo die Menschen die ganze Unhaltbarkeit und die innern Widersprüche dieses Glaubens erkannten und sich immer mehr von ihm zu befreien begannen. Indem sich aber die Menschen vom kirchlichen Glauben befreiten, befreien sie sich auch vom Christentum, das so künstlich mit dem kirchlichen Glauben verflochten war, daß sie sich durch die Befreiung von der Kirchlichkeit unwillkürlich auch vom Christentum in seinem wahren Sinne befreiten. Und es geschah, daß die ungeheure Mehrheit der christlichen Welt, besonders die sogenannten intelligenten Klassen, nach ihrer Befreiung von der Lüge des christlichen Glaubens in einer für den Menschen ganz unnatürlichen Lage blieben: ohne jeden Glauben, ohne jede Erklärung des Sinnes des Lebens und einer allgemeinen, aus der Lebensanschauung sich ergebenden Anleitung zum Betragen. In einer solchen Lage befindet sich die ungeheure Mehrheit aller wohlhabenden Klassen der christlichen Welt und besonders in Rußland. Die Mehrheit der Leute jener Klassen, die – Revolutionäre wie auch Regierungsmänner – das Volk leiten wollen und es zu leiten denken, glauben an nichts, erkennen kein anderes Verständnis des Sinnes des Lebens an außer dem groben, tierischen Egoismus oder dem Ehrgeiz. Der Unterschied zwischen den einen und den andern besteht nur darin, daß die Revolutionäre ihren Unglauben eingestehen, ja sich seiner rühmen, die Regierungsmänner aber sich dessen rühmen, daß sie glauben – an das, an was zu glauben doch etwas ganz Übles ist.

Dieses Fehlen jeglichen, wie auch gearteten Glaubens nun, wie bei den mit der Regierung kämpfenden Leuten, so auch bei den Leuten, welche die Regierung bilden, tritt in den verschiedensten Erscheinungen zutage und besonders scharf jetzt in dem Verhalten unserer russischen intelligenten Gesellschaft zur Todesstrafe.

In der Duma treten Abgeordnete gegen die Todesstrafe auf; doch sie treten gegen sie auf nicht im Namen irgendwelcher religiöser, moralischer Prinzipien, sondern nur deshalb, weil sie in den fortschrittlichen Ländern immer weniger angewandt wird, und deshalb, weil die Verneinung der Todesstrafe ein starker Trumpf gegen die feindliche Partei ist. Man sollte meinen, der einfachste, natürlichste und unwiderleglichste Beweis gegen die Todesstrafe wäre der religiöse Beweis, daß die Todesstrafe unvereinbar mit jenem Christentum sei, als dessen Bekenner sich die Verteidiger der Strafe erklären. Doch die Liberalen können diesen Beweis nicht gebrauchen: 1. weil sie selbst keine Religion anerkennen und jede Religion für einen Rest von Unwissenheit und Aberglauben halten; 2. weil sie dunkel fühlen, daß das echte

Christentum jede Vergewaltigung verwerfen muß. Die Notwendigkeit der Vergewaltigung – wenn auch zu entgegengesetzten Zwecken – erkennen sie ebenso an wie ihre Gegner. Ihre Gegner jedoch, die sich für religiöse Leute halten, d. h. für Leute, die eine pseudochristliche Religion bekennen, die von geistlichen und weltlichen Auslegern, in der Art des Herrn St–n, verbessert ist, halten die Todesstrafe so sehr für eine notwendige Bedingung des christlichen Lebens, daß die Befreiung vom Tode, die für jeden Menschen verbindlich sein sollte, solchen Leuten als eine ganz besondere Tat erscheint. So wurde, während ich diesen Aufsatz niederschrieb, in den Zeitungen die Nachricht veröffentlicht, der russische Zar habe diesen 32 verurteilten Menschen, wie er sich ausdrückte, „das Leben geschenkt". Und diese Nachricht darüber, daß ein Mann, der die Möglichkeit hatte, Tausende von verurteilten Leuten vom Tode zu retten, und es doch im Laufe einiger Jahre nicht tat, sondern erst jetzt bei dem Entsetzen vor einer Verurteilung von 32 Leuten auf einmal dies tat in bezug auf ein Hundertstel von denen, die mit seiner Zustimmung getötet wurden, – diese Nachricht rief unter den Leuten, die sich Christen nennen, nicht Entsetzen und Widerwillen gegen diesen unglücklichen, verirrten Mann hervor, sondern Rühmen und Entzücken.

Ja, unser Hauptelend besteht nicht im Despotismus, nicht in der Richtigkeit und Grausamkeit und Dummheit der Leute, die die Macht ausüben, nicht in der Erbostheit der Revolutionäre, nicht in der Armut des Volkes, sondern in dem einen: in dem Fehlen der Religion bei den einen und in der Heuchelei oder dem Selbstbetrug der andern.

Die einen, die Liberalen, bilden sich ein, die Menschen könnten ohne Religion leben, und sie hätten keine Religion, während sie doch eine sehr einseitige, flache und beschränkte, unbestimmte, um nicht zu sagen dumme Religion haben, die sie Wissenschaft nennen. Die andern aber, die Regierungsmänner, die Konservativen, bilden sich ein, sie hätten Religion, während sie doch gar keine haben, sondern nur jener kirchliche Trug da ist, den sie nur dazu brauchen, um ihre Macht über das betrogene Volk nicht zu verlieren.

Du, Konservativer, schreibst Strafen vor, nimmst an ihnen teil, rechtfertigst sie, weil du um das Wohl der Gesellschaft besorgt bist. Dasselbe sagst auch du, Revolutionär, während du deine Explosionen, Morde, Expropriationen organisierst. Doch ihr täuscht euch ja beide und betrügt nur die Leute und oft euch selbst. Nämlich erstens, die von dir beliebte Organisation des Lebens kann nicht unzweifelhaft wahr sein (ebenso überzeugt sind die andern); zweitens, niemals wird die Organisation, welche die Leute einführen wollen, verwirklicht, sondern es wird meistens eine völlig entgegengesetzte durchgeführt; drittens, jede Vergewaltigung, und deshalb auch diejenige, zu deren Anwendung ihr euch für berechtigt haltet, bringt keinerlei Förderung, sondern wirkt im Gegenteil immer jeglicher guten Ordnung entgegen; und viertens, die Hauptsache, euer Beruf in diesem Leben, das jeden Augenblick aufhören kann, kann in keiner Weise weder darin bestehen, die vorhandene Ordnung zu erhalten, noch darin, diese oder jene gesellschaftliche Ordnung aufzurichten, sondern kann nur bestehen in der Erfüllung eurer menschlichen Verpflichtungen vor Gott oder vor eurem Gewissen, wenn Ihr Gott nicht anerkennt.

Und du, Mensch, der du jeden Augenblick sterben kannst, findest nichts Besseres, als dein Leben dazu anzuwenden, um durch Vergewaltigungen, Morde, die von dir beliebte gesellschaftliche Ordnung zu verwirklichen oder zu erhalten, die für deine Seele, für die Erfüllung deiner wahren Lebensbestimmung vollkommen unnötig ist.

Und darum, wer du auch sein magst: Zar, Terrorist, Henker, Leader irgendeiner Partei, Soldat, Professor, wer du auch sein magst, die Frage ist für dich nur die eine: welches sind deine hauptsächlichsten Verpflichtungen und welche mußt du für welche opfern: die Verpflichtungen eines Gliedes des Staates, des Volkes, der revolutionären Partei, oder die Verpflichtungen des Menschen, eines Gliedes der ganzen gegenwärtigen, vergangenen und zukünftigen Menschheit. Ist es dir, einem vernünftigen

Wesen, einem Menschen, eigentümlich, dein Leben, das in jedem Augenblick aufhören kann, mit Bosheit, Erregung und oft Verzweiflung, im Namen der von dir angenommenen besten Ordnung, zu Werken der Vergewaltigung und des Mordes zu gebrauchen, oder im Gegenteil, unabhängig von jeder Sorge um diese oder jene Ordnung deine menschliche Würde höher als alles zu stellen und deine Kräfte zu den mit deinem Gewissen übereinstimmenden Werken des Guten und der Liebe zu gebrauchen, die dich sofort vollkommen befriedigen und zugleich dich und die ganze Menschheit unvermeidlich annähern nicht jenem phantastischen Heil der Menschen, das ein jeder auf seine Weise bestimmt, sondern jenem unzweifelhaften, wenn uns nach seiner Form auch unklaren Heil, zu dem die Menschheit unaufhörlich hinstrebt.

Ja, die Lage der heutigen christlichen Menschheit ist entsetzlich. Der einzige Trost ist der, daß sie so entsetzlich ist, daß sie nicht länger währen kann. Die Menschen können aber nicht umhin, schließlich jene ewige, wenn auch nur dunkel, so doch immer jedem Menschen bewußte Wahrheit anzuerkennen, daß es den Menschen eigentümlich ist, nicht durch Vergewaltigung, nicht durch Drohungen, nicht durch Morde zu leben, sondern durch die Liebe, und wenn sie diese Wahrheit erkennen, können sie nicht umhin, ihre Tätigkeit zu ändern. Die Änderung der Tätigkeit verändert aber, wenn wir auch nicht wissen wie, auch die Ordnung des Lebens der Menschen. Ja, die Menschen können nicht umhin, dies zu tun, müssen dies tun, weil man das Leben nach der erkannten Wahrheit ändern kann, aber nicht die Wahrheit ändern nach jener Form des Lebens, die uns gefällt. Um so unmöglicher ist das, weil die Menschen der christlichen Welt schon einige Jahrhunderte den Versuch machen, dies zu tun, und alle Versuche einer solchen Verdrehung der Wahrheit und der Fortsetzung des früheren Lebens nur zu immer größerem Elend führen und zu immer größerer Erhellung der Wahrheit.

Jaßnaja Poljana, 22. Dezember 1908.

XIII.
„Über das Recht"

Brief an einen Jurastudenten –
Jassnaja Poljana, 27. April 1909[1]

Leo N. Tolstoi

Ich erhielt Ihren Brief und beantworte ihn mit Vergnügen. Dasjenige, was Sie mir aus dem Buch des Herrn Petraschitzky ausschrieben, kam mir einerseits im höchsten Grade komisch vor durch seine imperativischen, attributivischen, ethischen und noch anderen Erlebnisse, besonders wenn ich mir vorstelle, mit welcher Wichtigkeit dies alles von ehrbaren, meist bereits ältlichen Männern gelehrt wird, und mit welcher ehrfurchtsvollen Hochachtung das alles aufgenommen und auswendig gelernt wird von Tausenden junger Leute, die durchaus nicht dumm sind, und sich für gebildet halten. Aber ausser dieser komischen Seite hat diese Angelegenheit auch noch eine sehr ernste Seite, und gerade hiervon möchte ich Ihnen das sagen, was ich darüber denke. Diese ernste Seite beruht darin, dass diese ganze erstaunliche sogenannte „Wissenschaft" vom Recht – in Wirklichkeit der grösste Unsinn ist, der je ausgedacht und verbreitet wurde, nicht „aus frohem Herzen" wie die Franzosen sagen, vielmehr zu einem ganz bestimmten und sehr hässlichen Zweck: Nämlich, um die schlechten Taten zu rechtfertigen, welche beständig die Angehörigen der nichtarbeitenden Stände verüben. Die ernsthafte Seite dieser Angelegenheit beruht auch noch darin, dass man nirgends sonst mit grösserer Klarheit erkennen kann, auf wie nied-

---

[1] Textquelle dieser Übersetzung I Leo TOLSTOI: Religiöse Briefe. Übersetzt und herausgegeben von Karl Nötzel. Sannerz und Leipzig: Gemeinschafts-Verlag Eberhard Arnold [1923], S. 294-301 (Nr. 214: *An einen Studenten*). – Texterfassung für die Tolstoi-Friedensbibliothek: Ingrid von Heiseler.

riger Stufe die wirkliche Bildung unserer Zeitgenossen steht, als bei dieser erstaunlichen Erscheinung, dass eine Sammlung solcher äusserst wirren unklaren Erörterungen, die mit ausgedachten, jeglichen Sinnes entbehrenden lächerlichen Worten zum Ausdruck gelangen, in unserer Welt als „Wissenschaft" gilt, und in allem Ernst auf den Universitäten und Akademien gelehrt wird.

Das Recht! Das natürliche Recht, das Staatsrecht, das bürgerliche Recht, das Strafrecht, das Kirchenrecht, das Kriegsrecht, das Völkerrecht, das „Recht" „le Droit"„Prawo"! Was ist denn das eigentlich, was man mit einem so seltsamen Wort belegt? Wenn man die Sache nicht „wissenschaftlich" erörtert, d. h. nicht nach attributiv-imperativischen Erlebnissen, wenn man vielmehr nach dem allen Menschen eigenen gesunden Menschenverstand das bestimmt, was tatsächlich unter dem Wort „Recht" verstanden wird, so gestaltet sich die Antwort auf die Frage, was eigentlich das Recht sei, sehr einfach und klar: Recht heisst in Wirklichkeit für Leute, die Macht ausüben, die Erlaubnis, die sie sich selber geben, diejenigen Menschen, über welche sie Macht haben, zu zwingen, das zu tun, was ihnen, den Herrschenden, vorteilhaft ist. Für die Beherrschten aber bedeutet Recht die Erlaubnis, alles das zu tun, was ihnen nicht verboten ward. Das Staatsrecht ist das Recht, den Menschen die Ergebnisse ihrer Arbeit abzunehmen, sie zu einem Morden auszuschicken, das Krieg genannt wird, für diejenigen aber, denen man die Ergebnisse ihrer Arbeit abnimmt, und die man in den Krieg schickt, bedeutet Recht: alle diejenigen Erzeugnisse ihrer Arbeit zu nutzen, die man ihnen noch nicht abnahm, und bis dahin nicht in den Krieg zu gehen, bis man sie in den Krieg schickt. Das bürgerliche Recht ist das Recht der einen Menschen auf Bodenbesitz, auf Tausende, sogar Zehntausende Tagwerke, und auf den Besitz der Arbeitsmittel. Dagegen besteht das Recht derjenigen, welche weder Boden noch Arbeitsmittel besitzen, darin, dass sie, weil sie vor Not und Hunger dem Tode nahe sind, ihre Arbeit und ihr Leben denjenigen verkaufen, die im Besitz des Bodens und des Kapitals sind. Das Strafrecht ist das Recht der einen

Menschen, alle diejenigen zu verschicken, einzusperren und aufzuhängen, von denen sie es für nötig halten, dass man sie verschickt, einsperrt und hängt. Für die Verschickten, Eingesperrten und zu Hängenden dagegen beruht das Recht darin, dass sie bis dahin nicht verschickt, eingesperrt und gehängt werden, bis das denjenigen, die die Möglichkeit haben, dies zu tun, nötig zu sein scheint. Ganz ebenso steht es mit dem Völkerrecht: Dies ist das Recht für Polen, Indien, Bosnien und die Herzegowina, unabhängig zu leben, – aber nur so lange, bis diejenigen, die über ein stärkeres Heer verfügen, anders beschliessen.

Das ist klar für jeden Menschen, der nicht nach attributiv-imperativischen Erlebnissen urteilt, vielmehr nach dem allen Menschen gemeinsamen gesunden Menschenverstand. Jedem solchen Menschen ist es klar, dass dasjenige, was sich unter dem Wort „Recht" verbirgt, gar nichts anderes ist, als gerade eben die rohe Rechtfertigung derjenigen Gewalttaten, welche von den einen Menschen gegen die anderen ausgeübt werden.

„Das Recht wird aber durch das Gesetz bestimmt", entgegnen hierauf die „Wissenschaftler". Durch das Gesetz? Ja, aber eben diese Gesetze werden doch von ganz denselben Menschen ausgedacht, mögen das nun Kaiser, Könige, kaiserliche Ratgeber, königliche Kanzler oder Parlamentsmitglieder sein, die von den Gewalttaten leben und deshalb diese Gewalttaten stützen durch von ihnen selber aufgestellte Gesetze. Sie selber, ganz die gleichen Menschen, bringen aber auch diese Gesetze zur Durchführung, und sorgen für ihre Befolgung nur solange, als diese Gesetze für sie vorteilhaft sind; werden aber diese Gesetze für sie unvorteilhaft, so denken sie sich neue aus und solche, wie sie sie brauchen.

Das alles ist doch sehr einfach. Es gibt Vergewaltiger und Vergewaltigte, und die ersteren wollen ihr Tun rechtfertigen. Und da nennen sie denn ihre Verfügungen darüber, wie sie im gegebenen Fall und zur gegebenen Zeit ihre Mitmenschen zu vergewaltigen beabsichtigen – Gesetze, die Erlaubnis aber, die sie sich selber dazu geben, ihre Gewalttaten zu verüben, und die Vorschriften für die zu Vergewaltigenden: nur das zu tun, was ihnen nicht verboten wird – das nennen sie das Recht.

Dabei lernen Tausende und Abertausende junger Leute eifrig alle diese Dummheiten auswendig – und das wäre noch kein Unglück, wenn es sich nur um Dummheiten handelte, doch die Gemeinheiten, auf denen sich dieser rohe und verderbliche Betrug aufbaut? Und Millionen und Millionen einfacher Menschen glauben dem, was ihnen die „Gelehrten" einreden, und fügen sich unwiederbringlich jenem unnatürlichen und unterdrückten Leben, das für sie die Folge dieses von den „Gelehrten" verkündeten und anerkannten Betrugs ist.

Wenn irgend ein persischer Schah, ein Johann der Grausame, ein Dschingiskan, ein Nero Tausende von Menschen schlachten und zu Tode prügeln lässt, ist das furchtbar, aber gleichwohl nicht so entsetzlich, wie das, was die Herrn Rechtslehrer und ihresgleichen tun. Sie töten zwar keine Menschen, aber alles Heilige, was in den Menschen ist.

Unschön ist der Aberglaube (und zum Teil ist das auch Betrug), wenn ein wundertätiges Bild der mütterlichen Himmelskönigin im Volke herumgefahren wird, indes liegt dennoch eine gewisse Poesie in diesem Aberglauben und Betrug; ausserdem ruft er gleichwohl auch gute Empfindungen in den Menschen wach; in dem Aberglauben und dem Betrug des „Rechts" liegt aber gar nichts ausser gemeinster Schurkerei: nämlich dem Wunsche, nicht nur den Menschen die von allen im Bewusstsein getragene sittlich-religiöse Wahrheit zu verbergen, sie vielmehr auch noch zu entstellen: die grausamsten, jeder Sittlichkeit widersprechendsten Taten: Räubereien, Gewalttaten, Morde für Wahrheit auszugeben!

Erstaunlich ist dabei sowohl die Frechheit wie die Dummheit und die Verachtung des gesunden Menschenverstandes, womit diese Herrn Gelehrten ganz ruhig und selbstgewiss behaupten, dieser selbe Betrug, der mehr als alles andere die Menschen verdirbt, trage auch noch zu ihrer sittlichen Erziehung bei. Man könnte dies ja sagen – und auch dann wäre es etwas seltsam – wenn man den Ursprung des Rechtes für göttlich erklärt; jetzt aber, wo das, was „Recht" heisst, in Gesetzen zum Ausdruck gelangt, die entweder von einzelnen Menschen ausgedacht werden oder von miteinander im Streite liegenden Parlamentsparteien, sollte es doch wirklich schon so scheinen, als sei es unmöglich, die Bestimmungen des „Rechtes" als absolut gerecht hinzustellen und von der erziehenden Bedeutung des „Rechts" zu sprechen. Vor allem aber ist es schon deshalb unmöglich, von einer erziehenden Wirkung des „Rechts" zu sprechen, weil die Entschliessungen des „Rechts" durch Gewalttaten: Verschickung, Einsperrung und Todesstrafe zur Ausführung gelangen, d. h. durch unsittlichste Taten. Wenn man heutzutage von der ethisch erziehenden Bedeutung des „Rechts" spricht, ist das ganz ebenso, als wenn man (und auch das ist geschehen) von einer sittlich-erziehenden Bedeutung der Herrschaft der Sklavenbesitzer für die Sklaven sprechen würde. Wir haben jetzt in Russland diese erziehende Bedeutung des Rechts klar vor aller Augen! Wir sehen, wie vor unsern Blicken das Volk verdorben wird dank den nie aufhörenden Verbrechen, die – zweifellos: als „Recht" gerechtfertigt – von der russischen Regierung verübt werden. Die verderbliche Wirkung der Tätigkeit, die auf dem „Recht" gegründet ist, ist jetzt besonders klar in Russland bemerkbar, es ist aber überall und stets ganz ebenso, war so und wird so sein, wo – und auch das ist überall der Fall, die Gesetzlichkeit jeder Art von Gewalttaten, den Mord eingeschlossen, anerkannt wird, wenn sie sich auf dem „Recht" gründen.

Ja, die erziehende Bedeutung des „Rechts"!

Kaum in irgend einem andern Fall sind die Frechheiten, die Lüge und die Dummheit der Menschen so weit gegangen!

Die ethisch erziehende Bedeutung des „Rechts"! Aber das ist ja entsetzlich! Die Hauptursache der Unsittlichkeit der Menschen unserer christlichen Welt – das ist ja gerade dieser furchtbare Betrug, der Gesetz heisst – und dabei sprechen jene auch noch von der erzieherischen Bedeutung des „Rechts"!

Es wird doch sicherlich niemand in Abrede stellen, dass die primitivsten, die niedrigsten Forderungen der Sittlichkeit, ich sage schon gar nicht der Liebe, darin bestehen, dass man dem andern nicht das tun soll, was man nicht wünscht, dass er einem selber antue, dass man ferner Mitleid habe mit dem Armen, dem Hungerleidenden, dass man Beleidigungen verzeiht, dass man die Mitmenschen nicht beraubt, dass die einen Menschen sich nicht dasjenige aneignen, worauf die anderen ganz das gleiche Recht haben wie sie, überhaupt, dass man nicht das tut, worin jeder unverdorbene vernünftige Mensch ein Übel erblickt. Und was wird denn, als Beispiel der Gerechtigkeit und der Erfüllung der sittlichen Forderungen, auf die feierlichste Weise von Menschen getan, die sich für Lehrer und Führer der Menschen halten? Die Reichtümer von Grossgrundbesitzern, Fabrikanten, Kapitalisten, die alle ihre Güter durch Raub des Bodens erlangten, der doch natürlicherweise allen gehören muss, oder durch Ausbeutung der Arbeit von Arbeitern, (die deshalb, weil man ihnen den Boden nahm, in völlige Abhängigkeit von den Kapitalisten gerieten) – das alles wird so eifrig bewahrt und in Schutz genommen, dass, wenn einer von den Beraubten, Unterdrückten, Betrogenen, von allen Seiten zum Trinken berauschender Getränke Angereizten sich irgendwie auch nur den millionsten Teil von den Gegenständen aneignet, die man durch ständigen Raub ihm und seinen Kameraden abnahm, man ihn nach dem „Recht" verurteilt, einschliesst und verschickt! Da lebt der Besitzer von Tausenden von Tagewerken, d. h. ein Mensch, der entgegen der augenfälligsten Gerechtigkeit sich als einzelner das natürliche Eigentum vieler aneignete, insonderheit derjenigen, die auf diesem Boden leben, d. h. der vor aller Augen Raub verübte, und nicht aufhört, jene Menschen zu berauben – und da geht einer von diesen Beraubten, der nicht lesen und schreiben lernte, der eingelullt ward von einem falschen Glauben, der ihm von Geschlecht zu Geschlecht überliefert ward, der von der Regierung durch Schnaps betrunken gemacht worden war und der seine primitivsten Lebensbedürfnisse nicht zu befriedigen vermag, nachts mit einem Beil in den Wald und fällt einen Baum, den er zu einem Bau braucht, oder dazu, um für das durch seinen Verkauf erlöste Geld sich das Notwendigste anzuschaffen. Er wird ertappt. Er verletzte das „Recht" des Besitzers von Tausenden Tagwerken Waldes. Die Kenner des „Rechts" verurteilen ihn, setzen ihn ins Gefängnis, und berauben so seine hungernde Familie des letzten Versorgers. Ganz das gleiche geschieht überall in Hunderten und Tausenden solcher Fälle, in den Städten, in den Werkstätten, auf den Fabriken.

Man sollte meinen, es könne ohne Gerechtigkeit weder Sittlichkeit geben, noch Güte, noch Mitleid, noch Verzeihen erlittener Beleidigungen. Hier aber wird das alles durchbrochen im Namen des „Rechtes". Und solche Taten, die täglich an allen Orten zu Tausenden, auf Grundlage des „Rechts" verübt werden, sollen auch noch die Menschen sittlich erziehen!

Der erziehende, sittliche Einfluss des Rechts?!!

Es gibt doch gar nichts, sogar nicht einmal die Theologie ausgeschlossen, was so unausbleiblich die Menschen verdirbt, sie nur verderben kann!

Man vermag nur darüber zu staunen, dass sich ungeachtet dieser ununterbrochenen, immer zunehmenden, von zwei Seiten ausgehenden, auf Verderbnis des Volkes gerichteten Tätigkeit überhaupt noch der wahre Begriff der Gerechtigkeit in ihm erhalten hat, den die nicht arbeitenden Stände längst schon völlig verloren haben.

Wenn die „Gelehrten Herren", die alle göttlichen und menschlichen Gesetze kennen, dabei an gar nichts Mangel leiden und reich sind, die Meinung haben, man müsse einem armen Teufel, der aus Not oder sei es sogar aus Dummheit, aus Trunkenheit oder Unwissenheit einen Baum im Wald fällte, oder Ware für zwei Rubel aus einer Fabrik wegschleppte, ins Gefängnis setzen, man dürfe ihm nicht verzeihen, man müsse vielmehr auch noch seine Familie Hungers sterben lassen, was soll dann ich, Blutarmer, völlig Ungebildeter tun, wenn man mir das Pferd wegführt? Darf ich dann den Pferdedieb richten, und gar nicht einmal richten, vielmehr einfach totschlagen? – So müssten die Leute aus dem einfachen Volke urteilen. Aber ungeachtet aller Verderbnis, der sie unterliegen von seiten des Rechts und der Kirchenlehre – besonders aber des „Rechts", bewahren sie sich gleichwohl richtige, sittliche, menschliche Züge, wovon diejenigen Menschen keine Spur mehr besitzen, welche das Recht festsetzten und nach ihm leben.

Kant sagte: das Geschwätz an den höheren Lehranstalten beruhe grösstenteils auf einem stillen Übereinkommen, der Entscheidung schwieriger Fragen auszuweichen, indem man den Worten einen trügerischen Sinn gebe. Aber dieses Geschwätz der Gelehrten hat nicht nur zum Zweck, der Beantwortung schwieriger Fragen aus dem Wege zu gehen – dieses Geschwätz hat, wie das in Hinsicht auf das Recht vor sich geht, häufig auch den allerbestimmtesten unsittlichen Zweck – nämlich das bestehende Übel zu rechtfertigen.

So steht das in sittlicher Hinsicht. Aber auch vom Standpunkt der Vernunft ist der Glaube an irgend eine wundertätige, himmlische Gottesmutter, oder an die dieser Tage heilig gesprochene Jeanne d'Arc gleichwohl nicht so albern, wie der Glaube an die attributivischen und imperativischen Erlebnisse. Es sollte scheinen, in unserer Zeit würden auch bereits die offenbare Ungenauigkeit, die Sophistik der Begriffe selber und die Künstlichkeit der gar nicht bestehenden, vielmehr nur zu ihrem Ausdruck ausgedachten Worte alle frischen, gesunden Geister abstossen von der Beschäftigung mit solchen Gegenständen. Aus Ihrem Briefe ersehe ich aber, dass es jetzt ganz ebenso ist, wie vor 60 Jahren. Ich war ja selber Jurist, und ich entsinne mich, dass mich auf dem zweiten Kurs die Theorie des „Rechts" interessierte, und ich nicht nur für das Examen sie zu erforschen begann, indem ich glaubte, ich werde in ihr die Erklärung dessen finden, was mir seltsam und unklar erschien – in den Einrichtungen des Menschenlebens. Ich entsinne mich aber: je tiefer ich damals eindrang in den Sinn der Theorie des Rechts, um so mehr überzeugte ich mich, dass entweder etwas Unrichtiges in dieser Wissenschaft enthalten, oder dass ich nicht imstande sei, sie zu begreifen; kürzer gesagt, ich überzeugte mich ein wenig, dass einer von uns beiden dumm sein müsste: entweder Newolin, der Verfasser der „Enzyklopädie des Rechts", die ich studierte, oder ich, dem die Fähigkeit abgehe, die ganze Weisheit dieser Wissenschaft zu begreifen. Ich war damals erst 18 Jahre alt, und ich musste deshalb zugeben, dass ich dumm sei, und deshalb glaubte ich, die Beschäftigung mit der Jurisprudenz übersteige meine geistigen Fähigkeiten, und darum liess ich das dann bleiben. Jetzt aber, da ich schon einige Jahrzehnte von ganz anderen Interessen in Anspruch genommen bin, hatte ich die Wissenschaft des „Rechts" fast vergessen, und mir schwante sogar dunkel, die Mehrzahl unserer Zeitgenossen sei diesem Betrug bereits entwachsen. Leider ersehe ich aus Ihrem Briefe, dass diese „Wissenschaft" immer noch besteht, und fortfährt, ihr unheilvolles Werk zu verrichten, und deshalb freue ich mich, die Gelegenheit zu haben, das auszusprechen, was ich von dieser „Wissenschaft" jetzt denke, und ich nehme an, dass ich darin durchaus nicht allein stehe, vielmehr sehr, sehr viele ganz ebenso denken.

Ich werde den Professoren der verschiedenen „Rechte", die ihr ganzes Leben damit zubrachten, diese Lüge zu studieren und zu lehren, die auf diesem Unterricht ihre Stellung in der Universität und in den Akademien gründeten, und in ihrer Naivität so oft meinen, sie täten etwas sehr Wichtiges und Nützliches, wenn sie ihre „motivierten" Wirkungen ethischer Erlebnisse usw. lehrten, ich werde diesen Herrschaften nicht raten, ihr schlechtes Handwerk aufzugeben, ebensowenig wie ich das den Geistlichen und Bischöfen raten werde, die ebenso wie diese Herrschaften ihr ganzes Leben damit zubrachten, das zu verbreiten und wirksam zu erhalten, was sie für notwendig und nützlich erachten. Ihnen aber, einem jungen Menschen, und allen Ihren Kameraden kann ich nicht umhin, den Rat zu erteilen, möglichst rasch, solange ihr Kopf noch nicht völlig verwirrt, und ihr sittliches Empfinden noch nicht restlos abgestumpft ist, diese nicht nur leere und verdummende, vielmehr auch schädliche und verderbende Beschäftigung von sich zu werfen.

Sie schreiben, Herr Petraschizky erwähne in seinen Lexionen auch das, was er meine Lehre nennt. Ich habe gar keine Lehre und habe niemals eine gehabt. Ich weiss gar nichts derartiges, was nicht alle Menschen wüssten. Ich weiss aber mit allen Menschen, mit der gewaltigen Mehrzahl der Menschen der ganzen Welt, dass in die Seele aller Menschen – als freier vernünftiger

Wesen – ein und dasselbe, höchste, sehr einfache, klare und allen zugängliche Gesetz gelegt ist, das nicht das Geringste gemein hat mit denjenigen Vorschriften von Menschen, die „Rechte" und „Gesetze" heissen. Dieses höchste Gesetz, das einfachste von allen, und jedem Menschen zugänglich, besteht darin, dass man seinen Nächsten lieben soll wie sich selber, und deshalb andern nichts tun darf, was man nicht sich selber wünscht. Dieses Gesetz steht dem menschlichen Herzen so nahe und ist so vernünftig, seine Erfüllung bildet so zweifellos das Heil sowohl für den einzelnen Menschen, wie für die ganze Menschheit, und dieses Gesetz ward so einmütig von allen Weisen der Welt verkündet, von den Vedalehrern Indiens, von Buddha, von Christus, Konfuzius bis Rousseau, Kant und den Denkern der allerletzten Zeit, dass, ohne die selbstsüchtigen und schädlichen Anstrengungen, welche die Theologen und Rechtslehrer tun und taten, um dieses Gesetz den Menschen zu verbergen, es längst schon von der gewaltigen Mehrheit aller Menschen anerkannt wäre, und die Sittlichkeit der Menschen unserer Zeit nicht mehr auf einer so niedrigen Stufe stehen würde wie jetzt.

Das sind die Gedanken, die Ihr Brief in mir hervorrief, und zu deren Äusserung ich sehr gerne diese Gelegenheit benutze.

Diesen Brief möchte ich drucken lassen. Wenn Sie erlauben, würde ich Ihren Brief gleichzeitig zum Abdruck geben.

XIV.
„Strafe erreicht niemals das gewünschte Ziel"

Texte aus Leo Tolstois Lesebuch „Der Weg des Lebens"
(abgeschlossen 1910)

NACH DER UNGEKÜRZTEN RUSSISCHEN AUSGABE
„Der Weg des Lebens"
(Put' žizni, 1910)

„Der Aberglaube des Staates ist schon deshalb schädlich, weil er die Lüge als Wahrheit hinstellt, aber vor allem, weil er die guten Menschen dazu veranlaßt, wider das Gewissen und das Gesetz Gottes zu handeln: die Armen auszurauben, Recht zu sprechen, zu exekutieren, Kriege zu führen – und dabei zu glauben, keine bösen, sondern gute Taten zu vollbringen."[1]

„Die Räuber nehmen hauptsächlich den Reichen weg, die Machthaber hauptsächlich den Armen und fördern ihre reichen Helfershelfer. Die Räuber setzen ihr Leben aufs Spiel, die Machthaber gehen fast kein Risiko ein. Die Räuber pressen niemanden in ihre Reihen, die Machthaber rekrutieren ihre Soldaten überwiegend mit Zwang. Die Räuber teilen die Beute in der Regel gerecht auf, die Machthaber teilen die Beute nicht gleichmäßig – wer sich am organisierten Betrug mehr beteiligt, erhält den größeren Anteil."[2]

„Die Gesetze der Menschen muß man bisweilen befolgen, bisweilen nicht, einige Gesetze muß man befolgen, andere nicht.

---

[1] Übersetzt von Dirk FALKNER: Straftheorie von Leo Tolstoi. (= Juristische Zeitgeschichte – Abteilung 6, Band 57). Berlin – Boston: Walter de Gruyter 2021, S. 58.
[2] Übersetzung: Dirk Falkner (ebd., S. 60).

Die Gebote Gottes sind anders, sie sind immer und für alle Menschen bindend."[3]

„Wenn das menschliche Gesetz verlangt, was dem Gesetz Gottes widerspricht, darf und soll der Mensch sich nicht fügen".[4]

DER LEBENSWEG. EIN BUCH FÜR WAHRHEITSSUCHER
(Übertragung ins Deutsche von Adolf Heß)

Kapitel „Strafe"[5]

Bei einem tierischen Wesen ruft Böses Böses hervor; das Tier, das nicht imstande ist, sich des in ihm erweckten Bösen zu enthalten, sucht Böses mit Bösem zu vergelten, ohne zu bemerken, daß dadurch unvermeidlich das Böse vermehrt wird. Der Mensch dagegen muß, im Besitze der Vernunft, einsehen, daß Böses das Böse nur vermehrt und sich deswegen der Vergeltung enthalten. Oft gewinnt aber die tierische Natur im Menschen die Oberhand, und er benutzt dieselbe Vernunft, die ihm dazu dienen müßte, sich der Vergeltung des Bösen mit Bösem zu enthalten, zur Rechtfertigung des Bösen, das er begangen hat, und nennt diese Vergeltung: Strafe.

Strafe erreicht niemals das gewünschte Ziel

Es heißt, man könne Böses mit Bösem vergelten, um Menschen zu bessern. Das ist unwahr. Ein Betrug. Man vergilt nichts Böses mit Bösen um andere zu bessern, sondern um sich zu rächen. Bessern kann man nicht durch Böses.

---

[3] Übersetzung: Dirk Falkner (ebd., S. 176).
[4] Übersetzung: Dirk Falkner (ebd., S. 177).
[5] Textquelle I Leo TOLSTOI: Der Lebensweg. Ein Buch für Wahrheitssucher. Ins Deutsche übertragen von Dr. Adolf Heß. Leipzig: Verlagsbuchhandlung Schulze & Company 1912, S. 227-243.

Bestrafen heißt auf Russisch belehren. Belehren kann man aber nur durch gute Worte und gutes Beispiel. Böses mit Bösem vergelten heißt nicht belehren, sondern sittlich verderben.

Der Aberglaube, man könne durch Strafen das Böse vernichten, ist deswegen besonders schädlich, weil Leute, die in dieser Absicht Böses tun, dieses nicht nur für erlaubt, sondern für wohltätig halten.

*

Durch Strafen und Androhung von Strafen kann man jemanden erschrecken und eine Zeitlang vom Bösen abzuhalten, ihn aber niemals bessern.

*

Ein großer Teil des menschlichen Unglücks rührt daher, daß sündige Menschen sich für berechtigt halten, zu strafen. „Die Rache ist Mein, Ich will vergelten."

*

Der deutlichste Beweis dafür, wie oft man unter „Wissenschaft" nicht nur ganz unbedeutende, sondern die allerhäßlichsten Dinge versteht, ist der, daß es ein „Strafrecht", eine „Strafwissenschaft" gibt, das heißt, eine Wissenschaft über ganz dumme Handlungen, die nur Menschen auf niedrigster Entwicklungsstufe, Kinder, Wilde begehen.

Der Aberglaube: Rache sei vernünftig

Wie es den Aberglauben an falsche Götter, Prophezeiungen, äußere Mittel der Gottesverehrung und Seelenrettung gibt, so existiert der allgemein verbreitete Aberglaube, ein Teil der Menschen könne den anderen zwingen, ein gutes Leben zu führen. Der Aberglaube an Götzen, Prophezeiungen und geheime Mittel zur Seelenrettung ist bereits fast zerstört. Der Aberglaube dagegen, durch Bestrafung der schlechten Menschen die übrigen glücklich machen zu können, wird von allen anerkannt und in seinem Namen geschehen die größten Verbrechen.

*

Nur Menschen, die durch Herrschsucht ganz und gar verdummt sind, können ernstlich glauben, man vermöge durch Strafen das Leben der Menschen zu verbessern. Man braucht diesem Aberglauben aber nur zu entsagen, um klar zu sehen, daß die Veränderungen im Leben der Menschen nur durch innere seelische Umwandlung, nie aber durch Böses, das die Menschen sich gegenseitig zufügen, geschehen kann. „Da brachten die Schriftgelehrten und Pharisäer eine Frau zu ihm und sagten zu ihm: ‚Meister, diese Frau ist auf frischer Tat beim Ehebruch ertappt worden. Im Gesetz hat Moses befohlen, solche zu steinigen; was sagst du dazu?' Das sagten sie, um ihm eine Falle zu stellen. Aber Jesus beugte sich nieder und schrieb mit dem Finger in den Sand, ohne auf sie zu achten. Als sie weiter mit Fragen in ihn drangen, richtete er sich auf und sagte: ‚Wer unter euch ohne Sünde ist, werfe zuerst einen Stein auf sie!', dann beugte er sich wieder nieder und schrieb auf den Boden. Als sie seine Worte gehört hatten und sich innerlich überführt fühlten, gingen sie einer nach dem anderen davon, die Ältesten voran, und Jesus blieb allein mit der Frau. Als er sich aufrichtete und niemand als die Frau sah, sagte er zu ihr: ‚Frau! Wo sind deine Ankläger? Hat niemand dich verurteilt?' – Sie antwortete: ‚Niemand Herr!' Jesus sprach zu Ihr: ‚Auch ich verurteile dich nicht; gehe hin und sündige in Zukunft nicht mehr.'"

*

Die Menschen erfinden scharfsinnige Definitionen, warum und zu welchem Zweck bestraft wird. Tatsächlich wird fast immer nur bestraft, weil man das Strafen für vorteilhaft hält.

*

Aus Bosheit, im Wunsch sich zu rächen, aus einer falschen Auffassung der Selbstverteidigung tun die Menschen Böses und versichern, um sich zu rechtfertigen, sie täten das nur, um diejenigen zu bessern, die ihnen Böses zugefügt hätten.

*

Der Aberglaube: Rache sei vernünftig, wird am meisten dadurch aufrechterhalten, daß die Furcht vor Strafe eine Zeitlang vom Begehen verbotener Handlungen abhält. Jedes Verbot vermindert aber nicht, sondern vermehrt den Wunsch, Schlechtes zu tun, wie ein Wehr den Andrang der Strömung nicht vermindert, sondern verstärkt.

*

In der menschlichen Gesellschaft herrscht nicht deswegen eine gewisse Ordnung, weil gegen Leute, die diese Ordnung übertreten, mit Strafen vorgegangen wird, sondern weil trotz der schädlichen Wirkung dieser Strafen die Menschen Liebe und Erbarmen zueinander fühlen.

*

Einer kann das Leben des anderen nicht bessern. Jeder kann nur sein eigenes bessern.

*

Strafen sind nicht deswegen schädlich, weil sie den, der bestraft wird, empören, sondern besonders, weil sie den Strafenden sittlich verderben.

Rache im persönlichen Verkehr

Jemanden für seine schlechten Taten bestrafen, ist dasselbe wie das Feuer wärmen. Wer Schlechtes getan hat, wird schon dadurch bestraft, daß seine Ruhe hin ist und er Gewissensbisse hat. Fehlen diese aber, so werden alle Strafen ihn nicht bessern, sondern nur erbittern.

*

Die wirkliche Strafe für jede schlechte Tat liegt in den Vorgängen im Innern jedes Verbrechers und diese bestehen darin, daß seine Fähigkeit vermindert wird, die Wohltaten des Lebens zu genießen.

*

Jemand hat Böses getan. Da findet ein anderer, oder andere, um diesem Bösen entgegenzuwirken, nichts Besseres, als ihm ebenfalls Böses zuzufügen. Und das nennt man Strafe.

*

Wenn ein Kind den Fußboden schlägt, auf den es gefallen ist, so erscheint das sehr überflüssig, aber verständlich; ebenso verständlich, wie wenn jemand in die Höhe springt, wenn er sich verletzt hat. Verständlich ist auch, daß jemand, der geschlagen wird, im ersten Augenblick ebenfalls zum Schlage ausholt, oder den, der ihn getroffen hat, wirklich schlägt. Dagegen mit Überlegung jemandem Böses zufügen, weil der Betreffende vorher anderen Böses getan, und sich dann einreden, es müsse so sein, heißt denn doch, auf alle Vernunft verzichten.

*

Ein Bär wird auf die Weise getötet, daß man über einen Trog mit Honig an einem Strick einen schweren Klotz befestigt. Der Bär stößt den Klotz fort, um den Honig zu fressen. Der Klotz kehrt zurück und trifft ihn. Der Bär wird wütend, schleudert den Klotz kräftiger fort – und dieser trifft ihn umso heftiger. Das dauert so lange, bis der Klotz den Bären tötet.
Die Menschen tun dasselbe, wenn sie Böses mit Bösem vergelten. Können Menschen wirklich nicht vernünftiger als der Bär sein?

*

Menschen sind vernünftige Wesen und müssen deshalb einsehen, daß Rache das Böse nicht vernichten kann; müssen einsehen, daß Befreiung von dem Bösen nur in dem liegt, was ihm entgegengesetzt ist: in der Liebe, aber nie in der Rache, welchen Namen diese auch haben mag. Das aber sehen die Menschen nicht ein; sie glauben an Vergeltung.

*

Wenn wir nicht von klein auf daran gewöhnt wären, Böses mit Bösem zu vergelten und andere gewaltsam zu dem zu zwingen, was wir wollen – würden wir uns darüber wundern, wie man, gleichsam um sie absichtlich zu verderben, Menschen an den Gedanken gewöhnen kann, Strafen und alle mögliche Gewalt vermöchten Nutzen zu bringen. Wir bestrafen Kinder, um ihnen Schlechtes abzugewöhnen; aber durch die Strafe geben wir ihnen zu verstehen, daß Strafen nützlich und gerecht sein kann. Dabei wird kaum eine von den bösen Neigungen, für die wir Kinder bestrafen, für sie so schädlich sein, wie die schlimme Neigung, die wir ihnen durch unsere Strafe einflößen. „Ich werde bestraft, folglich ist Strafen gut", sagt sich das Kind und setzt diesen Gedanken bei der nächsten Gelegenheit in die Tat um.

Rache im öffentlichen Leben

Die Anschauung: strafen sei vernünftig, läuft nicht nur einer guten Kindererziehung zuwider und ist nicht nur guten sozialen Einrichtungen und der Sittlichkeit aller Menschen im Wege, die an eine Vergeltung noch im Jenseits glauben – sondern sie hat unsägliches Unglück herbeigeführt und tut dieses noch: macht Kinder gefühllos, zerreißt gesellschaftliche Bande, wirkt entsittlichend durch das Ausmalen der Hölle und nimmt der Tugend ihre Haupttriebfeder.

*

Die Menschen glauben nur deswegen nicht daran, daß man Böses mit Gutem und nicht mit Bösem vergelten müsse, weil man sie von klein auf an den Gedanken gewöhnt hat, daß ohne diese Vergeltung des Bösen mit dem Bösen das ganze Leben ruiniert würde.

*

Wenn wirklich alle guten Menschen den Wunsch hegen, alle Verbrechen, Räubereien, Morde und alle Bettelarmut, die so verfinsternd auf das Leben wirken, möchten aufhören, so müssen sie begreifen, daß das niemals durch Kampf und Vergeltung zu erreichen ist. Gleiches zu Gleichem addiert gibt Gleiches; solange wir den Beleidigungen und Gewalttaten von Seiten der Verbrecher nicht etwas genau Entgegengesetztes gegenüberstellen, sondern dasselbe tun wie sie, so erwecken, ermutigen und entwickeln wir in ihnen nur das Böse, das wir auszurotten suchen.

Wir bewirken nur, daß das Böse andere Formen annimmt, in übrigen aber ganz dasselbe bleibt.

*

Es werden noch Jahrzehnte, vielleicht Jahrhunderte vergehen, aber kommen wird die Zeit, wo unsere Enkel sich ebenso über unsere Strafen wundern, wie wir jetzt über das Verbrennen und Foltern von Menschen. „Wie war es möglich, das Unsinnige, Grausame und Schädliche, das man tat, nicht einzusehen!" werden unsere Nachkommen sagen.

Im persönlichen Verkehr muss Nächstenliebe
und Nichtwiderstand gegen das Böse
an Stelle der Vergeltung treten.

Im Evangelium heißt es: Wenn jemand dich auf die rechte Wange schlägt, biete ihm die andere auch dar.

Das ist Gottes Gebot für Christen. Wer auch immer die Gewalt ausübt und in welcher Absicht sie auch ausgeübt wird – sie ist stets etwas Böses, ebenso wie Mord und Unzucht; einerlei ob ein einzelner sie begeht, oder Millionen. Das Böse bleibt böse, weil vor Gott alle Menschen gleich sind. Gottes Gebot ist für alle Menschen bindend. Deswegen muß das Gebot der Liebe stets von allen Christen erfüllt werden. Es ist stets besser, sich der Gewalt zu unterwerfen, als sie auszuüben. Für Christen wenigstens ist es besser, getötet zu werden, als selbst zu töten. Wenn jemand mich kränkt, muß ich als Christ so urteilen: Ich habe ebenfalls andere gekränkt, deswegen ist es gut, daß Gott mir zu meiner Belehrung eine Prüfung schickt. Wenn die Menschen mich unschuldigerweise kränken, ist es noch besser, weil mir dann widerfährt, was mit allen Heiligen geschehen ist; wenn ich ebenso handle wie sie, werde ich ihnen ähnlich. Man kann seine Seele nicht durch Böses retten, kann nicht auf dem Wege des Bösen zum Guten gelangen, wie man nicht nach Hause kommt, wenn man sich von Hause entfernt. Den Teufel kann man nicht mit dem Teufel vertreiben, Böses wird nicht durch Böses beseitigt, sondern es wird nur vermehrt und verstärkt. Böses wird nur durch Rechtschaffenheit und Güte überwunden. Durch Güte, nur durch Güte, Geduld und Leiden ist das Böse zu beseitigen.

*

Man muß wissen, daß der Wunsch zu strafen auf Rachesucht beruht, die vernünftigen Wesen – Menschen – nicht eigen ist. Rachesucht entspricht nur der tierischen Natur des Menschen. Deswegen muß man dieses Gefühl loszuwerden, nicht aber, es zu rechtfertigen suchen.

*

Was soll man tun, wenn jemand uns zürnt und Böses zufügt? Tun kann man vieles; eins aber darf man sicher nicht: nichts Böses tun, d. h. dasselbe, was der Mensch uns getan.

*

Sagt nicht, wenn die Leute euch Gutes tun, würdet auch ihr ihnen Gutes tun, und wenn sie euch verfolgen, würdet ihr sie ebenfalls verfolgen; sondern erwidert Gutes mit Gutem, Verfolgungen aber nicht mit Verfolgungen.

*

Das Gebot der Liebe, das keine Gewalt zuläßt, ist nicht deswegen so wichtig, weil es für uns, für unsere Seele gut ist, Böses zu ertragen und es mit Gutem zu vergelten, sondern hauptsächlich, weil nur Gutes das Böse beseitigt und einschränkt. Das wahre Gebot der Liebe ist deswegen so mächtig, weil es das Böse beseitigt.

*

Schon vor vielen Jahren haben die Menschen den Widerspruch zwischen Strafen und den besten seelischen Eigenschaften zu begreifen begonnen und verschiedene Lehren ersonnen, mittels deren man jene niederen tierischen Instinkte rechtfertigen kann. Die einen sagen, Strafen seien als Abschreckungsmittel notwendig; die anderen, als Besserungsmittel; die dritten, damit Gerechtigkeit werde, – als wenn Gott ohne Strafen keine Gerechtigkeit in der Welt walten lassen könnte! Aber all diese Lehren sind inhaltlose Worte, weil ihnen nur schlimme Gefühle: Rache, Furcht, Eigenliebe, Haß zugrunde liegen. Man hat manches ersonnen, kann sich aber nicht entschließen, das eine Notwendige zu tun, nämlich: gar nichts; den, der sündigt, einfach in Ruhe lassen; mag er bereuen, oder nicht; sich bessern, oder nicht; selbst aber (d. h. die Leute, die all diese Lehren ersonnen haben, und die sie in die Tat umsetzen) ein gutes Leben zu führen.

*

Erwidere Böses mit Gutem, so beraubst du den, der Böses tut, des ganzen Vergnügens, das er daran empfindet.

*

Wenn du glaubst, jemand sei dir gegenüber schuldig – vergiß und vergibt. Dann lernst du das Glück des Vergebens kennen.

*

Nichts erfreut so, wie wenn man Böses verzeiht und mit Guten vergilt: beide, den Beleidiger, wie den Beleidigten.

*

Güte besiegt alles und ist selber unbesiegbar.

*

Allem kann man widerstehen, nur der Güte nicht.

*

Böses vergeltet mit Guten und verzeiht allen. Nur dann gibt es kein Böses mehr in der Welt, wenn alle diesen Grundsatz befolgen. Vielleicht reichen deine Kräfte nicht? Laß dir gesagt sein, daß man nur hiernach trachten muß, weil dieses allein uns von allem Bösen rettet.

*

Vor Gott gilt am meisten, wer Beleidigungen vergibt, besonders wenn der Beleidiger in seiner Macht ist.

*

Da trat Petrus zu Ihm und sprach: „Herr! Wie oft muß ich meinem Bruder, der an mir sündigt, vergeben? Ist's genug siebenmal?" Jesus sprach zu ihm: „Ich sage dir nicht: siebenmal, sondern siebenzigmal siebenmal."
Vergeben heißt, sich nicht rächen; Böses nicht mit Bösem vergelten; lieben. Wenn jemand daran glaubt, kommt es nicht darauf an, was der andere tut, sondern was ich tun muß. Wenn du den Fehler des Nächsten verbessern willst, sag ihm bescheiden, was er Schlechtes getan. Wenn er nicht auf dich hört, mach ihm keine Vorwürfe, sondern tadle dich selbst, daß du nicht verstanden hast, richtig mit ihm zu sprechen.
Die Frage, wie oft man seinem Bruder vergeben muß, ist geradeso, wie jemanden, der weiß, daß Weintrinken schädlich ist und beschlossen hat, ihm zu entsagen, fragen: wie oft man auf Wein verzichten muß, wenn er gereicht wird. Habe ich einmal den Entschluß gefaßt, so werde ich nicht trinken – mag der Wein noch so oft gereicht werden. Dasselbe ist mit dem Vergeben der Fall.

*

Vergeben heißt nicht, sagen: ich vergebe dir, sondern den Ärger, das böse Gefühl gegen den Beleidiger aus dem Herzen reißen.

Dazu muß man seiner eigenen Sünden gedenken, sich verhalten, daß man selbst schlimmere Taten begangen hat, als die, wegen deren man anderen zürnt.

*

Die Lehre vom Nichtwiderstande gegen das Böse ist kein neues Gebot, sondern nur ein Hinweis auf das verkehrterweise gestattete Abweichen vom Gebot der Liebe; ist nur ein Hinweis darauf, daß jedes Zulassen von Gewalt, mag es nun im Namen der Vergeltung, oder der eigenen Befreiung, oder der anderer vom Bösen sein, nicht mit der Liebe zu vereinigen ist.

*

Die Lehre, daß, wer nicht liebt, sich nicht rächen darf, ist so verständlich, daß sie ganz von selbst aus dem Sinn der Lehre entspringt.

Selbst wenn es im Christentum nicht ausgesprochen wäre, daß alle Christen Böses mit Gutem vergelten und die Feinde lieben müssen – würde jeder, der die Lehre begriffen, diese Forderung der Liebe von selbst aus ihr folgern können.

*

Um am Christentum zu verstehen, daß man Böses mit Gutem vergelten muß, muß man die christliche Lehre in ihrem wahren Sinn verstehen, nicht aber so, wie sie gelehrt wird, mit all den Auslassungen und Zusätzen. Die ganze Lehre Christi besteht darin, daß der Mensch nicht für seinen Körper, sondern für seine Seele lebt, um Gottes Willen zu erfüllen. Gottes Wille ist aber, daß die Menschen sich gegenseitig lieben, alle lieben. Wie kann aber jemand alle lieben und dabei den Menschen Böses tun. Wer an Christi Lehre glaubt, mit dem mag geschehen, was will – er kann nicht tun, was der Liebe zuwiderläuft, kann den Menschen nichts Böses tun.

*

Das ganze Christentum ist ohne das Verbot, Böses mit Bösem zu vergelten, leeres Gerede.

*

„Darauf trat Petrus herzu und sagte: ‚Herr wie oft muß ich meinem Bruder, der an mir sündigt, vergeben? Ist's genau siebenmal?' Jesus sprach zu ihm: ‚Ich sage dir nicht: siebenmal, sondern siebenzigmal siebenmal.' Darum gleich das Himmelreich einem König, der mit seinen Knechten abrechnen wollte. Als er mit der Abrechnung begann, wurde ihm einer vorgeführt, der ihm zehntausend Talente schuldig war. Da er das nicht bezahlen konnte, gab der Herr Befehl, ihn, seine Frau, seine Kinder und alles, was er besaß, zu verkaufen und mit dem Erlös zu bezahlen. Da fiel der Knecht vor ihm nieder und sagte: ‚Herr! Habe Geduld mit mir, ich will dir alles bezahlen.' Der Herr hatte mit dem Knecht Mitleid, gab ihn frei und erließ ihm die Schuld. Als aber jener Knecht hinausging, traf er einen seiner Mitknechte, der ihm hundert Dinare schuldig war; den packte er an der Kehle und sprach: ‚Bezahle, was du schuldig bist!' Da fiel der Mitknecht nieder und bat ihn: ‚Habt Geduld mit mir, ich will dir alles bezahlen.' Er wollte aber nicht, sondern ging mit ihm vor Gericht und ließ ihn ins Gefängnis werfen, bis die Schuld bezahlt wäre. Als die Mitknechte sahen, was geschah, wurden sie sehr traurig, gingen hin und erzählten den Vorfall ihrem Herrn. Da ließ der Herr den Knecht holen und sagte: ‚Du böser Knecht; ich habe dir auf dein Bitten die ganze Schuld erlassen; mußtest du nicht auch mit deinem Mitknecht Mitleid haben, wie ich mit dir?' Und voll Zorn übergab der Herr ihn den Folterknechten, bis er die ganze Schuld bezahlen würde. So wird auch mein Himmlischer Vater mit euch handeln, wenn nicht jeder von euch seinem Bruder von ganzen Herzen vergibt."

Der Nichtwiderstand gegen das Böse ist gleich wichtig im öffentlichen Leben, wie im persönlichen Verkehr

Die Menschen wollen so schlecht bleiben wie sie waren und wollen gleichzeitig, daß ihr ganzes Leben besser wird.

*

Wir wissen nicht, können nicht wissen, worin das Wohl der Gesamtheit besteht, wissen aber sehr genau, daß man dieses nur durch Befolgung des ewigen Gebotes des Guten erreichen kann, das jedem einzelnen durch weise Männer und im eigenen Herzen geoffenbart ist.

*

Es wird behauptet, man müsse Böses mit Bösem vergelten, weil anderenfalls die Bösen das Übergewicht über die Guten gewinnen würden. Ich denke, genau das Gegenteil ist der Fall: die Bösen gewinnen nur dann das Übergewicht über die Guten, wenn man es für erlaubt hält, Böses mit Bösem zu vergelten, wie das jetzt bei allen christlichen Völker geschieht. Die Bösen haben gerade jetzt deswegen das Übergewicht, weil allen Menschen beigebracht ist, es sei nicht nur erlaubt, sondern auch nützlich, anderen Böses zuzufügen.

*

Da heißt es: Sobald man aufhört, den Bösen mit Strafe zu drohen, wird die ganze bestehende Ordnung zerstört und alles geht zugrunde. Das ist geradeso wie die Behauptung: wenn der Fluß auftaut, geht alles zugrunde. Im Gegenteil: die Schifffahrt beginnt und mit ihr das wirkliche Leben.

*

Sobald vom Christentum die Rede ist, tun gelehrte Schriftsteller so, als ob längst entschieden wäre, daß das Christentum in seinem wahren Sinn unanwendbar sei.

„Man muß sich nicht mit Träumen beschäftigen, sondern mit der Wirklichkeit. Muß das Verhältnis zwischen Kapital und Arbeit bestimmen, die Arbeiter organisieren, Landeigentum abschaffen, neue Absatzmärkte suchen, Kolonien erwerben, um den Bevölkerungsüberschuß abzuschieben, das Verhältnis zwischen Kirche und Staat regeln, Bündnisse schließen, die die Sicherheit des Reichs garantieren u.s.w."

„Man muß sich mit ernsten Fragen beschäftigen, die der Aufmerksamkeit und des Nachdenkens der Gebildeten würdig sind, nicht aber mit Träumen von einer Welteinrichtung, bei der die einen den anderen die zweite Wange hinhalten, wenn sie auf die erste geschlagen werden, den Rock hingeben, wenn man ihnen das Hemd nimmt und wie die Vögel im Himmel leben – alles das ist leeres Geschwätz", sagen die Leute, und bemerken nicht, daß der Grund aller Fragen gerade in dem liegt, was sie leeres Geschwätz nennen.

Der Grund aller Fragen liegt in dem, was die Leute leeres Geschwätz nennen, weil alle diese Fragen vom Kampf zwischen Kapital und Arbeit bis zum Verhältnis zwischen Kirche und Staat sich nur darum drehen, ob es Fälle gibt, wo man seinem Nächsten Böses zufügen darf oder nicht.

Sie laufen in der Hauptsache alle auf eins hinaus: ist es vernünftig, oder unvernünftig und deswegen notwendig oder nicht notwendig, Böses mit Bösen zu vergelten? Es gab eine Zeit, wo die Menschen die Bedeutung dieser Frage nicht verstehen konnten und wirklich nicht verstanden; die schrecklichen Leiden aber, die die Menschheit jetzt zu ertragen hat, muß sie zu der Erkenntnis führen, daß diese Frage dringend eine Entscheidung fordert. Diese Entscheidung ist vor 1900 Jahren durch die Lehre Christi getroffen. Deswegen darf man sich in unserer Zeit nicht mehr den Anschein geben, als kennten wir die Frage und ihre Lösung nicht.

Die wahren Folgen der Anwendung von Gewalt kommen der Menschheit bereits zu Bewusstsein.

Strafe ist ein Begriff, über den die Menschheit allmählich hinausgelangt.

*

Der Geist Christi, den man zu unterdrücken sucht, kommt trotzdem überall deutlich zum Vorschein. Ist der Geist des Evangeliums nicht in die Völker eingedrungen? Sehen sie etwa nicht das Licht? Sind die Begriffe von Rechten und Pflichten nicht jedem klarer geworden? Hört man nicht von allen Seiten das Verlangen nach gerechteren Gesetzen, Einrichtungen, die die Schwachen schützen und auf der Gleichheit aller gegründet sind? Erlischt nicht die frühere Feindschaft zwischen denen, die man gewaltsam entzweite? Fühlen die Völker sich nicht als Brüder?

Das alles ist noch im Entstehen begriffen, will erst werden; ist die Arbeit der Liebe, die die Sünde der Welt auf sich nimmt, den Völkern einen neuen Lebensweg zeigt, der nicht mehr zur Gewalt, sondern zur gegenseitigen Liebe aller führt.

Leo N. Tolstoi, aufgenommen etwa im Jahr 1895
(commons.wikimedia.org)

XV.
Das Recht auf Leben

Vortrag gegen die Todesstrafe, gehalten in dem von der
„Gesellschaft der wahren Freiheit zum Gedächtnis
Leo N. Tolstojs" veranstalteten Abend am
5. Januar 1919
im Auditorium maximum des
Politechnischen Museums zu Moskau[1]

Valentin Bulgakov

Als ich jüngst durch die Straßen ging, hörte ich, wie eine einfach gekleidete alte Frau ihre Unzufriedenheit über die vergangenen Vorkommnisse kundgab.

„Da haben sie nun alles umgemodelt, umgemodelt haben sie alles!" klagte sie u. a. „Nun – und jetzt – jetzt haben sie erst was ermodelt. Nun werden sie ja wissen, wie sie zu tun haben!" …

In diesen Worten der einfältigen Alten lag eine harte und bittere Wahrheit. Gut, wir machten Revolution, wir stürzten die politischen Verhältnisse um, ohne endlich zu der festen Einsicht zu kommen, daß sie nicht alle so übel waren und das, was wir für den Gipfel der Vollendung hielten, sich oft genug als untauglich offenbarte. Wir haben erfahren, daß uns keine Regierung vollauf befriedigen kann; ihrem Wesen nach sind alle Regierungen gleich. Scheint es ihnen nötig, dann treten sie alle angestammten Rechte der Menschen mir nichts dir nichts mit Füßen, darunter auch das erste und hochheilige Recht, – das Recht auf Leben.

Die letzten Jahre haben uns überzeugt, daß rein äußerliche

---

[1] Textquelle | *Leo Tolstoi und die Gegenwart*. Öffentliche Reden gehalten von Valentin Bulgakow, L. N. Tolstois letztem Sekretär, nach der russischen Revolution in den Jahren 1918-1920. Sonnenfeld bei Coburg: Verlag der Neu-Sonnenfelder Jugend – Quäkersiedlung 1927, S. 30-40. [Die Fußnoten* 2 - 9 stammen aus dieser Vorlage.]

Umwälzungen keine wesentlichen Lebensänderungen bewirken. Wir haben zwei Revolutionen hinter uns, und vor uns haben wir, gestehen wir's ganz offen, wie einst nur Trümmer. Uns ging es, wie der Alten im „Märchen vom Fischer und dem Fisch".

Die Gewalt, die Regierungsgewalt verstopft heute wie ehedem alle Poren des Gemeinlebens. Wie einst, so zieht man uns heute mit Vergewaltigungen groß.

Auf rein geistigen Gebieten, im Reich der Druckerschwärze wie der Rede, herrscht der Zwang. Es ist die alte, ewig gleiche Täuschung kurzsichtiger Machthaber, die da meinen, der Menschengeist ließe sich in Fesseln schlagen; es gäbe Barrikaden, die seinen Einfluß auf die anderen Geister hemmen könnten. Doch der an einer Stelle und in einer Form gefesselte freie Menschengeist feiert zum großen Erstaunen seiner Verfolger an anderer Stelle, in anderer Form seine Auferstehung. Die Versuche, ihn abzufangen, erinnern in ihrer Fruchtlosigkeit an das Spiel von Kinderhänden, die nach dem Spiegelreflex an der Wand haschen; kaum faßt du nach dem Lichtlein, sieh da, schon ist's an einer anderen Stelle! ...

Die rohe physische Gewalt treibt Blüten in buntesten Farben, ganz wie einst unter dem Zepter des Zaren und unter der Zwischenregierung.

Alle Kerker sind übervoll. Die Arrestanten, unselige, verlassene Menschen, erleiden zur Einbuße ihrer Freiheit noch doppelte Folter durch Hunger und Kälte. Wer einmal im Gefängnis saß, der kennt die hilflose Verzweiflung des Häftlings. Hungert der Mensch in Freiheit, so bleibt ihm doch noch die Hoffnung, es könne sich einmal so oder so wenden: er kann seinen Bissen Brot verdienen, erbetteln oder endlich stehlen. Im Gefängnis kann er das aber nicht; dort hat er um sich nur die nackten, undurchdringlichen Wände. ... Vor einiger Zeit veranstaltete man einen Rundgang durch die Gefängnisse von Moskau und Petersburg. Und was sah man? – Die Bolschewisten selbst erschauerten vor dem, was sie sahen. Die Menschen sterben nur so hin unter der unerträglichen Qual von Hunger und Kälte.

Die Todesstrafe steht bei uns in Gunst und Ehren. In den periodischen Druckschriften der Sowjets findet man Rehabilitationen der Todesstrafe, jener widerlichen Ermordung Wehrloser hinter Mauern. Man erzählt von Geiseln, die mit Nummern versehen, warten bis an sie die Reihe kommt, die Todesstrafe zu erdulden. Ich scheue mich fast, hier gegen die Todesstrafe zu sprechen, denn es gilt als eine große Sünde, ernsthaft die Ansicht zu vertreten, daß es nicht gut ist, einen lebenden Menschen mit einem Strick zu erdrosseln oder aus mehreren Gewehren zugleich auf den lebendigen, zitternden Leib eines Wesens zu schießen, das uns gleicht, das denen gleicht, welche schießen, auf unseren Bruder, den Menschen! ... Es ist ja Sünde zu „beweisen", daß gar keine Todesstrafe besser wäre. „Denn das beweisen hieße" – wie Tolstoj in einem Brief sagt – „dem Menschen beweisen, daß er zu unterlassen hätte, was seiner Natur widerstrebt, was gar nicht zum Wesen des Menschen gehört; man könnte gerade so gut predigen, er solle im Winter nicht nackt gehen, sich nicht vom Inhalt einer Senkgrube nähren, er solle nicht auf allen Vieren laufen."[2]*

Man könnte höchstens an das Schamgefühl der Strafenden appellieren, doch was wissen die von Scham? Ihr frisches, gesundes Gefühl für die Verwandtschaft mit allen Menschen, das Gefühl für die Allbruderschaft, das Gefühl der einfachsten Menschlichkeit ist in einer verhängnisvollen Schlinge gefangen; in der Schlinge stumpfen Selbstvertrauens, welches ihnen zwangsweise eingeflößt wurde und das ihnen nicht gestattet, das wahre Antlitz ihrer Taten zu schauen.

Aller Orten wütet Krieg. Ganz wie früher zwingt man die Menschen wie das liebe Vieh in Krieg und Kriegsschule. Und das übertrifft die Todesstrafe noch an Scheußlichkeit. Mir selbst war der Gedanke an die Möglichkeit eines Krieges einfach unerträglich; denn der Krieg ist nichts als eine immerwährende Todesstrafe, ein wahnsinniges, wechselseitiges Massenmorden

---

[2] *Brief vom 24. Mai 1908.

der Menschen, das durch künstliche Maßnahmen bis zur Bestialität getrieben wird.

Was bedeuten den Machthabern, die den Krieg arrangierten, Leiden und Tränen der zahllosen Kriegsopfer, der Krüppel, der Witwen und Waisen, der kinderberaubten Väter und Mütter? Jene kennen nur ihr äußeres Ziel, und sie schreiten ihm zu, kaltblütig hinweg über Berge von Leichen, über Ströme von Blut und Tränen eben des Volkes, das sie laut ihren vielen Reden glücklich machen wollten! ...

Habt ihr den Artikel gelesen, den Genosse Holzmann vor wenigen Tagen in den „V.Z.I.K. Nachrichten"[3]* veröffentlicht hat? Darin sucht er die militaristische Stimmung und Begeisterung in unseren Herzen wieder zu entfachen und zu stärken. „In unseren Tagen" – sagt er – „muß man in jeder Versammlung, auf jedem Meeting die Worte wiederholen: ‚Wir führen Krieg', und nochmal: ‚Wir führen Krieg'. Dieser Gedanke muß ganz Rußland ergreifen und sein Leben auf eine neue, militaristische Basis stellen. Denn Rußland ist heute das Land des revolutionären Krieges und des proletarischen Militarismus."

„Proletarischer Militarismus!" Wie klingt das doch im Munde derer, die noch kürzlich gegen den deutschen Krieg eiferten, und was soll man dazu sagen?!

Der gleiche Artikel sagt weiter: „Krieg ist Krieg, und wenn man Krieg führt, dann darf man nicht vor jenen Methoden und jenen Grundsätzen zurückscheuen, die in Friedenszeiten in uns das Gefühl der Verwirrung hervorrufen würden."[4]*

Geht es um Kriegserfolg, dann ist also auch den „Kommunisten" „alles erlaubt", wie es Wilhelm, Nikolaus II., dem französischen und englischen Bourgeois und den andern Machthabern der Welt erlaubt war. Worin sind wir dann eigentlich letzten Endes besser als jene, inwiefern sind wir in unseren Vorstellungen über den 27. Februar 1917 hinausgewachsen?!

---

[3] *Das offizielle Organ der Sowjetregierung.
[4] *„V.Z.I.K. Nachrichten" Nr. 279, 20. Dez. 1918.

Es ist natürlich, daß die neuen Kriegsunternehmungen der neuen Regierung im Volke wenig Anklang finden. Das Volk stöhnt, leidet, begreift nicht, was man mit ihm beginnt und empört sich endlich an manchen Orten. So züngeln denn inmitten Rußlands, bald da, bald dort die sogenannten „Boxeraufstände" empor, Aufstände ländlicher „Boxer", so wird es offiziell formuliert, in Wahrheit aber gewöhnlicher, mühseliger Bauern, Schollensklaven. „Uns hat Genosse Lenin geschrieben, daß wir künftig nicht mehr kämpfen würden" – sagen die Bauern den bolschewistischen Kommissären, „und ihr ruft uns wieder in den Krieg!" Und statt den Krieg zu verneinen, eilt das Volk, gleichfalls im Glauben an die seligmachende Gewalt „die Sowjets auszuheben". Die Regierung tritt diesen mit Panzerauto und Maschinengewehren entgegen. Der Ausgang des Kampfes ist im voraus entschieden. ...

Ja, wie lange und oft verdachte man der zaristischen Regierung den „9. Januar"[5]* und die Hinrichtung an der Ljena[6]* und wie oft hat man seither genau dieselben Gewalttaten unter der gegenwärtigen „Arbeiter- und Bauernregierung" wiederholt! (Applaus, Protestrufe, Stimmen: „Weiter, weiter!")

Doch ich spreche immer nur von den gröbsten Auswüchsen der Regierungsgewalt, die jedem in die Augen fallen, aber ich habe noch nicht von den dauernden, zur Gewohnheit gewordenen Gewaltakten der verschiedenen kleinen Kommissare gesprochen; und in ihrer Gewalt befindet sich eigentlich ganz Rußland. Selbst die kleinste Provinz ächzt und stöhnt unter dieser kleinlichen, alltäglichen, ans Unwahrscheinliche grenzenden Verhöhnung des gesunden Menschenverstandes und des Selbstgefühles der russischen Bürger. Der Abschaum der Menschheit wirkt in der Provinz in der Gestalt von Kommunisten. Sie übertreffen mit ihren „Heldentaten" Gogols berüchtigten Derschi-

---

[5] *Die Teilnehmer der Arbeiter-Friedenskundgebung wurden am 9. Januar 1905 in Petersburg zusammengeschossen.
[6] *Das Zusammenschießen der Arbeiter in den Goldgruben am Ljenafluß in Sibirien.

morda⁷*, während sich das hochintelligente Zentrum Moskaus mit dem Gedanken tröstet, daß in Rußland der Sozialismus verbreitet wird. ... (Applaus, Lärm, „weiter!")

Aber diese kleinen, dunklen Geschäftsreisenden des Sozialismus säen durch ihr Vorgehen allenthalben nur Haß gegen ihn, während wir alle der Saat des Sozialismus und Kommunismus Kraft und Gedeihen wünschen; doch nicht unter Zwang darf diese Saat reifen, sondern aus Liebe zur Sache, aus einer allgemeinen, herzlichen Sympathie für die neuen, geadelten und adelnden Formen eines Gemeinlebens, das auf dem Grunde der Gleichheit aller Menschen erstehen soll. Freunde und Anhänger des Sozialismus und Kommunismus müssen so auftreten, daß ihre Idee selbst für sich spricht, daß in allen L i e b e z u d i e s e r N e u o r d n u n g e r w a c h t, daß ihnen allen die Augen aufgehen. Selbst die Bourgeoisie, besonders die noch nicht kernfaule Jugend aus ihrer Mitte, muß sich auf die Ideen des Sozialismus und Kommunismus umstellen, wenn sie in ihnen etwas sehen wird, das unendlich hoch über ihren bürgerlichen und barbarischen Ideen steht, wenn ihnen die neue Ordnung Achtung abzwingt. Der gegenwärtige politische Kommunismus indessen verbreitet im Volke nur Schrecken wie ein Raubritter! (Lärm, Schreie: „Genug!" und „weiter!")

An Gewalttätigkeiten bleibt die neue Regierung der alten nichts schuldig. In dieser Hinsicht geht es dem Volke nach der Revolution nicht besser.

Wir fragen nach den Ursachen dieser Erscheinung. Es folgte dem Wandel der äußeren Form des Gemeinlebens keine Umwandlung der inneren Erkenntnisse des Menschen. Die Menschen nach der Revolution sind die gleichen, die sie vor der Revolution waren. Als sie den Kommunismus proklamierten, glaubten sie in äußerlicher Gewalt eine Handhabe zu besitzen und verschmähten den einzigen Weg, den inneren Kampf mit dem eigenen Egoismus und der Selbstliebe. Damit kamen sie natürlich nicht weit. Wie wir sehen, haben sich nur die Formen der

---

⁷ *Derschimorda* (Haltsmaul), Typ des rohen Polizeityrannen in Krähwinkel, aus Gogols Komödie „Der Revisor".

Gewalttätigkeit und die Namen der Gewalttäter geändert, seinem Wesen nach blieb alles beim alten. Die Vorstellungen der Menschen blieben dieselbe. Das eigentlich Schreckliche ist nicht, daß es Gewalttäter gibt – die gab es immer und wird es wohl zu allen Zeiten geben – das Entsetzlichste ist, daß nicht nur Genosse Peters, sondern vielleicht fast alle hier im Saale Anwesenden an Gewalt glauben und dabei doch jeder Hausknecht und jedes alte Weib auf die Bolschewisten schimpft! ...

Es besteht immer noch die erbärmliche Absicht, das Leben anderer Menschen mit Gewalt zu organisieren, um durch eine landläufige Lebensauffassung das der religiösen Seele eigene Streben nach Selbstvervollkommnung zu ersetzen. Statt auf sich und die lebensgestaltenden Geisteskräfte zu bauen, rechnen die Menschen ganz wie einst, ausschließlich auf die eine oder andere äußere Macht, so wie heute manche von uns auf die Engländer hoffen. Sicher ist, daß uns kein Engländer rettet, solange wir uns nicht selbst retten wollen.

Soll die Frage: „Kampf gegen Todesstrafe und Gewalt" überhaupt diskutiert werden, geht es um das Recht auf Leben, das in unserem Staats-, Gemeinschafts- und Privatleben so schonungslos zertreten wird, dann fühlen wir Friedensanarchisten, wir Gegner jeder Gewalt, uns völlig ohnmächtig gegenüber der tatsächlichen Lage der Dinge. Rede und beweise, soviel du magst, deine Worte und Überzeugungen verklingen wie an toten Mauern; das menschliche Bewußtsein ist noch nicht reif für die Empfängnis der Idee absoluter Gewaltverneinung! ...

Wir aber müssen sagen, daß die Bolschewisten als politische Faktoren, nicht der Form sondern dem Wesen ihrer Wirksamkeit nach, vom moralischen Standpunkt betrachtet, nicht entsetzlicher sind als irgendwelche Kadeten[8]*, Menschewisten und andere.

Auch bei diesen herrscht Gewalt und Gewaltbereitschaft, Terror oder Krieg, ganz dem verwandt, den wir soeben miterlebt haben und von dem sich die Welt noch lange nicht erholen wird.

---

[8] *Kadety* = konstitutionelle Demokraten.

Deshalb haben die Menschewisten und Kadeten, von ihrem politischen Gesichtspunkt aus, kein Recht, an den Bolschewisten als an Gewalttätern Kritik zu üben. Dazu haben auch die Anarchisten kein Recht – ich meine nicht die friedlichen, sondern jene, die sehr wohl mit Bomben und Revolvern umzugehen wissen – jene Anarchisten, die von den Bolschewisten mit Flinten und Maschinengewehren aus den von ihnen besetzten Moskauer Herrenhäusern vertrieben wurden und bei deren Übergabe man Berge von Waffen und Kriegsgerät fand. Mit reinem Gewissen können an den Bolschewisten nur die friedlich gesinnten Kommunisten und Anarchisten Kritik üben, die religiösen Kommunisten und Anarchisten, die folgerichtig die absolute Negation jeglicher Gewalt in ihr Leben aufgenommen haben. Diese können mit Recht allen Politikern, von Purischkewitsch[9]* bis zum wildesten Bombenanarchisten, welche Enthüllungen über die Bolschewisten ausbreiten, die Antwort geben: „Arzt, hilf dir selbst!" (Applaus.)

So stehen wir waffenlos den Schreckenstaten gegenüber. Wir haben nicht äußere Mittel, um den Gewalttätern entgegenzuwirken. Und wenn ich hier ein wenig scharf und vielleicht allzu offen rede, so bedeutet das keineswegs, daß ich hinter dem Rücken einen Dolch gegen die Bolschewisten verberge, im Gegenteil, ich spreche mich bis zum Letzten aus, dafür aber bergen meine Worte keine Hintergedanken oder gegenrevolutionären Pläne. Man kann mir sogleich in meine Behausung folgen und alles noch so genau durchsuchen, und man wird mich doch keines anderen überführen können als dessen, was ich aus Wertschätzung meiner Zuhörer offen zu sagen mir erlaubt habe! ...

Da wir religiösen Anarchisten Gesinnungsbrüder Leo Tolstojs sind, können wir den waltenden Übeln eines entgegenstellen: Die Kraft unserer Überzeugung, unsern festen Glauben, daß Gewalt stets und unter allen Umständen ein Unrecht ist; daß jeder Mensch ein Recht auf Leben hat, das anzutasten niemand berechtigt ist;

---

[9] *Führer der äußersten Rechten der monarchistischen Fraktion im Staatsrat.

daß man zuerst den Glauben an die Segenswirkung der Gewalt ausrotten muß, wenn man die Gewalt im Leben ausrotten will, jede Gewalt, ohne Rücksicht auf Herkunft und Ziel.

Wenn wir gegen die Todesstrafe predigen, so versteht man uns einfach nicht. Deshalb müssen wir auf das Bewußtsein der Menschen so einwirken, daß unsere Beweisgründe ihnen nicht leerer Schall sind. Tolstoj zitiert einmal in seinem gegen die Todesstrafe gerichteten Artikel „Der wahre Weg"[10] Kant's Worte: – „Es gibt Irrtümer, die nicht widerlegt werden können. Man muß dem im Irrtum befangenen Geist solche Erkenntnisse vermitteln, die ihn erleuchten, dann schwindet der Irrtum von selbst."

„Es gibt", fährt Tolstoj fort, „meiner Meinung nach nur eine solche Erkenntnis: Die Erkenntnis dessen, was der Mensch eigentlich ist, die Erkenntnis seiner Beziehungen zur Umwelt oder – was dem gleichbedeutend ist – die Erkenntnis seiner Bestimmung und dessen, was er demgemäß tun kann und muß und was er – das ist die Hauptsache – nicht tun kann und unterlassen muß.

... Und wollen wir deshalb wirklich den Wahn der Todesstrafe ausrotten, und besitzen wir überhaupt jene Erkenntnis, welche diesen Wahn zerstört, so wollen wir, aller Drohungen, Einbußen und Leiden ungeachtet, den Menschen diese Erkenntnis vermitteln. Dies sei unser Kampf.

Ich fasse mich kurz: nur eine vernünftige, religiöse Weltanschauung kann die Menschen aufklären und ihnen eine gemeinsame Sprache für die gemeinschaftliche Auffassung einer Frage wie der nach der Achtung des Rechtes auf Leben vermitteln, eines Rechtes, das jeder Mensch und jedes Lebewesen besitzt. Nur der Gesinnungswandel der Menschen und der Ersatz der materialistischen Lebensauffassung durch eine geistig-religiöse kann den Menschen über den toten Punkt hinweg nach neuen, besseren Lebensformen suchen helfen. Ohne diese innere Vor-

---

[10] [Deutschsprachige Übersetzung vom Herausgeber noch nicht ermittelt, *pb*.]

bereitung, verwirklicht durch das gemeinschaftliche Streben nach Selbstvervollkommnung, ist an eine beiderseitige Verwirklichung der idealen Form des Gemeinlebens auf Erden nicht zu denken. Ein neues geistiges Bewußtsein ist der unerläßliche Nährboden und die Wurzel für den Erfolg jedes Reformversuches unseres Gemeinwesens, das auf den Grundsätzen der Gleichheit und Brüderlichkeit aufgebaut werden soll.

Trefflich spricht darüber der amerikanische Denker William Channing:

„Wissen wir um unsere geistige Bruderschaft? Wissen wir um unsere Herkunft von einem Gott-Vater, dessen Bild wir in uns tragen und dessen Vollkommenheit wir uns dauernd nähern können? Haben wir schon anerkannt, daß in jeder Menschenseele, genau wie in der unsern, das gleiche göttliche Leben webt? Und das ist das einzig wahre, freie Band, das Mensch an Menschen bindet.

Um die menschliche Daseinsordnung zu ändern, müssen die Menschen einander wieder achten lernen. Solange ein Mensch auf den andern sieht wie jetzt, fast wie auf ein Stück Vieh, solange wird er nicht aufhören, die Menschen wie Vieh zu behandeln, solange wird er sie mit Gewalt und List als Werkzeug zur Erlangung seiner eigenen Ziele brauchen. Die Menschen können erst Brüder werden, wenn sie ihre Verwandtschaft, ihre Beziehung zu Gott und die große Bestimmung, um derentwillen ihnen das Leben gegeben ist, erkennen." …

„… Keiner von uns kann sich den Wandel im Umgang, die Zartheit, die Wertschätzung, die Weichheit und die Wucht des Strebens nach gemeinsamer Besserung vorstellen, die sich in dem Maße entwickeln würde, in dem die Menschen in das Wesen ihrer Mitmenschen eindringen und die Bedeutung der Seele auch des geringsten Menschen erkennen würden. …

Dann würde der Mensch in den Augen des Menschen heilig sein, und jede Kränkung des Menschen wäre Feindseligkeit wider Gott."

„… Es gibt keine Wahrheit von größerer Anwendbarkeit als diese Lehre" schließt Channing.

Und das ist es, was wir brauchen: eine gänzliche Umstellung des Bewußtseins, aus der dann die neue Beziehung zum Menschen herauswächst, zum Menschen, der die Offenbarung Gottes ist.

Laßt dieses neue, geistige Bewußtsein in euch erwecken und stärken und helfet dadurch, daß es auch in den Herzen der Brudermenschen erwache und erstarke!

Das ist die beste Waffe im Kampfe mit jenen Greueln, die uns umgeben, mit jenen Verletzungen des Rechtes auf Leben, denen wir jetzt auf Schritt und Tritt allaugenblicklich begegnen. ...

Третьяго дня получилъ слѣдующее письмо отъ С.-Петербургскаго студента:

„Многоуважаемый Левъ Николаевичъ! Посылаю Вамъ статью А. Ст-на, напечатанную въ „Новомъ Времени" 18 Декабря, и очень прошу Васъ сообщить, что Вы думаете о ней, а въ особенности о словахъ Христа: утверждаетъ ли Онъ: „что злословящій отца и мать подлежитъ смертной казни."

При письмѣ приложена была слѣдующая вырѣзка изъ „Новаго Времени" отъ 18/31 декабря 1908 года:

ЗАМѢТКИ.

. . . .
Возставать противъ смертной казни — задача очень легкая, пріятная и выигрышная. Я съ дѣтства всю жизнь такъ и думалъ, что государство можетъ отлично обходиться безъ смертной казни, что заповѣдь „не убій" является повелительнымъ

Tolstoj, Lev Nikolaevič:
Smertnaja kazń i christianstvo
(Die Todesstrafe und das Christentum).
Berlin : Ladyschnikow 1909, Seite 5.

Anhang

Gesamtübersicht und Anmerkungen
zu einzelnen Übersetzungstexten

Dieser Band eröffnet die Reihe B des Editionsprojekts ‚Tolstoi-Friedensbibliothek' (thematische Sammelbände und Lesebücher; Editionen von Selbstzeugnissen). Zum Kreis der Beteiligten (Konzeption und Herausgeberschaft, Bearbeitung, Beratung, Kooperationspartner*innen) vgl. die Projektseite: www.tolstoifriedensbibliothek.de
Bei Angaben zur russischen Werkausgabe folgen wir den bibliographischen Verzeichnissen von Christian MÜNCH in: Martin George / Jens Herth / Christian Münch / Ulrich Schmid (Hg.): Tolstoj als theologischer Denker und Kirchenkritiker. (Übersetzung der Tolstoj-Texte von Olga Radetzkaja und Dorothea Trottenberg, Kommentierung von Daniel Riniker.) Zweite Auflage. Göttingen: Vandenhoeck & Ruprecht 2015, S. 731-746.

I. LEO TOLSTOI ALS ZEUGE
EINER PARISER HINRICHTUNG IM FRÜHJAHR 1857

Zusammenstellung durch den Herausgeber (pb). – Tolstois Schriften ‚Bekenntnisse / Beichte' (Ispoved', 1879-82) und ‚Was sollen wir tun' (Tak čto že nam delat'?, 1882-86) werden nach gemeinfreien Übersetzungen ediert in der Reihe A unserer Tolstoi-Friedensbibliothek zu Einzelwerken.
Tolstois zusammenhängende Briefnachricht an W. P. Botkin, Paris, 24.-25 März (5.-6. April) 1857 | „… schreibe heute in völlig anderer Stimmung. Ich habe die Dummheit und Grausamkeit besessen, mir heute morgen eine Hinrichtung anzusehen. Abgesehen davon, daß hier schon zwei Wochen abscheuliches Wetter herrscht und es mir gesundheitlich gar nicht gut geht, war ich in scheußlicher nervlicher Verfassung, und dieses Schauspiel hat einen Eindruck bei mir hinterlassen, von dem ich mich lange nicht erholen werde. Ich habe im Krieg und im Kaukasus viel Schreckliches gesehen, aber hätte man in meiner Gegenwart einen Menschen in Stücke gerissen, wäre das nicht so abstoßend gewesen wie diese kunstvolle und elegante Maschine, die einen kräftigen, blühenden und gesunden Menschen in einem einzigen Augenblick tötet. Dort herrscht nicht vernünftiger Wille, sondern menschliche Leidenschaft, hier aber handelt es sich um raffinierteste Gelassenheit und Zweckmäßigkeit beim Töten ohne auch nur eine Spur von Erhabenheit. Der nackte, anmaßende Wunsch, Gerechtigkeit, das Gesetz Gottes zu vollziehen. Eine Gerechtigkeit, über die Advokaten entscheiden – von denen jeder, gestützt auf Rechtlichkeit, Religion und Wahrheit, etwas Entgegengesetztes behauptet. Unter den gleichen Formalitäten hat man einen König getötet, einen Chénier, Republikaner, Aristokraten und (den Namen habe ich vergessen) einen Mann,

dessen Unschuld an dem Mord, für den er hingerichtet wurde, man vor zwei Jahren festgestellt hat. Und dann eine abstoßende Menge, ein Vater, der seiner Tochter erläutert, mit welch kunstvollem und zweckmäßigem Mechanismus das geschieht, und dergleichen mehr. Gesetz von Menschen – Mumpitz! Die Wahrheit ist, daß der Staat eine Verschwörung nicht nur zur Ausbeutung, sondern vor allem zur Entsittlichung der Staatsbürger darstellt. […]" (Lew TOLSTOI: Briefe. Erster Band: 1844-1885. Übersetzt von Günter Dalitz aus dem Russischen. Berlin: Rütten & Loening 1971, S. 193-194.)

Der Pariser Tagebuch-Eintrag Tolstois im Gesamtzusammenhang, 1857 | „25. März (6. April). Um 7 Uhr krank aufgestanden und eine Exekution ansehen gefahren. Ein dicker, weißer und gesunder Hals und eine ebensolche Brust. Er küßte das Evangelium und dann – was für eine Sinnlosigkeit – der Tod! Ein starkes und folgenschweres Erlebnis. Ich bin kein politischer Mensch. Moral und Kunst. Ich weiß, ich liebe und vermag. Bin krank, deprimiert, fahre zum Mittagessen zu den Trubezkois. An Botin einen törichten Brief geschrieben. Im Liegen gelesen und gedöst. Bei den Trubezkois gewesen, das [?] irritierte mich. Hartmann und Turgenjew waren dort. Blieb viel zu lange und hatte es dann satt. Ging zu Turgenjew. Er redet schon nicht mehr, sondern schwätzt nur; glaubt weder an Verstand noch an die Menschen oder an sonst irgend etwas. Habe mich trotzdem wohlgefühlt. Die Guillotine hat mich lange nicht schlafen lassen und mich gezwungen, um mich zu blicken. […]" (Leo N TOLSTOI: Tagebücher 1847-1910. Aus dem Russischen übersetzt von Günter Dalitz. München: Winkler Verlag 1979, S. 169.)

II. DIE HINRICHTUNG DES SOLDATEN SCHIBUNIN 1866

Der russische Pazifist Pavel Birjukov (1860-1931) erarbeitete seine frühe zweibändige Dokumentation zu „Biographie und Memoiren" noch in Abstimmung mit Leo N. Tolstoi, so auch das dargebotene Kapitel zur Hinrichtung des Soldaten Schibunin.

Textquelle | Leo N. Tolstois Biographie und Memoiren. Autobiographische Memoiren, Briefe und biographisches Material. Herausgegeben von Paul Birukof und durchgesehen von Leo Tolstoi. II. Band: Reifes Mannesalter. Wien/Leipzig: Moritz Perthes (k. u. k. Buchhandlung) 1909, S. 94-120.

Russischer Text von Tolstois Rückblick im Jahr 1908 | Vospominanija o sude nad soldatom (Erinnerungen an die Verurteilung eines Soldaten, 1908). In: Gesamtausgabe, Moskau 1928-1957ff: Polnoe sobranije sočinenij. Jublejno izdanie, Band 37, S. 67-75. [http://tolstoy.ru/creativity/90-volume-colection-of-the-works]

III. GOTT SIEHT DIE WAHRHEIT,
ABER OFFENBART SIE NICHT GLEICH

Die Erzählung ist zuerst 1872 in der in der Moskauer Zeitschrift ‚Besseda' erschienen und wurde von Tolstoi selbst auch nach Wandlung seines literarischen Kunstverständnisses sehr hoch geschätzt; 1905 erarbeitete Mahatma Gandhi eine Übersetzung für die Zeitung ‚Indian Opinion'.

Textquelle | Leo TOLSTOI: Volkserzählungen, Märchen und Skizzen. Deutsch von Hanny Brentano. Mit Bildschmuck von Professor A. Brentano. Regensburg: Verlag von Josef Habbel [1911].

IV. DAS EREIGNIS VOM 1. MÄRZ 1881

Zar Alexander II. (geb.1819), der am 1.|13. März 1881 bei einem von der sozialrevolutionären Untergrundorganisation ‚Narodnaja Wolja' (Volkswille, Volksfreiheit) organisierten Sprengstoffattentat ums Leben kam, galt im Vergleich zu seinem reaktionären Vater Nikolai (→V.) als ein eher moderater Herrscher. Tolstois Bemühungen, das Leben der verhafteten Attentäter zu retten, waren vergebens.
Textquelle | Leo N. Tolstois Biographie und Memoiren. Autobiographische Memoiren, Briefe und biographisches Material. Herausgegeben von Paul Birukof und durchgesehen von Leo Tolstoi. II. Band: Reifes Mannesalter. Wien/Leipzig: Moritz Perthes (k. u. k. Buchhandlung) 1909, S. 405-422.
Editionen von Tolstois Brief(-Entwurf) an Zar Alexander III. | Imperatoru Aleksandru III, 1881 (russisch). In: Gesamtausgabe, Moskau 1928-1957ff: Polnoe sobranije sočinenij. Jublejno izdanie, Band 63, S. 44-52. [http://tolstoy.ru/creativity/90-volume-colection-of-the-works]. – Weitere Übersetzungen in die deutsche Sprache: Leo TOLSTOI: Briefe 1948-1910. Gesammelt und herausgegeben von P. A. Sergejenko. Autorisierte vollständige Ausgabe. Berlin: J. Ladyschnikow 1911, S. 192-195; Leo TOLSTOI: Religiöse Briefe. Übersetzt und herausgegeben von Karl Nötzel. Sannerz und Leipzig: Gemeinschafts-Verlag Eberhard Arnold [1923], S. 334-342.

V. NIKOLAI PALKIN

Zweite Zeile der Überschrift redaktionell hinzugefügt: ‚Der Zar als Peitschenmann – Nachbetrachtungen zum Gespräch mit einem betagten Soldaten im Jahr 1886.'
Textquelle | Hochdeutsche Übertragung für die Tolstoi-Friedensbibliothek, Textversion 09.02.2023 (www.tolstoi-friedensbibliothek.de) auf der Grundlage von Übersetzungen mit deepl.com/translator (stilistisch bearbeitet und Textkontrolle im Vergleich mit vorliegenden Übersetzungen, pb).
Zugänge zum russischen Originaltext | L. N.: TOLSTOI: Nikolaj Palkin (Николай Палкин). In Tolstoj: Gesammelte Werke in 22 Bänden. Moskau: Khudozhestvennaja literatury 1984. Teil 17, S. 219-227. [Als Internetressource: https://rvb.ru/tolstoy/01text/vol_17_18/vol_17/02edit/0357.htm]; L. N. TOLSTOI: Nikolaj Palkin (Николай Палкин). In : Russische Gesamtausgabe, Moskau 1928-1957ff: Polnoe sobranije sočinenij. Jublejno izdanie, Band 26 (Moskau 1936), S. 555-562. [http://tolstoy.ru/creativity/90-volume-colection-of-the-works] [Mit Textvarianten und Informationen zur Editionsgeschichte auch zugänglich über https://ru.wikisource.org/wiki].
Übersetzungen | L. N. TOLSTOJ: Nikolaj Palkin. Zürich: Schmidtli 1895. [16 Seiten, nicht eingesehen]; L. N. TOLSTOJ: Nikolaj Palkin. Auflage: 3. Tausend. Berlin: A.

Deubner 1896. [18 Seiten, kein Bibliotheksort ermittelt]; L. N. TOLSTOI: Nikolaus Stockmann (1891). In: L. N. Tolstoi: Volkserzählungen. Von dem Verfasser genehmigte Ausgabe von Raphael Löwenfeld. Mit Buchausstattung von J. W. Ciffarz. Jena: Eugen Diederichs 1907; Lew TOLSTOI: Nikolai Palkin, übersetzt von Günter Dalitz. In: Lew Tolstoi: Philosophische und sozialkritische Schriften. (= Gesammelte Werke in zwanzig Bänden, herausgegeben von Eberhard Dieckmann und Gerhard Dudek, Band 15). Berlin: Rütten & Loening 1974, S. 728-740. – Eine wissenschaftliche Übersetzung der textkritischen Edition von „Nikolaj Palkin" – nebst allen Varianten / Beigaben der russischen Gesamtausgabe – für die deutschsprachige Leserschaft liegt bislang noch nicht vor.

Zum Hintergrund des Textes | Anfang April 1886 unternahm L. Tolstoi in Begleitung eine mehrtägige Reise zu Fuß von Moskau nach Jasnaja Poljana, um sich „vom luxuriösen Leben zu erholen". Bei der Heimkehr bewegten ihn besonders die Erzählungen eines 95-jährigen Soldaten, in dessen Haus die Wanderer eine Nacht verbracht hatten. Von der Arbeit am Text „Nikolai Palkin", der die Begegnung mit dem Greisen reflektiert, zeugt u. a. ein Brief Tolstois an W. G. Tschertkow vom 29. Juni 1886: „… und am Morgen war ich beschäftigt – hauptsächlich mit einem Artikel über die Staatsmacht, den ich mit der Geschichte eines Soldaten begann, aber dann kam das Mähen, und ich war den ganzen Tag auf dem Feld …". Ohne Wissen und Einverständnis des Verfassers verbreitete 1887 der Moskauer Student M. A. Novoselov die illegale, hektographierte Ausgabe einer Version von „Nikolai Palkin" (er wurde inhaftiert und kam erst Anfang 1888 auf Tolstois Fürsprache hin frei). Es folgten ab 1891 diverse – oft sehr fehlerhafte – Nachdrucke sowie Übersetzungen im Ausland. Versuche, den Text auch in Russland selbst zu veröffentlichen, endeten 1906 mit der Konfiszierung einer Zeitschriftenausgabe und einer Broschüre. Erst nach Tolstois Tod wurde in der sogenannten sowjetischen „Jubiläumsausgabe" eine textkritische Fassung von „Nikolai Palkin" dargeboten.

Einige thematische Bezüge | Leo TOLSTOI: Wozu? In: Leo TOLSTOI: Für alle Tage. Ein Lebensbuch. Band II. Herausgegeben von Dr. E H. Schmitt und Dr. A. Skarvan. Dresden: Verlag von Carl Reißner 1907, S. 287-316.

VI.

EINE SCHANDE (1895) – ÜBER DAS VERBRECHEN DER LEIBESSTRAFE

Ursprünglich arbeitete Tolstoi an einem Roman über die Rückkehr der in diesem Text genannten „Dekabristen" 1856 aus Sibirien, wohin sie 1825 verbannt worden waren; hieraus erwuchs am Ende das hinsichtlich der Historie viel früher und umfassender ansetzende Romanepos „Krieg und Frieden" (1862-1869).

Textquelle | Graf Leo N. TOLSTOI: Eine Schande. In: Meine ersten Erinnerungen sowie verschiedene kleine Schriften. Aus dem Russischen übersetzt von L. A[lbert]. Hauff. Berlin: Verlag von Otto Jahnke o.J. [1910].

Russischer Text | Stydno (Es ist beschämend, 1895). In: Gesamtausgabe, Moskau 1928-1957ff: Polnoe sobranije sočinenij. Jubljejno izdanie, Band 31, S. 72-77.

VII. Priesterliturgie in der Gefängniskirche

Auszug aus einer ungekürzten Version von Leo Tolstois Roman „Auferstehung" (Воскресение – Woskressenije, 1899); diese Schilderung eines orthodoxen Gottesdienstes fiel bei der Erstveröffentlichung als Fortsetzungsroman in einer Zeitschrift der russischen Zensur zum Opfer und muss als ein gewichtiger Hintergrund der 1901 erfolgte Exkommunikation des Dichters betrachtet werden (Angriff auf den Klerus). Ursprünglich hatte Tolstoi „Auferstehung" wegen seines gewandelten Kunstverständnisses nicht mehr vollenden und veröffentlichen wollen; im Jahr 1899 dienten die Roman-Erlöse dem inzwischen wegen Besitzverzicht mittellosen Dichter aber dazu, die Auswanderung der verfolgten Duchoborzen (christliche Militärdienstverweigerer) mitzufinanzieren.
Textquelle | Leo TOLSTOI: Auferstehung. Nach der einzigen ungekürzten Originalausgabe mit Genehmigung des Verfassers übersetzt von Wladimir Czumikow. Band I. Leipzig: Eugen Diederichs Verlag 1899, S. 268-283. – Vgl. im Anhang zu Czumikows Übersetzung (Band II) auch den Text „Zwei Fragmente zur ‚Auferstehung': I. Die Exekution" über die brutale ‚Züchtigung' eines Häftlings.

VIII. „Brüderchen, habt Erbarmen !"

Die Schilderung eines Spießrutenlaufs in L. Tolstois 1911 postum veröffentlichter Novelle „Nach dem Ball" (После бала, Posle bala 1903) basiert auf einem wirklichen Geschehen, von dem der Dichter eigene Kenntnis besaß (vgl. →V.).
Textquelle | Leo N. TOLSTOJ: Nachlaß Band I. Novellen: Hadschi Murad / Der gefälschte Coupon / Nach dem Ball. Übertragen von Ludwig Berndl [1878-1946] und Dora Berndl. Jena: Eugen Diederichs 1912, S. 299-315 (Nach dem Ball), Auszug S. 310-313.

IX.
„Darf man denn in einem christlichen Lande Menschen töten ?"

In dieser unvollendeten Novelle „Der gefälschte Coupon" (1903-1904) thematisiert L. N. Tolstoi u. a. auch die Erfahrung, dass Geistliche, die die Rechtmäßigkeit der Menschentötung durch den Staat infrage stellen, gemaßregelt werden. Es besteht freilich kein Anlass zur Überheblichkeit gegenüber der orthodoxen Kirche. Noch in bundesrepublikanischer Zeit verfassten römisch-katholische Priester – z. B. in Paderborn – ,moraltheologische' Schriftsätze zur Rechtfertigung der Todesstrafe, welche auch in einem blasphemischen Abschnitt des Römischen Katechismus unter den beiden letzten Päpsten aus Polen und Deutschland für bestimmte Umstände unverdrossen als mögliches ‚legitimes' Staatsmittel betrachtet wurde. Dieser unerträglichen Schande hat erst Papst Franziskus aus Argentinien ein Ende gesetzt.
Textquelle | Leo N. TOLSTOJ: Nachlaß Band I. Novellen: Hadschi Murad / Der gefälschte Coupon / Nach dem Ball. Übertragen von Ludwig Berndl [1878-1946] und Dora Berndl. Jena: Eugen Diederichs 1912, S. 199-298 (Der gefälschte Coupon), von uns gewählte Auszüge S. 281-285, 289-292 und 296. – Im vorliegenden

Band ist eine umfassende Darstellung aller Bezüge zu den Themen ‚Justiz' und ‚Todesstrafe' in den späten Erzählungen oder Nachlasstexten Tolstois nicht vorgesehen. Ausdrücklich empfohlen sei trotz des (geradezu ‚anti-tolstojanischen') Handelspreises das mehrfach herangezogene Werk: Dirk FALKNER, Straftheorie von Leo Tolstoi. (= Juristische Zeitgeschichte – Abteilung 6, Band 57). Berlin – Boston: Walter de Gruyter 2021.

X. ICH KANN NICHT SCHWEIGEN!

Textquelle | Leo N. TOLSTOI: Ich kann nicht schweigen! Über die Hinrichtungen in Rußland. (Anhang: Die Verfolgung meiner Leser.) Deutsch von Edmund Rot. Berlin: Bühnen- u. Buchverlag russischer Autoren Ladyschnikow 1908. [51 Seiten]
Russischer Text | „Ne mogu molčat'" (Ich kann nicht schweigen 1908) in: Gesamtausgabe, Moskau 1928-1957ff: Polnoe sobranije sočinenij. Jublejno izdanie, Band 37, S. 83-96.

XI. TOLSTOIS 80. GEBURTSTAG
UND EIN AUFRUF ZUR ABSCHAFFUNG DER TODESSTRAFE

Die dokumentierte Berichterstattung im Blatt ‚Neue Freie Presse' (Wien) vom 10.09.1908 ist auch im Internetarchiv abrufbar: Österreichische Nationalbibliothek. ANNO (Historische Zeitungen und Zeitschriften), https://anno.onb.ac.at. – Auf die gegenseitige Wertschätzung von Leo N. Tolstoi und Bertha von Suttner (trotz gegensätzlicher pazifistischer Standorte) werden wir in einem weiteren Band unserer Reihe eingehen. Tolstoi lobte das Buch „Nieder mit den Waffen"; Suttner würdigte, dass der Russe den ‚an sich' konsequentesten Friedensstandpunkt vertrat.

XII. DIE TODESSTRAFE UND DAS CHRISTENTUM

Textquelle | L. N. TOLSTOJ: Die Todesstrafe und das Christentum. In: L. N. Tolstoj: Ausgewählte Werke, herausgegeben von W. Lüdtke. Band XII.: Weltanschauung. Auswahl von W. Lüdtke. Wien/Hamburg/Zürich: Gutenberg-Verlag Christensen & Co. 1929, S. 210-220.
Russischer Text | „Smertnaja kazn' i christianstvo" (Die Todesstrafe und das Christentum, 1909) in: Gesamtausgabe, Moskau 1928-1957ff: Polnoe sobranije sočinenij. Jublejno izdanie, Band 38, S. 39-48; sowie eine frühe Ausgabe in Deutschland: Lev Nikolaevič TOLSTOJ, Smertnaja kazń i christianstvo. Berlin: Ladyschnikow 1909.

XIII. „ÜBER DAS RECHT" – BRIEF AN EINEN JURASTUDENTEN, 27. APRIL 1909

Textquelle | Leo TOLSTOI: Religiöse Briefe. Übersetzt und herausgegeben von Karl Nötzel. Sannerz und Leipzig: Gemeinschafts-Verlag Eberhard Arnold [1923], S. 294-301 (Nr. 214: An einen Studenten). – Zuvor war der Brief u. a. schon doku-

mentiert worden u. a im Publikationsorgan ‚Der freie Arbeiter. Anarchistisches Wochenblatt' (Berlin, 8. Jg.: 1911). Als vollständige Dokumentation vgl. Leo N. TOLSTOI: Ueber das Recht. Briefwechsel mit einem Juristen. Erste vollständige autorisierte Ausgabe. Uebersetzt von Dr. Albert Škarvan. Mit einem Vorwort herausgegeben von Heinrich Schmitt. Heidelberg und Leipzig: Verlag L. M. Waibel und Co. 1910. [IX und 14 Seiten]
Russischer Text I „Pis'mo studentu o prave" (Über das Recht. Brief an einen Jura-Studenten, 1909) in: Gesamtausgabe, Moskau 1928-1957ff: Polnoe sobranije sočinenij. Jublejno izdanie, Band 38, S. 54-61.

XIV. „STRAFE ERREICHT NIEMALS DAS GEWÜNSCHTE ZIEL"

Textquelle I Leo TOLSTOI: Der Lebensweg. Ein Buch für Wahrheitssucher. Ins Deutsche übertragen von Dr. Adolf Heß. Leipzig: Verlagsbuchhandlung Schulze & Company 1912, S. 227-243. – Russische Ausgabe des Werkes: Put' žizni (Der Weg des Lebens, 1910). In: Gesamtausgabe, Moskau 1928-1957ff: Polnoe sobranije sočinenij. Jublejno izdanie, Band 45.
Weitere literarische Werkverweise I Vgl. thematisch u.a. auch die Dialogtexte unter der Überschrift „Kinderweisheit" im Nachlassband Leo TOLSTOI: Göttliches und Menschliches. Gesammelte Novellen. Sechster Band. Übertragen von Ludwig und Dora Berndl. Jena: Eugen Diederichs 1928, S. 446-503, im Einzelnen S. 458-461 („9. Von der Todesstrafe"), S. 461-464 („10. Von den Gefängnissen"); ebenso Leo TOLSTOI: Für alle Tage. Ein Lebensbuch. Band I. Erste vollständig autorisierte Übersetzung. Herausgegeben von Dr. E H. Schmitt und Dr. A. Skarvan. Dresden: Verlag von Carl Reißner 1906, S. 205-207 (Strafe, Verdammung des anderen); Leo TOLSTOI: Für alle Tage. Ein Lebensbuch. Band II. Herausgegeben von Dr. E H. Schmitt und Dr. A. Skarvan. Dresden: Verlag von Carl Reißner 1907, S. 406-411 („Zu teuer. Nach Maupassant"; Bezug: Todesstrafe), S. 429-472 (frühe Übersetzung von „Göttliches und Menschliches"; Bezug Todesstrafe).

XV. DAS RECHT AUF LEBEN:
VORTRAG VON VALENTIN BULGAKOW GEGEN DIE TODESSTRAFE, 1919

Textquelle I Leo Tolstoi und die Gegenwart. Öffentliche Reden gehalten von Valentin BULGAKOW, L. N. Tolstois letztem Sekretär, nach der russischen Revolution in den Jahren 1918-1920. Sonnenfeld bei Coburg: Verlag der Neu-Sonnenfelder Jugend – Quäkersiedlung 1927, S. 30-40.
Zu Tolstoi-Anhängern nach 1919 I Valentin BULGAKOFF: Leo Tolstoj und die Schicksale des russischen Antimilitarismus. In: Gewalt und Gewaltlosigkeit. Handbuch des aktiven Pazifismus. Im Auftrage der Internationale der Kriegsdienstgegner hg. von Franz Kobler. Zürich/Leipzig: Rotapfel-Verlag 1928, S. 233-244; Märtyrer der neuen Ordnung. Aus der Leidensgeschichte der Duchoborzen. Aufzeichnungen von Leo TOLSTOI und Paul BIRJUKOFF. Heppenheim: Verlag der Neu-Sonnefelder Jugend 1929; Valentin BULGAKOV: Sie starben um des Glaubens willen. Heppenheim: Verlag Neu - Sonnefelder Jugend 1929.